読解力と語彙力を鍛える!

なぞ解きストーリードリル

小学歴史

小学4年生から

ナツメ社

監修 陰山英男 本郷和人 物語 萩原弓佳

もくじ

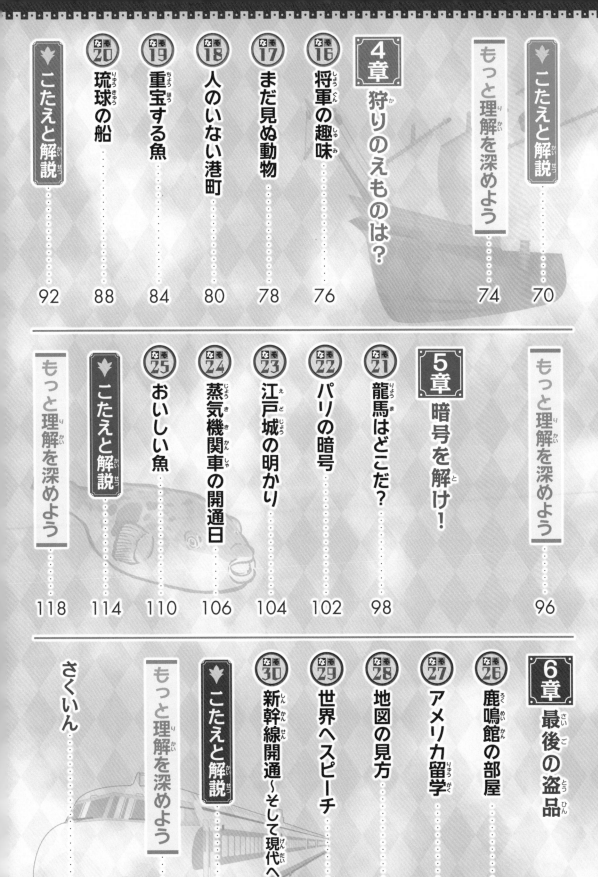

この本の使い方

この本には歴史上《れきしじょう》の人物が登場しますが、物語はフィクションです。また、物語の中に出てくる「現地《げんち》サポーター」はすべて架空《かくう》の人物です。

なぞ解《と》きストーリードリル

物語を読もう！
主人公たちがなぞ解《と》きに挑戦《ちょうせん》する物語を読んで、楽しみながら問題を解《と》いていこう。見開きページの物語を読んだら、下の段《だん》の問題にチャレンジ！

線をヒントに！
文章には、問題に関係《かんけい》のあるところに線が引いてあるよ。線をヒントにして、こたえを読み取ろう。

言葉を学ぼう！
文章中の、覚《おぼ》えておきたい言葉は、太字で示《しめ》しているよ。文章の中でどんなふうに使われているか注目しよう。また、下の段《だん》で「言葉の問題」として出題されている言葉には、黄色いマーカーが引いてあるよ。前後の文章の流れから、その言葉がどんな意味で使われているかを考えながら読むようにしよう。

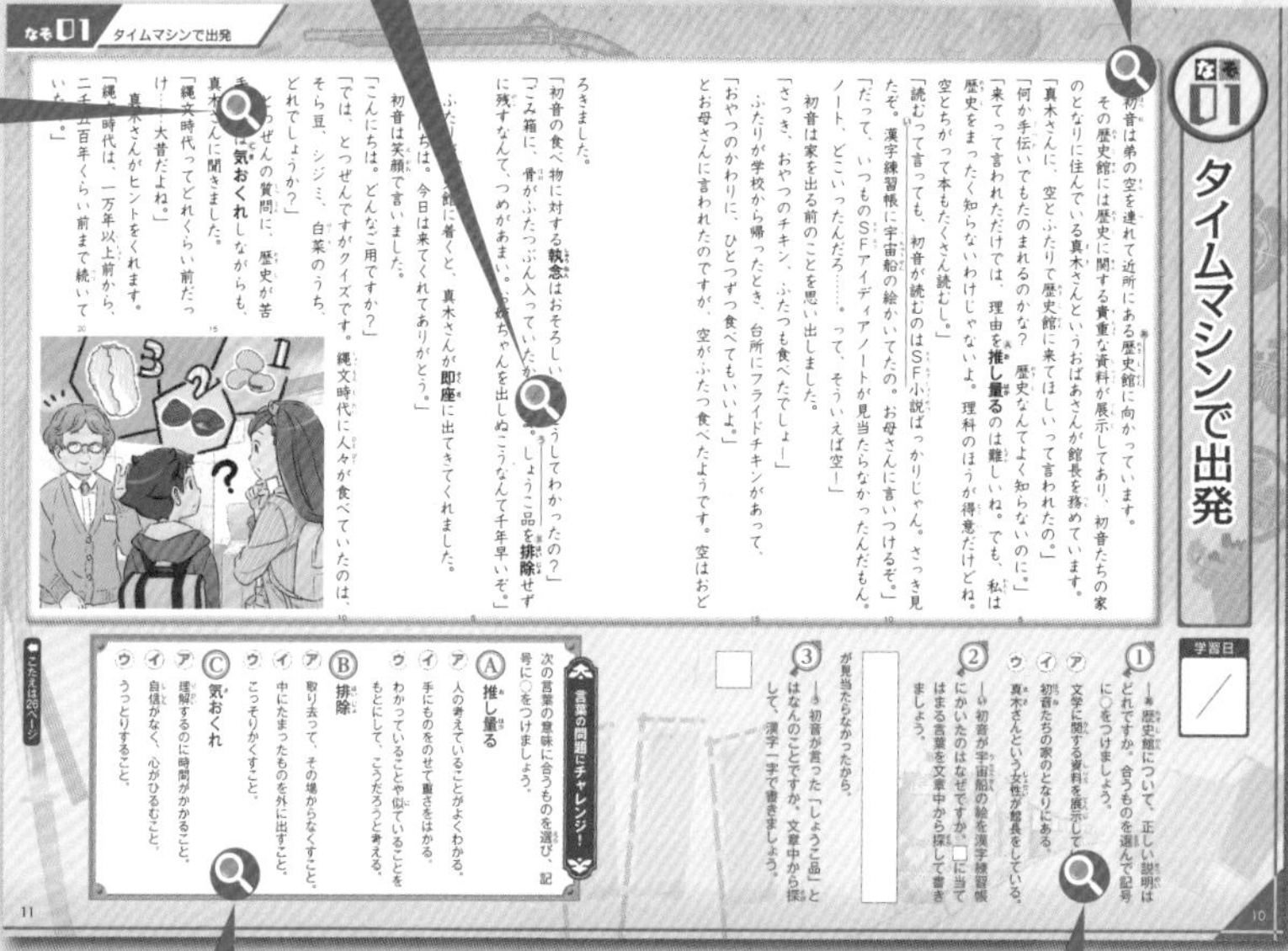

読解問題《どっかいもんだい》を解《と》こう！
右側《みぎがわ》のページでは、読解問題《どっかいもんだい》が出されているよ。文章をよく読んで、問題にこたえてね。

言葉の問題を解《と》こう！
左側《ひだりがわ》のページでは、言葉の問題に取り組んでみよう。問題を解《と》くことで、言葉の意味や使い方を勉強することができるよ。

解《と》き終《お》わったら

こたえと解説《かいせつ》

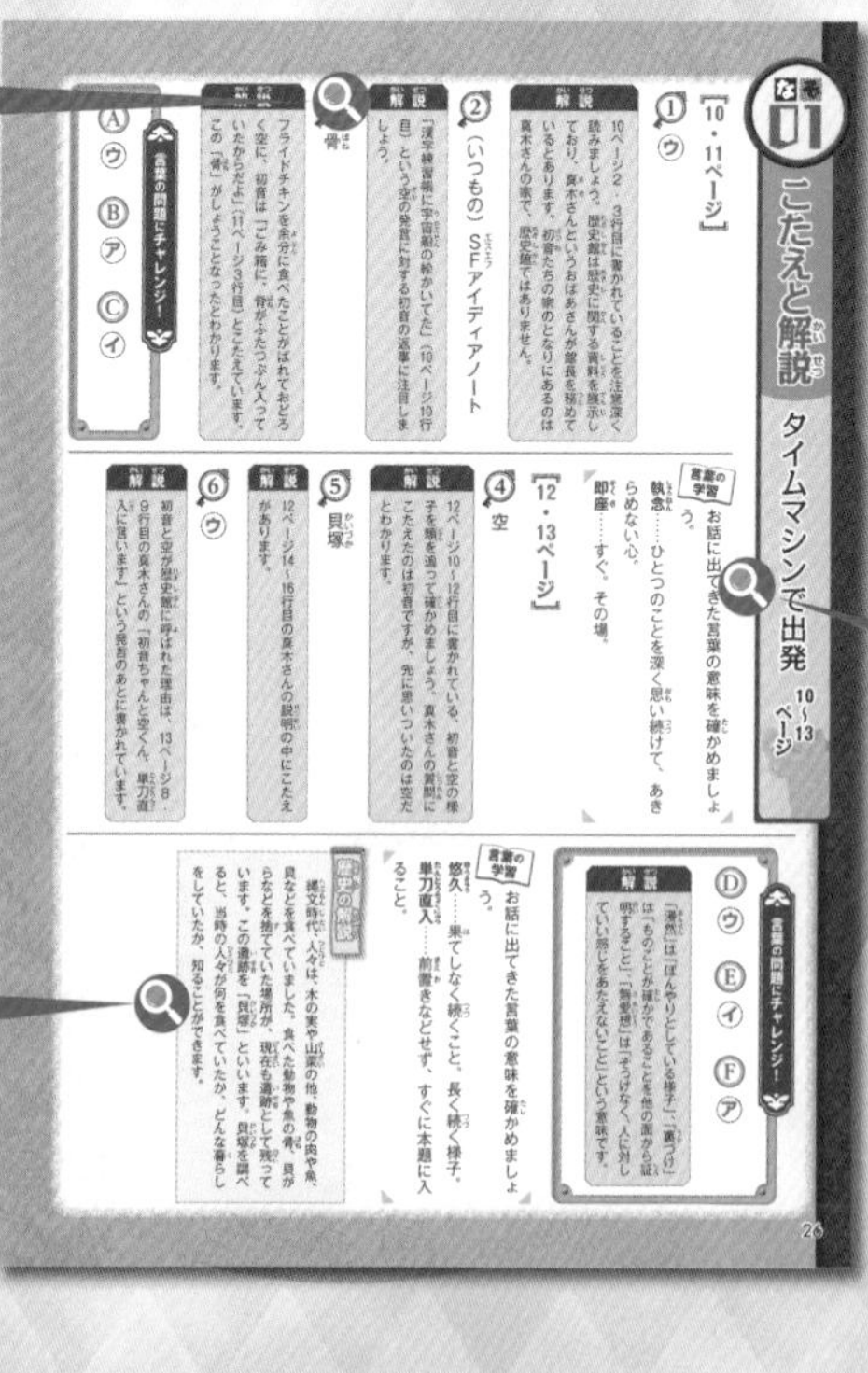

こたえと解説《かいせつ》を読もう！
問題のこたえと、こたえを導《みちび》き出《だ》す方法《ほうほう》や考え方の説明《せつめい》が書かれているよ。まちがえてしまった問題は特《とく》にしっかり読んで、こたえの見つけ方を身につけよう。

言葉の意味を確《たし》かめよう！
『言葉の学習』では、物語に出てきた言葉の意味を説明《せつめい》しているよ。問題には出されていないけれど、覚《おぼ》えておきたい言葉なので、じっくり読んで、言葉と意味をセットで覚《おぼ》えよう。

歴史《れきし》の解説《かいせつ》を読もう！
物語に出てきた歴史《れきし》の知識《ちしき》についての説明《せつめい》が書かれているよ。よく読んで、歴史《れきし》の知識《ちしき》を身につけよう。

もっと理解《りかい》を深めよう

読み終わったら

もっと理解《りかい》を深めよう

なぞ02 卑弥呼《ひみこ》 14〜17ページ

卑弥呼は、今から約《やく》千八百年前に**邪馬台国**《やまたいこく》という国を治《おさ》めていた女王です。

そのころの日本列島には小さな「くに」がたくさんあり、たがいに争《あらそ》っていました。この争《あらそ》いをしずめるため、多くのくに同士《どうし》が話し合って、邪馬台国というひとつの大きな国をつくることにしました。この国の女王に選《えら》ばれたのが卑弥呼でした。

卑弥呼に関《かん》する記録《きろく》は、中国の歴史書《れきししょ》『三国志《さんごくし》』の中の「**魏志倭人伝**《ぎしわじんでん》」にわずかに残《のこ》されています。それによると、卑弥呼は人々《ひとびと》の前にほとんど姿《すがた》を現《あらわ》さず、占《うらな》いによって政治《せいじ》を行《おこな》っていたといいます。また、弟がいて、卑弥呼を助けていたそうです。中国の魏《ぎ》に使いを送り、親魏倭王《しんぎわおう》という称号《しょうごう》と金印《きんいん》をもらったという記録《きろく》もあります。

邪馬台国がどこにあったかはわかっていませんが、九州地方《きゅうしゅうちほう》にあったという説と、近畿《きんき》地方《ちほう》にあったという説のふたつの説《せつ》が有力になっています。

なぞ04 聖徳太子《しょうとくたいし》 22・23ページ

聖徳太子は、今から約《やく》千四百年前に活やくした政治家《せいじか》で、厩戸皇子《うまやどのおうじ》とも呼《よ》ばれました。用明天皇《ようめいてんのう》を父にもち、日本で初《はじ》めての女性天皇《じょせいてんのう》といわれる、叔母《おば》の推古天皇《すいこてんのう》に仕《つか》えました。

聖徳太子は、中国（隋《ずい》）に**遣隋使**《けんずいし》という使いを送り、中国の進んだ技術《ぎじゅつ》や文化を取り入れました。

また、役人の位《くらい》を十二に分ける**冠位十二階**《かんいじゅうにかい》という制度《せいど》や、**十七条の憲法**《じゅうしちじょうのけんぽう》という決まりをつくり、国の政治《せいじ》の仕組みを整えました。さらに、蘇我馬子《そがのうまこ》という有力者と協力《きょうりょく》して**仏教**《ぶっきょう》を広め、**法隆寺**《ほうりゅうじ》などの寺を建《た》てました。

聖徳太子に関《かん》しては、「十人の話を一度に聞くことができた」「自分の馬に乗って空を飛《と》び、富士山《ふじさん》を飛《と》びこえた」など、多くの伝《でん》説《せつ》が残《のこ》っています。しかし、多くの業績《ぎょうせき》は他の人のものであるという説《せつ》もあります。

聖徳太子は、一九八六年まではお札《さつ》の肖像《しょうぞう》にも使われていました。

冠位十二階《かんいじゅうにかい》

左の図のような十二の位《くらい》が定められ、かんむりの色で区別《くべつ》した。

徳《とく》	①大徳《だいとく》 ②小徳《しょうとく》	信《しん》	⑦大信《だいしん》 ⑧小信《しょうしん》
仁《にん》	③大仁《だいにん》 ④小仁《しょうにん》	義《ぎ》	⑨大義《だいぎ》 ⑩小義《しょうぎ》
礼《らい》	⑤大礼《だいらい》 ⑥小礼《しょうらい》	智《ち》	⑪大智《だいち》 ⑫小智《しょうち》

おさらい! 歴史《れきし》クイズ

聖徳太子が中国に送った使いの名前をなんというでしょう？

1 遣唐使《けんとうし》
2 遣隋使《けんずいし》
3 朝鮮通信使《ちょうせんつうしんし》

こたえは52ページ

140ページのこたえ 3
一方の国にとって不利《ふり》な条約《じょうやく》を、不平等条約《ふびょうどうじょうやく》といいます。

30

歴史《れきし》についてもっとよく知ろう！

物語に出てきた歴史の知識《ちしき》で、もっと理解《りかい》を深めておきたい内容《ないよう》を取り上げて、説明《せつめい》しているよ。重要《じゅうよう》な言葉は太字で示《しめ》しているので、しっかり覚《おぼ》えよう。

クイズにチャレンジ！

説明《せつめい》を読んだら、歴史《れきし》クイズにチャレンジしよう。説明《せつめい》されていた内容《ないよう》のおさらいクイズだよ。わからないときや、こたえをまちがえてしまったときは、説明《せつめい》をもう一度しっかり読んで、正しく理解《りかい》しよう。

別冊言葉《べっさつことば》ドリル

読み終わったら

1 10〜13ページの復習《ふくしゅう》 新しい語句《ごく》を覚《おぼ》えよう①

学習日 ／

復習《ふくしゅう》 1 □に当てはまる言葉を□から選《えら》び、記号を書きましょう。

(1) 彼《かれ》のお金に対する□は異常《いじょう》で、見ていておそろしい。
(2) □に言って、君のうそはみんなにばれているよ。
(3) □の時をかけてつくり出された風景《ふうけい》に感動した。
(4) 母に理由をたずねられたけれど、□にはこたえられなかった。
(5) ただ□と本を読んでいても、身にならないと思う。
(6) 友だちの家が大きく立派《りっぱ》で、私《わたし》は少し□してしまった。

㋐ 気《き》おくれ　㋑ 単刀直入《たんとうちょくにゅう》　㋒ 執念《しゅうねん》
㋓ 漫然《まんぜん》　㋔ 即座《そくざ》　㋕ 悠久《ゆうきゅう》

新しい語句《ごく》① 2 次の意味に合う言葉を選《えら》び、記号に○をつけましょう。

(1) 感情《かんじょう》が高ぶって、正しい判断力《はんだんりょく》を失《うしな》う。
㋐ 血迷《ちまよ》う　㋑ 血《ち》がさわぐ
(2) 相手に気に入られようと、きげんを取る。
㋐ 目《め》くじらを立《た》てる　㋑ こびる
(3) いい加減《かげん》な返事。はっきりしない返事。
㋐ 生返事《なまへんじ》　㋑ 二《ふた》つ返事《へんじ》
(4) 階段《かいだん》の途中《とちゅう》にある、他の段《だん》より少し広く場所を取った平らなところ。
㋐ 床《とこ》の間《ま》　㋑ おどり場《ば》
(5) 木の枝《えだ》に実などが豊《ゆた》かに実り、重みでしなる様子。
㋐ しんなり　㋑ たわわ
(6) まるで目の前に見えるかのように、はっきりと思いうかべる様子。
㋐ まざまざ　㋑ 夢《ゆめ》うつつ
(7) 過《す》ぎ去《さ》ったことや、遠くはなれている人、場所をなつかしい気持ちで思い出す。
㋐ しのぶ　㋑ 目星《めぼし》をつける

30 31ページのこたえ
1 (1) ㋑ (2) ㋖ (3) ㋓ (4) ㋔ (5) ㋐ (6) ㋕ (7) ㋒
2 (1) ㋓ (2) ㋕ (3) ㋐ (4) ㋒ (5) ㋔ (6) ㋑

2

言葉の復習《ふくしゅう》をしよう！

『なぞ解《と》きストーリードリル』で学習した言葉の復習問題《ふくしゅうもんだい》が出されているよ。復習問題《ふくしゅうもんだい》を解《と》いて、言葉の意味や使い方をおさらいしよう。

新しい言葉を学ぼう！

言葉ドリルでは、『なぞ解《と》きストーリードリル』に出てきていない、新しい言葉も勉強することができるよ。下の段《だん》の問題を解《と》いて、さらに言葉を覚《おぼ》えよう！

歴史年表《れきしねんぴょう》

時代	年	主なできごと
縄文時代《じょうもんじだい》		縄文土器《じょうもんどき》がつくられる
		貝塚《かいづか》ができる
弥生時代《やよいじだい》		米づくりが大陸《たいりく》から伝《つた》わる
	二三九	卑弥呼《ひみこ》が魏《ぎ》(中国)に使いを送る
古墳時代《こふんじだい》		古墳《こふん》がつくられる
		大和朝廷《やまとちょうてい》の国土統一《こくどとういつ》が進む
	五三八	仏教《ぶっきょう》が大陸《たいりく》から伝《つた》わる
飛鳥時代《あすかじだい》	五九三	聖徳太子《しょうとくたいし》が摂政《せっしょう》※になる
	六〇三	冠位十二階《かんいじゅうにかい》が定められる
	六〇四	十七条《じゅうしちじょう》の憲法《けんぽう》が定められる
	六〇七	法隆寺《ほうりゅうじ》が建《た》てられる
	六四五	大化《たいか》の改新《かいしん》
奈良時代《ならじだい》	七一〇	平城京《へいじょうきょう》(奈良《なら》)に都が移《うつ》る
	七五二	東大寺《とうだいじ》の大仏《だいぶつ》の開眼式《かいげんしき》が行《おこな》われる
平安時代《へいあんじだい》	七九四	平安京《へいあんきょう》(京都《きょうと》)に都が移《うつ》る
		かな文字が使われ始める

※摂政《せっしょう》…天皇《てんのう》が幼《おさな》かったり、病気になったりしたとき、天皇《てんのう》に代《か》わって政治《じ》を行《おこな》う役職《やくしょく》。

時代	年	主なできごと
安土桃山時代《あづちももやまじだい》	一五八三	豊臣秀吉《とよとみひでよし》が大坂城《おおさかじょう》を築《きず》く
	一五九〇	豊臣秀吉《とよとみひでよし》が全国を統一《とういつ》する
江戸時代《えどじだい》	一六〇三	徳川家康《とくがわいえやす》が江戸《えど》に幕府《ばくふ》を開く
	一六三五	徳川家光《とくがわいえみつ》が参勤交代《さんきんこうたい》の制度《せいど》を確立《かくりつ》する
	一六三六	出島《でじま》がつくられる
	一六四一	鎖国《さこく》の完成《かんせい》
	一六四四	明《みん》がほろび、清《しん》が中国を支配《しはい》する
	一八二一	伊能忠敬《いのうただたか》の日本地図が完成《かんせい》
	一八五三	ペリーが浦賀《うらが》に来航《らいこう》する
	一八五四	日米和親条約《にちべいわしんじょうやく》が結《むす》ばれる
	一八六七	徳川慶喜《とくがわよしのぶ》が政権《せいけん》を朝廷《ちょうてい》に返す(大政奉還《たいせいほうかん》)
		フランスでパリ万国博覧会《ばんこくはくらんかい》が開かれる
明治時代《めいじじだい》	一八六八	江戸幕府《えどばくふ》がほろぶ
	一八七一	岩倉使節団《いわくらしせつだん》がアメリカにわたる
	一八七二	鉄道が開通する
		太陽暦《たいようれき》を取り入れる

	紫式部《むらさきしきぶ》が「源氏物語《げんじものがたり》」を書く
一〇一六	藤原道長《ふじわらのみちなが》が摂政《せっしょう》になる
	武士《ぶし》が力を持ち始める
一一六七	平清盛《たいらのきよもり》が※太政大臣《だいじょうだいじん》となる
一一八五	壇《だん》ノ浦《うら》の戦《たたか》いで平氏《へいし》がほろびる
一一九二	源頼朝《みなもとのよりとも》が※征夷大将軍《せいいたいしょうぐん》になる

鎌倉《かまくら》時代

一二二一	承久《じょうきゅう》の乱《らん》が起こる
一二七四	元《げん》(モンゴル)がせめてくる（元寇《げんこう》）
一二八一	再《ふたた》び元《げん》がせめてくる（元寇《げんこう》）

室町《むろまち》時代

一三三八	足利尊氏《あしかがたかうじ》が京都《きょうと》に室町幕府《むろまちばくふ》を開く
一三六八	元《げん》がほろび、明《みん》(中国)が建《た》てられる
一四〇四	明《みん》との貿易《ぼうえき》が始まる
一四二九	琉球王国《りゅうきゅうおうこく》が建《た》てられる
一五四三	鉄砲《てっぽう》が伝《つた》わる
一五四九	キリスト教が伝《つた》わる
一五七三	織田信長《おだのぶなが》が室町幕府《むろまちばくふ》をほろぼす

安土桃山《あづちももやま》時代

一五七六	織田信長《おだのぶなが》が安土城《あづちじょう》を築《きず》く

※太政大臣《だいじょうだいじん》…「律令制度《りつりょうせいど》」という政治《せいじ》の体制《たいせい》で、もっとも位《くらい》が高い役職《やくしょく》。

※征夷大将軍《せいいたいしょうぐん》…鎌倉時代《かまくらじだい》以降《いこう》は、幕府《ばくふ》の頭《かしら》である将軍《しょうぐん》のことを指す。

一八八五	伊藤博文《いとうひろぶみ》が初代内閣総理大臣《しょだいないかくそうりだいじん》となる
一八八九	大日本帝国憲法《だいにっぽんていこくけんぽう》が発布《はっぷ》される
一八九四	陸奥宗光《むつむねみつ》が治外法権《ちがいほうけん》をなくすことに成功《せいこう》
	日清戦争《にっしんせんそう》(〜一八九五)
一九〇四	日露戦争《にちろせんそう》(〜一九〇五)
一九一一	小村寿太郎《こむらじゅたろう》が関税自主権《かんぜいじしゅけん》を回復《かいふく》させることに成功《せいこう》

大正《たいしょう》時代

一九二五	普通選挙制度《ふつうせんきょせいど》が定められる

昭和《しょうわ》時代

一九三七	日中戦争《にっちゅうせんそう》(〜一九四五)
一九四一	太平洋戦争《たいへいようせんそう》(〜一九四五)
一九四五	女性《じょせい》が選挙権《せんきょけん》を得《え》る
一九四六	日本国憲法《にほんこくけんぽう》が公布《こうふ》される
一九五六	国際連合《こくさいれんごう》に加盟《かめい》する
一九六四	東海道新幹線《とうかいどうしんかんせん》が開通《かいつう》
	東京《とうきょう》オリンピックが開かれる

平成《へいせい》時代

	みなさんの生まれた時代

※外国のできごとには、色をつけています。

はじめに

近年、子どもたちの読解力《どっかいりょく》不足《ぶそく》が問題となっていますが、それは語彙《ごい》の不足《ふそく》が原因《げんいん》のひとつです。ですから基本《きほん》的《てき》な熟語《じゅくご》や特別《とくべつ》な言葉をきちんと理解《りかい》するだけで、みなさんの読解力《どっかいりょく》は格段《かくだん》に上がっていくのです。

そして、読解力《どっかいりょく》不足《ぶそく》の最大《さいだい》の原因《げんいん》は、文章を機械的《きかいてき》に、あるいは技術的《ぎじゅつてき》に読もうとするあまり、文章そのものに興味《きょうみ》を持たないまま答えを出そうとしているからではないでしょうか。参考書《さんこうしょ》などは内容《ないよう》がよくてもおもしろみに欠《か》けることがあり、おもしろいという感覚《かんかく》を得《え》ないまま読み進むと、細かい読み取りになったとき読解《どっかい》の不足《ふそく》が生まれてしまうのかもしれません。

このドリルは文章に「なぞ解《と》き」というしかけがあり、おもしろい、とか楽しい、という感覚《かんかく》を持ちながら読むことができます。これこそが読解《どっかい》のための集中力を生むのです。また、今回も「別冊《べっさつ》言葉ドリル」を用意し、確実《かくじつ》な学力とすることにも配慮《はいりょ》しました。ぜひこのドリルを活用し、読解力《どっかいりょく》を根本から高めていってください。

陰山《かげやま》ラボ代表　陰山《かげやま》英男《ひでお》

ものごとには、原因《げんいん》があって、結果《けっか》があります。

たとえば、運動が得意《とくい》なのに、去年の運動会では寝坊《ねぼう》して朝《あさ》ご飯《はん》を食べずに登校したせいで良《よ》い成績《せいせき》が取れなかった、とします。

この場合、「原因《げんいん》」は「朝《あさ》ご飯《はん》抜《ぬ》き」⇒「結果《けっか》」は「エネルギー不足《ぶそく》でがんばれなかった」。すると、「今年はしっかり食べて、運動会に参加《さんか》しよう」と方針《ほうしん》が定まります。

過去《かこ》を学ぶ理由はこれと同じ。人はどう生きてきたか。それを理解《りかい》してこそ、「いま」がわかる。「いま」が結果《けっか》で、その原因《げんいん》を「昔」に探《さが》す試《こころ》みが、歴史《れきし》という勉強なのです。それがうまくいけば、未来《みらい》に向けて、こう努力《どりょく》すればいい、という見通しが立てられます。

私《わたし》たちの「いま」は、昔の人が一生懸命《いっしょうけんめい》生きてきた「昔」があってこそ。さあ、みなさんもタイムマシンに乗って、「昔」を見にいきましょう。それはきっと、これからの時代を切《き》り拓《ひら》く知恵《ちえ》を得《え》るための、すばらしい旅となるにちがいありません。

東京大学《とうきょうだいがく》史料編纂所《しりょうへんさんじょ》教授《きょうじゅ》　本郷《ほんごう》和人《かずと》

1章

タイムマシンに乗って

登《とう》場《じょう》人《じん》物《ぶつ》紹《しょう》介《かい》

竹河《たけかわ》 初音《はつね》

ＳＦ《エスエフ》小説《しょうせつ》が大好《だいす》きな小学６年生。空《そら》の姉。本をよく読むため知識《ちしき》が豊富《ほうふ》で、観察力《かんさつりょく》を働《はたら》かせてなぞ解《と》きをする。「ＳＦ《エスエフ》アイディアノート」に小《しょう》説《せつ》のアイディアをまとめたり、絵をかいたりする空想好《ず》きな女の子。

竹河《たけかわ》 空《そら》

運動が得意《とくい》な小学５年生。初音の弟。武将《ぶしょう》が好《す》きで、とてもくわしい。ひらめきを武器《ぶき》に、初音とともになぞ解《と》きをする。ものおじしない性格《せいかく》で、ひとりで突《つ》っ走《ばし》ってしまうところがある。

カオル

未来《みらい》から来た男の子。タイムマシンで過去《かこ》へ行き、未来《みらい》の窃盗団《せっとうだん》にぬすまれたものを元の時代に返す仕事をしている。主にタイムマシンの操縦《そうじゅう》を行《おこな》う。冷《つめ》たい言動で、たびたび初音とぶつかり合う。

ミーヤ

未来《みらい》から来たロボットのネコ。カオルと行動をともにしている。初音と空に、歴史上《れきしじょう》のできごとや人物について説明《せつめい》する役割《やくわり》を担《にな》っているが、実は彼《かの》女《じょ》には「本当の役割《やくわり》」があって……？

なぞ01 タイムマシンで出発

　初音《はつね》は弟の空《そら》を連《つ》れて近所にあるあ歴史館《れきしかん》に向かっています。

　その歴史館《れきしかん》には歴史《れきし》に関《かん》する貴重《きちょう》な資料《しりょう》が展示《てんじ》してあり、初音たちの家のとなりに住んでいる真木《まき》さんというおばあさんが館長を務《つと》めています。

「真木さんに、空とふたりで歴史館《れきしかん》に来てほしいって言われたの。」

「何か手伝《てつだ》いでもたのまれるのかな？　歴史《れきし》なんてよく知らないのに。」

「来てって言われただけでは、理由をⒶ推《お》し量《はか》るのは難《むずか》しいね。でも、私《わたし》は歴史《れきし》をまったく知らないわけじゃないよ。理科のほうが得意《とくい》だけどね。空とちがって本もたくさん読むし。」

「読むって言っても、初音が読むのはSF《エスエフ》小説《しょうせつ》ばっかりじゃん。さっき見たぞ。い漢字練習帳に宇宙船《うちゅうせん》の絵かいてたの。お母さんに言いつけるぞ。」

「だって、いつものSF《エスエフ》アイディアノートが見当たらなかったんだもん。ノート、どこいったんだろ……。って、そういえば空！」

　初音は家を出る前のことを思い出しました。

「さっき、おやつのチキン、ふたつも食べたでしょ！」

　ふたりが学校から帰ったとき、台所にフライドチキンがあって、

「おやつのかわりに、ひとつずつ食べてもいいよ。」

とお母さんに言われたのですが、空がふたつ食べたようです。空はおど

学習日　／

① ―あ歴史館《れきしかん》について、正しい説明《せつめい》はどれですか。合うものを選《えら》んで記号に○をつけましょう。

ア　文学に関《かん》する資料《しりょう》を展示《てんじ》している。

イ　初音《はつね》たちの家のとなりにある。

ウ　真木《まき》さんという女性《じょせい》が館長をしている。

② ―い初音が宇宙船《うちゅうせん》の絵を漢字練習帳にかいたのはなぜですか。□に当てはまる言葉を文章中から探《さが》して書きましょう。

［　　　　］が見当たらなかったから。

③ ―う初音が言った「しょうこ品」とはなんのことですか。文章中から探《さが》して、漢字一字で書きましょう。

［　］

ろきました。

「初音の食べ物に対する**執念**《しゅうねん》はおそろしいや。どうしてわかったの？」

「ごみ箱に、骨《ほね》がふたつぶん入っていたからだよ。(う)しょうこ品をⒷ**排除**《はいじょ》せずに残《のこ》すなんて、つめがあまい。お姉ちゃんを出しぬこうなんて千年早いぞ。」

ふたりが歴史館《れきしかん》に着くと、真木さんが**即座**《そくざ》に出てきてくれました。

「こんにちは。今日は来てくれてありがとう。」

初音は笑顔《えがお》で言いました。

「こんにちは。どんなご用ですか？」

「では、とつぜんですがクイズです。縄文時代《じょうもんじだい》に人々《ひとびと》が食べていたのは、そら豆、シジミ、白菜《はくさい》のうち、どれでしょうか？」

とつぜんの質問《しつもん》に、歴史《れきし》が苦手な空はⒸ**気**《き》**おくれ**しながらも、真木さんに聞きました。

「縄文時代ってどれくらい前だっけ……大昔だよね。」

真木さんがヒントをくれます。

「縄文時代は、一万年以上《いじょう》前から、二千五百年くらい前まで続《つづ》いていたの。」

言葉の問題にチャレンジ！

次の言葉の意味に合うものを選《えら》び、記号に○をつけましょう。

Ⓐ **推**《お》**し量**《はか》**る**

ア 人の考えていることがよくわかる。

イ 手にものをのせて重さをはかる。

ウ わかっていることや似《に》ていることをもとにして、こうだろうと考える。

Ⓑ **排除**《はいじょ》

ア 取り去って、その場からなくすこと。

イ 中にたまったものを外に出すこと。

ウ こっそりかくすこと。

Ⓒ **気**《き》**おくれ**

ア 理解《りかい》するのに時間がかかること。

イ 自信《じしん》がなく、心がひるむこと。

ウ うっとりすること。

こたえは26ページ

初音《はつね》はうでを組んで考えこみます。

「そんな昔の人が食べたもの……どうやったらわかるんだろう？」

「今日はそら豆を食べました、なんて日記が残《のこ》っているわけじゃないよね。」

「Ⓓ**漫然**《まんぜん》と考えてもだめだね。何かしょうこやⒺ**裏**《うら》**づけ**できるものがあるはず。」

「うーん、でも一万年も残《のこ》っているしょうこなんてあるかな？」

初音は、空《そら》が食べたチキンの骨《ほね》を思い出して、言いました。

「あ、骨《ほね》なら残《のこ》っているかも……。えっと、そら豆とシジミと白菜《はくさい》？　うーん……どれも骨《ほね》はないなあ。」

初音の言葉を聞いた空がひらめき、初音のうでをつかみます。

「ねえ、骨以外《ほねいがい》で、食べたあとに残《のこ》るものといえば、貝がらじゃない？」

「それだ！　真木《まき》さん、こたえはシジミです！」

初音がこたえると、真木さんはほほえみました。

「正解《せいかい》よ。縄文時代《じょうもんじだい》の人たちが、貝や動物の肉を食べたあとにその貝がらや骨《ほね》を捨《す》てていた場所の遺跡《いせき》を『貝塚《かいづか》』というの。**悠久**《ゆうきゅう》の時の流れの中で貝がらが残《のこ》り続《つづ》けたのよ。」

ふたりは貝塚《かいづか》の写真を見せてもらいます。初音はたずねました。

「ところで、私《わたし》たち、なんのために呼《よ》ばれたんですか？」

「ふたりにお願《ねが》いがあるの。今のはふたりが『推理《すいり》ができるかしこい子』だということを確《たし》かめるためのクイズよ。」

4 食べたあとに残《のこ》るものとして、貝がらを思いついたのは、初音《はつね》と空《そら》のどちらが先でしたか。合うほうを選《えら》んで○をつけましょう。

初音・空

5 縄文時代《じょうもんじだい》の人たちが、貝がらや骨《ほね》を捨《す》てていた場所の遺跡《いせき》をなんといいますか。文章中から探《さが》して、二文字で書きましょう。

6 真木《まき》さんが、初音と空を歴史館《れきしかん》に呼《よ》んだのはなぜでしたか。合うものを選《えら》んで記号に○をつけましょう。

ア　ふたりに貝塚《かいづか》の写真を見せるため。
イ　ふたりに推理《すいり》ができるかしこい子になってもらうため。
ウ　ふたりに歴史《れきし》が変《か》わるのを防《ふせ》いでもらうため。

真木さんは、歴史館《れきしかん》の関係者専用《かんけいしゃせんよう》通用口のとびらに近づきました。

「初音、あのとびら、青く光っていない？」

「本当だ。とびらのすきまから青い光がもれている。たしか、とびらの向こうはろうかだったよね。大きなライトでもつけているのかな？」

真木さんがとびらを開けると、そこはいつものろうかではなく、小さな白い部屋になっていました。そして、その部屋の中には、銀色の服を着た、ふたりと同じ年れいくらいの少年が立っていました。

「この子はカオル。未来《みらい》から来たの。初音ちゃんと空くん、**単刀直入《たんとうちょくにゅう》**に言います。カオルとタイムマシンに乗って、歴史《れきし》が変《か》わってしまうのを防《ふせ》いできてほしいの。」

「えっ、どういうこと!?」

カオルがⒻ**無愛想《ぶあいそう》**に言いました。

「急いでいる。説明《せつめい》はあとでするから、マシンに乗って！　早く！」

「えっ、は、はいっ！」

ふたりは言われるままに白い部屋に入りました。

ひとり残《のこ》った真木さんは閉《し》まったとびらに向かって言いました。

「いってらっしゃい。がんばって。」

言葉の問題にチャレンジ！

次の言葉を正しい意味で使っている文を選《えら》び、記号に○をつけましょう。

Ⓓ 漫然《まんぜん》
ア 美しい漫然《まんぜん》に感動した。
イ 漫然《まんぜん》と勉強したので合格《ごうかく》した。
ウ 彼女《かのじょ》は漫然《まんぜん》と窓《まど》の外をながめていた。

Ⓔ 裏《うら》づけ
ア 服を裏《うら》づけに着る。
イ うわさの裏《うら》づけを取る。
ウ その場に裏《うら》づけになった。

Ⓕ 無愛想《ぶあいそう》
ア あの店の店員はいつも無愛想《ぶあいそう》だ。
イ 彼女《かのじょ》は無愛想《ぶあいそう》で、だれに対しても感じよくふるまう。
ウ 映画《えいが》の無愛想《ぶあいそう》を書いた。

こたえは26ページ

なぞ 02

占《うらな》いの道具

「ぼくは操縦室《そうじゅうしつ》にいるから、この服に着がえておいて。」

カオルがドアの奥《おく》へ消えたあと、ふたりは銀色の服に着がえました。

真っ白な部屋の中には白いソファーとローテーブルがあり、壁《かべ》は大きなモニターになっています。部屋はかすかに振動《しんどう》しています。

「Ⓐ**味気《あじけ》ない**部屋だね。タイムマシンなんてⒷ**奇想天外《きそうてんがい》**な話、まるでSF《エスエフ》小説《しょうせつ》みたい。」

初音《はつね》は部屋を見わたします。空《そら》は自分たちの服を見ました。

「変《か》わったデザインの服だね。この服はなんの素材《そざい》でつくられているのかな。」

「未来《みらい》の素材《そざい》でつくられているんじゃない？」

ふたりが話していると、操縦室《そうじゅうしつ》へ続《つづ》く白いドアが少し開いて、一ぴきのネコが出てきました。

「はじめまして、私《わたし》はミーヤ。ロボットのネコなの。よろしくね。」

学習日 ／

① 初音《はつね》と空《そら》がいる部屋はどんな様子でしたか。合うものを選《えら》んで記号に○をつけましょう。

ア 銀色のドアがある。

イ 白いソファーがある。

ウ 大きくゆれている。

② ミーヤによると、今回タイムマシンは何時代に行きますか。文章中から探《さが》して、四文字で書きましょう。

□□□□

③ カオルとミーヤはどんな仕事をしていますか。□に当てはまる言葉を文章中から探《さが》して書きましょう。

窃盗団《せっとうだん》が □ を使用してぬすんだものを、元の時代に返す仕事。

ロボットといっても本物のネコそっくりです。

「うわあ、本当にロボットなの？　生きているみたい。」

「そうでしょう？　私《わたし》、とっても有能《ゆうのう》なのよ。今、タイムマシンは弥生時代《やよいじだい》に向かっているの。まずは、私《わたし》とカオルのことを説明《せつめい》するね。」

初音と空は**えりを正《ただ》して**、真剣《しんけん》に耳をかたむけます。

私《わたし》たちは、二十五世紀《せいき》、西暦《せいれき》二四六二年からやってきたの。

この時代にはタイムマシンがあって、使用するときは、「時間管理機構《じかんかんりきこう》」に申請《しんせい》が必要《ひつよう》なの。けれど、無断《むだん》でタイムマシンを使って過去《かこ》に行き、さまざまなものをぬすんで二十五世紀《せいき》で売りさばく窃盗団《せっとうだん》が現《あらわ》れたの。

カオルと私《わたし》は、日本を中心に活動する窃盗団《せっとうだん》がぬすんだ品物を元の時代に返す仕事をしているのよ。

どんなささいなものでも、なくなれば歴史《れきし》が変《か》わる可能性《かのうせい》があるから**軽視《けいし》**できないわ。この仕事はせまいところを通ったりするし、各時代《かくじだい》の人々《ひとびと》にあやしまれないようにするため、大人より子どものほうが向いているの。そこで今回はふたりに品物を返す仕事を手伝《てつだ》ってもらいたいの。

ふたりがⒸ**相《あい》づちを打《う》ち**ながら聞いていると、振動《しんどう》が止まりました。

そして、カオルが操縦室《そうじゅうしつ》から出てきました。

言葉の問題にチャレンジ！

次の言葉の意味に合うものを選《えら》び、記号に○をつけましょう。

Ⓐ 味気《あじけ》ない

ア 料理《りょうり》がおいしくない。

イ いかにも値段《ねだん》が安い感じがする。

ウ おもしろみがなく、つまらない。

Ⓑ 奇想天外《きそうてんがい》

ア 地味でかざり気《け》がないこと。またその様子。

イ 普通《ふつう》では考えつかないほど変《か》わっていること。またその様子。

ウ はなやかで目立つこと。またその様子。

Ⓒ 相《あい》づちを打《う》つ

ア 首をかしげる。不思議《ふしぎ》に思う。

イ 感心してひざをたたく。

ウ 相手の話に合わせてうなずいたり、言葉をはさんだりする。

こたえは27ページ

「弥生時代《やよいじだい》の邪馬台国《やまたいこく》に着いた。ふたりとも、着がえたようだな。」

カオルは初音《はつね》の服を指さしました。

「この銀色の服には衣装《いしょう》ホログラムが組みこまれていて、着がえなくても、その当時の服を着ているように見せられる。右そでの先についているのは時計。えり元に自動通訳装置《じどうつうやくそうち》もついているから、どんな時代の人が相手でも、自分たちの言葉で話すことができる。」

初音はⒹ**感嘆**《かんたん》して言いました。

「すごい、さすが未来《みらい》の服だね。」

カオルは初音に(あ)白い棒《ぼう》のようなものをわたしました。

「さっそくだけど、初音、これを卑弥呼《ひみこ》に返してきてほしいんだ。」

「これは何？　ゆるやかにまがっていて、Ⓔ**ユニーク**な形だね。」

「占《うらな》いに使うシカの骨《ほね》だ。卑弥呼は占《うらな》いで政治《せいじ》を行《おこな》って、邪馬台国を治《おさ》めていたんだ。」

「きゃっ。……ほ、骨《ほね》!?」

骨《ほね》と聞いてこわくなった初音は、それを落としてしまいました。

「卑弥呼が見られるなんておもしろそう！　オレが行くよ！」

空《そら》は骨《ほね》をⒻ**物《もの》ともせず**拾って、得意《とくい》げにタイムマシンの外に出て歩いていきました。カオルがさけびます。

「空はだめだ！」

「どうしたの？」

4 ―(あ)カオルが初音《はつね》にわたした白い棒《ぼう》のようなものはなんでしたか。文章中から探《さが》して、四文字で書きましょう。

占《うらな》いに使う □□□□

5 カオルによると、卑弥呼《ひみこ》はどんな人物ですか。□に当てはまる言葉を文章中から探《さが》して書きましょう。

□ で政治《せいじ》を行《おこな》って、□ を治《おさ》めていた。

6 カオルが、タイムマシンの外へ出る空《そら》を止めようとしたのはなぜですか。合うものを選《えら》んで記号に○をつけましょう。

ア 空は男の子だから。
イ 卑弥呼には弟がいるから。
ウ 卑弥呼の弟とまちがえられたら大変《たいへん》だから。

「早く空を止めて！　初音は他の人に会ってもいいけれど、空はだめだ！」

カオルのけんまくにおどろいた初音は、思わず飛《と》び出《だ》しました。

外に出ると、初音の服は一瞬《いっしゅん》で、弥生時代の服装《ふくそう》になりました。

空も弥生時代の服を着て、人のいるほうへ歩いています。

初音は**間一髪《かんいっぱつ》**のところで追いつき、空を**制《せい》する**ことができました。

ふたりは、あわてて近くの建物《たてもの》にかくれました。

「空は他の人に会っちゃだめなんだって。なぜだかわからないけれど。」

すると、とつぜん、背後《はいご》から声が聞こえました。

「そこにいるのはだれ？　今、少年の声が聞こえたような……。」

初音がふり向くと、首かざりをつけた女の人が建物《たてもの》に入ってきました。とても位《くらい》の高い人のようです。

この人が卑弥呼だと思った初音は、空の前に立ち、骨《ほね》をわたしました。

「少年なんていませんよ。どうぞ。」

「ありがとう。」

タイムマシンにもどるとカオルが言いました。

「卑弥呼の館の中に入れる男子は卑弥呼の弟だけなんだ。だから初音にたのもうとしたんだよ。」

言葉の問題にチャレンジ！

次の言葉を正しい意味で使っている文を選《えら》び、記号に○をつけましょう。

D 感嘆《かんたん》

ア 立派《りっぱ》なふるまいに感嘆《かんたん》した。

イ 感嘆《かんたん》な方法《ほうほう》を教えてもらった。

ウ ガスもれを感嘆《かんたん》した。

E ユニーク

ア 彼《かれ》の勉強の仕方はユニークだ。

イ 他人と同じようなユニークな考えをする。

ウ 彼はユニークにふるまうので、目立たない。

F 物《もの》ともせず

ア 彼女《かのじょ》は物《もの》ともせずにかみなりをこわがった。

イ 家の中は物《もの》ともせずの状態《じょうたい》だ。

ウ 少年は水の冷《つめ》たさを物《もの》ともせずに、川を泳ぎ切った。

こたえは27ページ

なぞ 03

暗やみの中の財宝《ざいほう》

タイムマシンが移動《いどう》している間、初音《はつね》たちはソファーに座《すわ》っています。ミーヤは初音のひざの上で、タイムマシンについて教えてくれます。

「タイムマシンのとびらは、現地《げんち》の建物《たてもの》のとびらにつながるの。現地《げんち》の人が入ってこないように一度閉《し》めちゃうときもあるけれど。タイムマシンにもどってくるときは、青白く光るとびらを探《さが》してね。」

初音は歴史館《れきしかん》で見た青い光を思い出しました。

「わかった。」

タイムマシンが止まり、カオルが操縦室《そうじゅうしつ》から出てきました。

「今回は空《そら》にたのみたい。この鉄剣《てっけん》を地面に置《お》いてきて。」

「うわあ、本物の剣《けん》だ！　初《はじ》めて見る！　かっこいいな。この時代の人はこれで戦《たたか》うのかなあ。」

「これは戦《いくさ》には使わない、ただのかざりだよ。富《とみ》の**象徴**《しょうちょう》だな。それに今回はだれにも会わないよ。」

「そっか、残念《ざんねん》。でもそのぶん、簡単《かんたん》だね。」

「ところが今回は出入りにⒶ**制約**《せいやく》がある。建物《たてもの》の上部からしか入れないんだ。しかも中は真っ暗だ。懐中電灯《かいちゅうでんとう》を持って、なわばしごを下りることになる。できる？」

学習日　／

1 過去《かこ》に行った先で、どんなとびらを探《さが》すとタイムマシンにもどれますか。□に当てはまる言葉を文章中から探《さが》して書きましょう。

□とびら

2 今回、ミーヤが空《そら》といっしょに行かないのはなぜですか。合うものを選《えら》んで記号に○をつけましょう。

ア　初音《はつね》がいっしょに行くから。

イ　ミーヤはなわばしごを使えないから。

ウ　ミーヤは暗いと、ものが見えないから。

3 なわばしごを下りて着いた空間はどんな様子でしたか。□に当てはまる言葉を文章中から探《さが》して書きましょう。

あたりには剣《けん》や盾《たて》といった□や、さまざまな大きさの□や、装飾品《そうしょくひん》があった。

「楽勝だよ。オレの運動神経《うんどうしんけい》のよさは学校でもⒷ**群《ぐん》をぬいて**いるんだから。でも、上部からしか入れないって、どんなところ？ 地下室か何か？」

「歴史的《れきしてき》にとても価値《かち》の高いところだよ。」

タイムマシンのとびらが開くと、下にせまい空間があるようです。

「初音と空、どちらかひとりで外に出るときは、なるべく私《わたし》がついていくようにするけれど、今回はなわばしごだから無理《むり》ね。空、がんばって。」

ミーヤにそう言われ、空は心を決めると、なわばしごを下ろし、鉄剣《てっけん》の入ったふくろを背負《せお》って、ゆっくりなわばしごを下りました。

地面に着いてあたりを照《て》らしてみると、空間は横に広くなっていました。周《まわ》りは石の壁《かべ》です。あたりには剣《けん》や盾《たて》といった武器《ぶき》や、大小さまざまな土器《どき》、首かざりなどの装飾品《そうしょくひん》が**混在《こんざい》**しています。

「うわあ、『アリババと四十人の盗賊《とうぞく》』みたい。財宝《ざいほう》のかくし場所かな。」

空は鉄剣《てっけん》を地面に置《お》きました。

ふと奥《おく》を照《て》らすと、武器《ぶき》や土器《どき》の奥《おく》に大きな石の箱があります。

「この箱の中には、金貨《きんか》とかもっと高価《こうか》なものが入っているのかも。」

空は中を見てみたいⒸ**衝動《しょうどう》**にかられ、ふたを開けようと試《こころ》みます。

言葉の問題にチャレンジ！

次の言葉の意味に合うものを選《えら》び、記号に○をつけましょう。

Ⓐ **制約《せいやく》**
- ㋐ 固《かた》く約束《やくそく》をすること。
- ㋑ ある条件《じょうけん》を決めて自由な活動をおさえつけること。またその条件《じょうけん》。
- ㋒ 薬をつくること。

Ⓑ **群《ぐん》をぬく**
- ㋐ 多くの中で特《とく》にすぐれている。
- ㋑ 人をぬかして速く走る。
- ㋒ 集まって群《む》れをつくる。

Ⓒ **衝動《しょうどう》**
- ㋐ はっきり考えを決めること。決心。
- ㋑ 心を動かされて行動したくなる欲求《よっきゅう》。
- ㋒ 心に感じるもの。気持ち。

←こたえは28ページ

「うーん、重くて開かない。よほど大切なものが入っているのかな?」

空《そら》は石の箱に懐中電灯《かいちゅうでんとう》の光を当ててよく調べました。

「長方形だな。ちょうど大人がねころべるくらいか。石に囲《かこ》まれた部屋で、人がすっぽり入る箱があって、周《まわ》りは財宝《ざいほう》って……もしや!」

空はなわばしごを上り、タイムマシンにもどるとミーヤに聞きました。

「もしかして、あそこってお墓《はか》!?」

「そうよ。古墳時代《こふんじだい》に来ているの。古墳時代は石のひつぎの中や周《まわ》りに財《ざい》宝《ほう》を置《お》いて、亡《な》くなった人を埋葬《まいそう》していたのよ。」

「それを先に言ってよ……。真っ暗な中で気づいてⒹ**肝《きも》をつぶしたよ。**」

カオルが言いました。

「**メンタル**面への配慮《はいりょ》だよ。先に言うと、空がこわがるかと思って。」

「オ、オレはそんなおくびょうじゃないぞ!」

初音《はつね》がカオルとミーヤにたずねました。

「ねえ、この仕事にふさわしい

4 空《そら》が調べていた石の箱はなんでしたか。ミーヤの言葉から探《さが》して、三文字で書きましょう。

□□□

5 空が「肝《きも》をつぶした」のはなぜですか。合うものを選《えら》んで記号に○をつけましょう。

ア あたりが真っ暗だったから。

イ 石の箱に大人がねころんでいたから。

ウ 自分がいた場所がお墓《はか》だと気づいたから。

6 真木《まき》さんがタイムマシンのことを知っていたのはなぜですか。□に当てはまる言葉を文章中から探《さが》して、七文字で書きましょう。

真木さんは、□□□□□□□だから。

子どもは未来《みらい》にもいるだろうに、どうして私《わたし》たちが選《えら》ばれたの？　未来《みらい》の人たちだけで解決《かいけつ》しちゃえばいいのに。」

　ミーヤがこたえます。

「科学技術《かがくぎじゅつ》は進歩しても、資源《しげん》と人員には限界《げんかい》があるの。二十五世紀《せいき》から人を連《つ》れていくより二十一世紀《せいき》から連《つ》れていくほうがエネルギーも少なくてすむし。実際《じっさい》、今回はエネルギーがぎりぎりなの。」

「そっか。でも、私《わたし》たち、そんなに歴史《れきし》にくわしくないんだけど……。」

「子どものほうが身軽だし、歴史《れきし》を知っている大人だと、Ⓔ**あわよくば**自分も何か歴史的価値《れきしてきかち》のあるものをとってきて**一攫千金《いっかくせんきん》**、なんて思うかもしれない。だから歴史《れきし》にくわしくない子どもが一番向いているのよ。」

「オレたち、なんだかバカにされていない？」

　空の言葉を聞いて、ミーヤは空にすり寄《よ》ります。

「バカになんかしていないわ。だれでもいいわけじゃない。元気と勇気《ゆうき》とⒻ**知性《ちせい》**のある、かしこい子を探《さが》してって真木《まき》さんにたのんだの。」

　ミーヤの言葉を聞いて、初音は真木さんのことを思い出しました。

「ねえ、真木さんは、どうしてタイムマシンのことを知っているの？」

　これにはカオルがこたえました。

「過去《かこ》のいろんな場所に、事情《じじょう》を知る現地《げんち》サポーターがいるんだ。昔の人だけれど、未来《みらい》のことを話して協力《きょうりょく》してもらっている。真木さんもそのひとりだよ。さあ、出発しよう。次は飛鳥時代《あすかじだい》へ行くよ。」

言葉の問題にチャレンジ！

次の言葉を正しい意味で使っている文を選《えら》び、記号に○をつけましょう。

Ⓓ 肝《きも》をつぶす

ア　とつぜんの大声に肝《きも》をつぶした。

イ　かわいい犬を見て肝《きも》をつぶした。

ウ　彼《かれ》は勇《ゆう》かんで、肝《きも》をつぶす。

Ⓔ あわよくば

ア　なみだがあわよくば流れた。

イ　兄はあわよくばおどろいた。

ウ　あわよくば映画《えいが》に出られるかもしれない。

Ⓕ 知性《ちせい》

ア　彼女《かのじょ》の話し方からは知性《ちせい》が感じられる。

イ　山がちで、険《けわ》しい知性《ちせい》だ。

ウ　知性《ちせい》な学問をきわめる。

←こたえは28ページ

なぞ04 塔《とう》の秘《ひ》密《みつ》

カオルが古いのこぎりを持って操縦室《そうじゅうしつ》から出てきました。

「今回は飛鳥時代《あすかじだい》、奈良《なら》の斑鳩《いかるが》へ着地する。これを厩戸皇子《うまやどのおうじ》——のちに聖徳太子《しょうとくたいし》と呼《よ》ばれる人物が建《た》てている法隆寺《ほうりゅうじ》の建設現場《けんせつげんば》に返してきてほしい。」

初音《はつね》と空《そら》は古いのこぎりを持って、タイムマシンから出ました。

あちこちで建設作業《けんせつさぎょう》が進められています。大人たちは働《はたら》き、子どもたちは材木《ざいもく》の切れはしで遊んでいて、とてもにぎやかです。

「空、見て、子どもが積《つ》み木《き》で遊んでいる。どの時代も遊びは同じだね。」

「あ、積《つ》み木《き》がたおれたぞ。」

「小さい積み木と大きい積《つ》み木《き》を、**たがいちがい**にのせているからだよ。Ⓐ**悪戦苦闘**《あくせんくとう》しているなあ。」

ふたりは作業場のすみにのこぎりを返しました。そこから、五つの屋根を持つ塔《とう》、五重塔《ごじゅうのとう》が見えます。

「すごい、こんな昔に、こんなに高い建物《たてもの》を建《た》てられるなんて。」

「どうやって、つくっているんだろうね。」

ふたりが感心していると、三十歳《さい》くらいの男の人が近づいてきました。

「君たちは、塔《とう》の高さに興味《きょうみ》があるのかい？」

学習日　／

1 厩戸皇子《うまやどのおうじ》は、のちになんと呼《よ》ばれる人物ですか。四文字で書きましょう。

□□□□

2 初音《はつね》と空《そら》に話しかけてきた男の人によると、五重塔《ごじゅうのとう》はどんな建物《たてもの》ですか。□に当てはまる言葉を文章中から探《さが》して書きましょう。

本来の高さよりも、［　　　　］ように工夫《くふう》されている。

3 五重塔《ごじゅうのとう》の屋根は、一番下の屋根と、一番上の屋根では、どちらが大きいですか。合うほうを選《えら》んで○をつけましょう。

一番下・一番上 の屋根

初音は塔《とう》をⒷ**直視《ちょくし》**しながら言いました。

「はい。あんなに高いのにたおれたりしないんですか？」

「この塔《とう》は、本来の高さよりも、高く見えるように工夫《くふう》してある。そしてそれが、塔《とう》をたおれにくくしているんだ。」

「えっ、それはどんな工夫《くふう》なんですか？」

「あれで試《ため》してみるといい。できるだけ高く積《つ》んでごらん。」

男の人は、子どもたちが遊んでいる積《つ》み木《き》を指さしました。

空は**手《て》ごろ**な大きさで、長さのちがう木片《もくへん》を積《つ》み上《あ》げます。

「高く積《つ》むには、下の積《つ》み木《き》を大きく、上の積《つ》み木《き》を小さくして……。」

「あ、もしかして五重塔《ごじゅうのとう》の屋根《やね》も、上にいくほど小さいのかな。」

初音の言葉に、男の人がにっこりほほえんで言いました。

「正解《せいかい》だよ。目の**錯覚《さっかく》**で、小さいほうがより遠く、高く見えるんだ。」

すると、Ⓒ**へりくだった**態度《たいど》の召使《めしつか》い風の人がやってきました。

「厩戸皇子さま、そろそろ斑鳩宮《いかるがのみや》へおもどりください。」

ふたりはびっくりして、遠ざかる男の人の後《うし》ろ姿《すがた》を見つめました。

「は、初音……あの男の人って……。」

「聖徳太子本人だったんだ！」

※このお話では聖徳太子が建《た》てた法隆寺を取り上げていますが、現在《げんざい》残っている法隆寺は再建《さいけん》されたものという説《せつ》が有力となっています。

言葉の問題にチャレンジ！

次の言葉の意味に合うものを選《えら》び、記号に○をつけましょう。

Ⓐ **悪戦苦闘《あくせんくとう》**

ア 戦《たたか》いに負けること。負《ま》け戦《いくさ》。

イ 苦しい戦《たたか》い。困難《こんなん》の中で努力《どりょく》すること。

ウ ひどい作戦《さくせん》を立てること。

Ⓑ **直視《ちょくし》**

ア 目を細めて見ること。

イ 横目で見ること。

ウ まっすぐ見つめること。

Ⓒ **へりくだる**

ア 相手を敬《うやま》って、ひかえめな態度《たいど》を取る。

イ 堂々《どうどう》とした態度《たいど》を取る。

ウ にこにこと人当たりのよい態度《たいど》を取る。

こたえは29ページ

なぞ 05

水の流れる箱

初音《はつね》は返す品物の大きな箱を持って、飛鳥時代《あすかじだい》の立派《りっぱ》な屋敷《やしき》の庭に立っています。今回は現地《げんち》サポーターの人といっしょに行動する予定です。

初音は服のそでについている時計を見ました。

カオルの話では現地《げんち》サポーターも同じ服を着ているそうです。

「時計もない時代に、こんな服を持っているなんて便利《べんり》だよね。」

「こんにちは、あなたが初音さんね。よろしくね。」

顔を上げると、初音と同じ箱を持ったⒶ**器量**《きりょう》のよい女の人がいました。

「こんにちは。よろしくお願《ねが》いします。」

「では、中大兄皇子《なかのおおえのおうじ》の館へこの箱を持っていきましょう。」

「この箱はなんの箱ですか？」

「じきにわかるわ。中大兄皇子は、さまざまな面で**庶民**《しょみん》を**啓蒙**《けいもう》する指導者《しどうしゃ》なの。新しい改革《かいかく》を次々《つぎつぎ》と行《おこな》ったⒷ**革新**《かくしん》的《てき》な人物で、のちの天智天皇《てんじてんのう》よ。」

「改革《かいかく》？　あ、もしかして『大化《たいか》の改新《かいしん》』ですか？」

「そう、さまざまな法律《ほうりつ》を定めたり、戸籍《こせき》をつくったりね。」

ふたりは屋敷《やしき》に上がり、大きな部屋へ入りました。

部屋の中には立派《りっぱ》な男の人がいます。その人が中大兄皇子のようです。

中大兄皇子のとなりにいる女の子が、初音たちから箱を受け取りました。

学習日　／

1 初音《はつね》の前に現《あらわ》れた現地《げんち》サポーターは、どんな人物でしたか。内容《ないよう》に合う文になるよう、当てはまるほうに○をつけましょう。

大きな・小さな　箱を持った　美しい・おとなしい　女の人。

2 中大兄皇子《なかのおおえのおうじ》はどんな人物ですか。文章を読んで、合うものすべてに○をつけましょう。

- □ 飛鳥時代《あすかじだい》の人物
- □ のちに天智天皇《てんじてんのう》と呼《よ》ばれる人物
- □ 大化《たいか》の改新《かいしん》を行《おこな》った人物
- □ のちに持統天皇《じとうてんのう》と呼《よ》ばれる人物
- □ 持統天皇の兄に当たる人物

「箱を洗《あら》ってきてくれたのね。ありがとう。よごれは落ちているようね。」

女の子は階段状《かいだんじょう》になった棚《たな》に箱を置《お》き、管《くだ》をさしました。管《くだ》の中を水が流れ始め、四つ並《なら》んでいる箱に次から次へと一定の速さで水が流れていきます。

「なんだろう？　一番下の箱に何か入っている！　目盛《めも》りがついた、矢？」

下の箱の水は少しずつ増《ふ》えて、矢がうき上がっていきます。

「水が一定の速さで増《ま》して、矢がうき上がる仕組みか……。矢に書いてある目盛《めも》りを読めばいいのかな？　これでわかるのは、一定の時間……もしかしてこれは時計かな？」

初音の言葉を聞いた中大兄皇子が教えてくれました。

「よくわかったね。今、『漏刻《ろうこく》』という時計をつくろうとしているんだ。」

タイムマシンにもどるとミーヤが教えてくれました。

「中大兄皇子は日本で初《はじ》めて時計をつくった人なのよ。日本における時計のⓒ**先駆者**《せんくしゃ》ね。『時の記念日《きねんび》』の由来にもなっているの。」

「そうなんだ。そういえば、中大兄皇子といっしょに女の子がいたよ。」

「それは中大兄皇子のむすめね。のちの持統天皇《じとうてんのう》よ。」

「えっ、握手《あくしゅ》してもらえばよかった！」

※このお話は、中大兄皇子が六六〇年に漏刻《ろうこく》をつくったという「日本書紀《にほんしょき》」の記述《きじゅつ》をもとに作成《さくせい》しました。

言葉の意味に合うものにチャレンジ！

次の言葉の意味に合うものを選《えら》び、記号に○をつけましょう。

Ⓐ 器量《きりょう》

ア ものごとの本当の姿《すがた》を見ぬく能力《のうりょく》。

イ 体格《たいかく》。体つき。

ウ 顔立ち。

Ⓑ 革新《かくしん》

ア 一方にかたよらないおだやかな考え方。

イ 今までのやり方を大切に守ること。

ウ これまでのやり方を改《あらた》めて、新しくすること。

Ⓒ 先駆者《せんくしゃ》

ア 他人に先立って、新しいことを始める人。

イ 人のよいところを真似《まね》て、ついていく人。

ウ 世の中の動きに逆《さか》らって行動する人。

こたえは29ページ

なぞ01

こたえと解説《かいせつ》 タイムマシンで出発 10〜13ページ

【10・11ページ】

① ウ

解説《かいせつ》

10ページ2・3行目に書かれていることを注意深く読みましょう。歴史館《れきしかん》は歴史《れきし》に関《かん》する資料《しりょう》を展示《てんじ》しており、真木《まき》さんというおばあさんが館長を務《つと》めているとあります。初音《はつね》たちの家のとなりにあるのは真木さんの家で、歴史館《れきしかん》ではありません。

② （いつもの）SF《エスエフ》アイディアノート

解説《かいせつ》

「漢字練習帳に宇宙船《うちゅうせん》の絵かいてた」（10ページ10行目）という空《そら》の発言に対する初音の返事に注目しましょう。

③ 骨《ほね》

解説《かいせつ》

フライドチキンを余分《よぶん》に食べたことがばれておどろく空に、初音は「ごみ箱に、骨《ほね》がふたつぶん入っていたからだよ」（11ページ3行目）とこたえています。この「骨《ほね》」がしょうことなったとわかります。

言葉の問題にチャレンジ！

Ⓐ ウ　Ⓑ ア　Ⓒ イ

言葉の学習

お話に出てきた言葉の意味を確《たし》かめましょう。

執念《しゅうねん》……ひとつのことを深く思《おも》い続《つづ》けて、あきらめない心。

即座《そくざ》……すぐ。その場。

【12・13ページ】

④ 空

解説《かいせつ》

12ページ10〜12行目に書かれている、初音と空の様子を順《じゅん》を追って確《たし》かめましょう。真木さんの質問《しつもん》にこたえたのは初音ですが、先に思いついたのは空だとわかります。

⑤ 貝塚《かいづか》

解説《かいせつ》

12ページ14〜16行目の真木さんの説明《せつめい》の中にこたえがあります。

⑥ ウ

解説《かいせつ》

初音と空が歴史館《れきしかん》に呼《よ》ばれた理由は、13ページ8・9行目の真木さんの「初音ちゃんと空くん、単刀直入《たんとうちょくにゅう》に言います」という発言のあとに書かれています。

言葉の問題にチャレンジ！

Ⓓ ウ　Ⓔ イ　Ⓕ ア

解説《かいせつ》

「漫然《まんぜん》」は「ぼんやりとしている様子」、「裏《うら》づけ」は「ものごとが確《たし》かであることを他の面から証明《しょうめい》すること」、「無愛想《ぶあいそう》」は「そっけなく、人に対していい感じをあたえないこと」という意味です。

言葉の学習

お話に出てきた言葉の意味を確《たし》かめましょう。

悠久《ゆうきゅう》……果《は》てしなく続《つづ》くこと。長く続《つづ》く様子。

単刀直入《たんとうちょくにゅう》……前置《まえお》きなどせず、すぐに本題に入ること。

歴史《れきし》の解説《かいせつ》

縄文時代《じょうもんじだい》、人々《ひとびと》は、木の実や山菜《さんさい》の他、動物の肉や魚、貝などを食べていました。食べた動物や魚の骨《ほね》、貝がらなどを捨《す》てていた場所が、現在《げんざい》も遺跡《いせき》として残《のこ》っています。この遺跡《いせき》を「貝塚《かいづか》」といいます。貝塚《かいづか》を調べると、当時の人々《ひとびと》が何を食べていたか、どんな暮《く》らしをしていたか、知ることができます。

なぞ 02

こたえと解説《かいせつ》

占《うらな》いの道具 14〜17ページ

【14・15ページ】

①イ

解説《かいせつ》

14ページ3・4行目と、13〜15行目を注意深く読みましょう。「部屋はかすかに振動《しんどう》しています」とあるので、部屋がゆれているのは確《たし》かですが、大きくはゆれておらず、ウは不正解《ふせいかい》です。

②弥生時代《やよいじだい》

解説《かいせつ》

15ページ3・4行目で、ミーヤは「今、タイムマシンは弥生時代に向かっているの」と言っています。

③タイムマシン

解説《かいせつ》

カオルとミーヤの仕事については、ミーヤが自分たちのことを説明《せつめい》する場面の中で述べられています（15ページ11・12行目）。

言葉の問題にチャレンジ！

Ⓐ ウ
Ⓑ イ
Ⓒ ウ

言葉の学習

お話に出てきた言葉の意味を確《たし》かめましょう。

えりを正《ただ》す……気持ちを引きしめる。それまでの態度《たいど》や姿勢《しせい》を改《あらた》める。

軽視《けいし》……軽く見ること。たいしたことがないと、ものごとの価値《かち》を認《みと》めないこと。

【16・17ページ】

④シカの骨《ほね》

解説《かいせつ》

白い棒《ぼう》の正体は、16ページ12行目の「これは何？」という初音《はつね》の質問《しつもん》にこたえる形で、カオルが述《の》べています。

⑤占《うらな》い・邪馬台国《やまたいこく》

解説《かいせつ》

16ページ13・14行目で、カオルが「卑弥呼《ひみこ》は占《うらな》いで政治《せいじ》を行《おこな》って、邪馬台国を治《おさ》めていたんだ」と話しています。

⑥ア

解説《かいせつ》

カオルが空《そら》を止めようとした理由は、カオルが「卑弥呼の館の中に入れる男子は卑弥呼の弟だけなんだ」（17ページ19・20行目）と説明《せつめい》しています。

言葉の問題にチャレンジ！

Ⓓ ア
Ⓔ ア
Ⓕ ウ

解説《かいせつ》

「感嘆《かんたん》」は「感心してほめること。感じ入ること」、「ユニーク」は「他のものとちがっている様子」、「物《もの》ともせず」は「なんとも思わない。問題にしない」という意味です。

言葉の学習

お話に出てきた言葉の意味を確《たし》かめましょう。

間一髪《かんいっぱつ》……寸前《すんぜん》までさしせまっていること。

制《せい》する……人の行動を止める。気持ちをおさえる。

歴史《れきし》の解説《かいせつ》

卑弥呼は、邪馬台国を治《おさ》めた女王です。弥生時代になると、「むら」が「くに」へと発展《はってん》し、くに同士《どうし》は絶《た》えず争《あらそ》っていました。しかし、「卑弥呼が女王になったことで、争《あらそ》いが収《おさ》まった」と、中国の古い歴史書《れきししょ》に記《しる》されています。

弥生時代には、動物の骨《ほね》を焼《や》き、骨《ほね》の割《わ》れた形によって吉凶《きっきょう》を占《うらな》いました。卑弥呼はこの占いによって政治《せいじ》を行《おこな》い、邪馬台国を治《おさ》め、平和をもたらしたのです。

こたえと解説《かいせつ》

暗やみの中の財宝《ざいほう》

18～21ページ

【18・19ページ】

①青白く光る

解説《かいせつ》 現地《げんち》でタイムマシンにつながるとびらを探《さが》す方法《ほうほう》は、18ページ4・5行目のミーヤの言葉の中にあります。

②イ

解説《かいせつ》 19ページ6・7行目のミーヤの発言を読むと「今回はなわばしごだから無理《むり》ね」とあり、ミーヤが空《そら》についていかない理由がわかります。

③武器《ぶき》・土器《どき》

解説《かいせつ》 19ページ10～12行目、空があたりの様子を懐中電灯《かいちゅうでんとう》で照《て》らして見た部分を注意して読みましょう。

言葉の問題にチャレンジ!

Ⓐイ Ⓑア Ⓒイ

言葉の学習

お話に出てきた言葉の意味を確《たし》かめましょう。

象徴《しょうちょう》……考え方など、形のないものをわかりやすく表すこと。また、表したもの。

混在《こんざい》……いくつかの種類《しゅるい》のものが入《い》り混《ま》じっていること。

【20・21ページ】

④ひつぎ

解説《かいせつ》 ミーヤの発言に注意して読みましょう。「古墳時代《こふんじだい》は石のひつぎの中や周《まわ》りに財宝《ざいほう》を置《お》いて、亡《な》くなった人を埋葬《まいそう》していたのよ」(20ページ7・8行目)とあり、空が調べていたのは「ひつぎ」だとわかります。

⑤ウ

解説《かいせつ》 空は、20ページ10・11行目で「真っ暗な中で気づいて肝《きも》をつぶしたよ」と言っています。何に気づいたかは、その前の「もしかして、あそこってお墓《はか》!?」(20ページ6行目)という空の質問《しつもん》から読み取れます。

⑥現地《げんち》サポーター

解説《かいせつ》 21ページ16行目の初音《はつね》の質問《しつもん》のあとを読むと、カオルによって説明《せつめい》されています。

言葉の問題にチャレンジ!

Ⓓア Ⓔウ Ⓕア

解説《かいせつ》 「肝《きも》をつぶす」は「とてもおどろく」、「あわよくば」は「うまくいけば」、「知性《ちせい》」は「ものごとを考えたり、判断《はんだん》したりする能力《のうりょく》」という意味です。

言葉の学習

お話に出てきた言葉の意味を確《たし》かめましょう。

メンタル……心に関《かん》する様子。精神的《せいしんてき》。精神《せいしん》。

一攫千金《いっかくせんきん》……苦労《くろう》せず、一度に大きな利益《りえき》を得《え》ること。

歴史《れきし》の解説《かいせつ》

三世紀《せいき》から七世紀《せいき》にかけてつくられた、土を高く盛《も》り上《あ》げてつくる墓《はか》を「古墳《こふん》」といいます。王や豪族《ごうぞく》といった権力者《けんりょくしゃ》の遺体《いたい》を、ひつぎに納《おさ》めて埋葬《まいそう》しました。古墳《こふん》の中の、ひつぎを納《おさ》める部屋のことを「石室《せきしつ》」といいます。お話に出てきたのは「竪穴式石室《たてあなしきせきしつ》」という石室《せきしつ》です。穴《あな》をほってひつぎを石室《せきしつ》に入れ、その上に大きな石を積《つ》み上げてふたをするものです。他に、土を高く盛《も》った部分の横手からひつぎを入れて埋葬《まいそう》する「横穴式石室《よこあなしきせきしつ》」というものもあります。

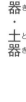

なぞ 04・05

こたえと解説《かいせつ》

塔《とう》の秘密《ひみつ》　22・23ページ
水の流れる箱　24・25ページ

【22・23ページ】

①聖徳太子《しょうとくたいし》

解説《かいせつ》
22ページ2・3行目に「厩戸皇子《うまやどのおうじ》――のちに聖徳太子と呼《よ》ばれる人物」というカオルの発言があります。

②高く見える

解説《かいせつ》
23ページ5～8行目の男の人の話を整理しましょう。

③一番下

解説《かいせつ》
「五重塔《ごじゅうのとう》の屋根も、上にいくほど小さいのかな」（23ページ14行目）という初音《はつね》の発言に対して、男の人は「正解《せいかい》だよ」（23ページ16行目）とこたえています。このことから、五重塔《ごじゅうのとう》の屋根のうち、もっとも大きいのは、一番下の屋根と判断《はんだん》できます。

言葉の問題にチャレンジ！
Ⓐイ　Ⓑウ　Ⓒア

言葉の学習
お話に出てきた言葉の意味を確《たし》かめましょう。
たがいちがい……ふたつのものが入れちがいになること。交互《こうご》。
手《て》ごろ……自分の能力《のうりょく》や状況《じょうきょう》、条件《じょうけん》にちょうど合っていること。
錯覚《さっかく》……事実でないことを、事実のように思うこと。思いちがい。

歴史《れきし》の解説《かいせつ》
聖徳太子は、飛鳥時代《あすかじだい》に、天皇《てんのう》の政治《せいじ》を助ける「摂政《せっしょう》」として活やくしました。家柄《いえがら》に関係《かんけい》なく、能力《のうりょく》によって役人を決める「冠位十二階《かんいじゅうにかい》」という仕組みをつくり、政治《せいじ》を行《おこな》う役人の心がまえを示《しめ》した「十七条《じゅうしちじょう》の憲法《けんぽう》」を定めて、天皇《てんのう》を中心とした国づくりを進めました。
お話に出てきた法隆寺《ほうりゅうじ》は、聖徳太子が建《た》てた寺です。世界最古《せかいさいこ》の木造建築《もくぞうけんちく》で、世界遺産《せかいいさん》に登録《とうろく》されています。

【24・25ページ】

①大きな・美しい

解説《かいせつ》
「初音《はつね》と同じ箱を持った器量《きりょう》のよい女の人」（24ページ7行目）とありますが、初音が持っていた箱については、24ページ1行目に書かれています。「器量《きりょう》のよい」は、ここでは「美しい」という意味です。

②〇〇〇
飛鳥時代の人物
のちに天智天皇《てんじてんのう》と呼《よ》ばれる人物
大化《たいか》の改新《かいしん》を行《おこな》った人物

解説《かいせつ》
中大兄皇子《なかのおおえのおうじ》は「のちの天智天皇」（24ページ12行目）です。また、のちに持統天皇《じとうてんのう》と呼《よ》ばれる人物は「中大兄皇子のむすめ」（25ページ20行目）です。

言葉の問題にチャレンジ！
Ⓐウ　Ⓑウ　Ⓒア

言葉の学習
お話に出てきた言葉の意味を確《たし》かめましょう。
庶民《しょみん》……特別《とくべつ》な権力《けんりょく》や財産《ざいさん》を持たない普通《ふつう》の人。
啓蒙《けいもう》……人々《ひとびと》に正しい知識《ちしき》を教え、導《みちび》くこと。

歴史《れきし》の解説《かいせつ》
聖徳太子の死後、蘇我氏《そがし》という一族が勢力《せいりょく》を強め、政治《せいじ》の実権《じっけん》をにぎっていました。中大兄皇子は中臣鎌足《なかとみのかまたり》とともに蘇我入鹿《そがのいるか》を暗殺《あんさつ》して蘇我氏をほろぼし、中国の制度《せいど》を手本にしながら、天皇《てんのう》を中心とした国づくりを進めました。これを「大化《たいか》の改新《かいしん》」といいます。
中大兄皇子は、のちに天皇《てんのう》となり、天智天皇と呼《よ》ばれます。

もっと理解《りかい》を深めよう

なぞ02 卑弥呼《ひみこ》

14～17ページ

卑弥呼は、今から約《やく》千八百年前に**邪馬台国**《やまたいこく》という国を治《おさ》めていた女王です。

そのころの日本列島には小さな「くに」がたくさんあり、たがいに争《あらそ》っていました。この争《あらそ》いをしずめるため、多くのくに同士《どうし》が話し合って、邪馬台国というひとつの大きな国をつくることにしました。この国の女王に選《えら》ばれたのが卑弥呼でした。

卑弥呼に関《かん》する記録《きろく》は、中国の歴史書《れきししょ》『三《さん》国志《ごくし》』の中の「**魏志倭人伝**《ぎしわじんでん》」にわずかに残《のこ》されています。それによると、卑弥呼は人々《ひとびと》の前にほとんど姿《すがた》を現《あらわ》さず、占《うらな》いによって政治《せいじ》を行《おこな》っていたといいます。また、弟がいて、卑弥呼を助けていたそうです。中国の魏《ぎ》に使いを送り、親魏倭王《しんぎわおう》という称号《しょうごう》と金印《きんいん》をもらったという記録《きろく》もあります。

邪馬台国がどこにあったかはわかっていませんが、九州地方《きゅうしゅうちほう》にあったという説《せつ》と、近畿地方《きんきちほう》にあったという説《せつ》のふたつの説《せつ》が有力になっています。

なぞ04 聖徳太子《しょうとくたいし》

22・23ページ

聖徳太子は、今から約《やく》千四百年前に活やくした政治家《せいじか》で、厩戸皇子《うまやどのおうじ》とも呼《よ》ばれました。用明天皇《ようめいてんのう》を父にもち、日本で初《はじ》めての女性天皇《じょせいてんのう》といわれる、叔母《おば》の推古天皇《すいこてんのう》に仕《つか》えました。

聖徳太子は、中国（隋《ずい》）に**遣隋使**《けんずいし》という使いを送り、中国の進んだ技術《ぎじゅつ》や文化を取り入れました。

また、役人の位《くらい》を十二に分ける**冠位十二階**《かんいじゅうにかい》という制度《せいど》や、**十七条の憲法**《じゅうしちじょうのけんぽう》という決まりをつくり、国の政治《せいじ》の仕組みを整えました。さらに、蘇我馬子《そがのうまこ》という有力者と協力《きょうりょく》して**仏教**《ぶっきょう》を広め、**法隆寺**《ほうりゅうじ》などの寺を建《た》てました。

聖徳太子に関《かん》しては、「十人の話を一度に聞くことができた」「自分の馬に乗って空を飛《と》び、富士山《ふじさん》を飛《と》びこえた」など、多くの伝《でん》説《せつ》が残《のこ》っています。しかし、多くの業績《ぎょうせき》は他の人のものであるという説《せつ》もあります。

聖徳太子は、一九八六年まではお札《さつ》の肖像《しょうぞう》にも使われていました。

冠位十二階《かんいじゅうにかい》

左の図のような十二の位《くらい》が定められ、かんむりの色で区別《くべつ》した。

徳《とく》	①大徳《だいとく》	②小徳《しょうとく》
仁《にん》	③大仁《だいにん》	④小仁《しょうにん》
礼《らい》	⑤大礼《だいらい》	⑥小礼《しょうらい》
信《しん》	⑦大信《だいしん》	⑧小信《しょうしん》
義《ぎ》	⑨大義《だいぎ》	⑩小義《しょうぎ》
智《ち》	⑪大智《だいち》	⑫小智《しょうち》

おさらい！歴史《れきし》クイズ

聖徳太子が中国に送った使いの名前をなんというでしょう？

1 遣唐使《けんとうし》
2 遣隋使《けんずいし》
3 朝鮮通信使《ちょうせんつうしんし》

こたえは52ページ

140ページのこたえ 3
一方の国にとって不利《ふり》な条約《じょうやく》を、不平等条約《ふびょうどうじょうやく》といいます。

2章

なぞの儀式《ぎしき》

窃盗団《せっとうだん》によってぬすまれた品物を返す作業をすることになった、初音《はつね》と空《そら》。

タイムマシンは、たくさんの人でにぎわっている、奈良時代《ならじだい》の東大寺《とうだいじ》の近くに到着《とうちゃく》します。

そこでは、お坊《ぼう》さんたちが「大仏《だいぶつ》にたましいを入れる儀式《ぎしき》で使う、大切なものがなくなった」とあわてていました。

大仏《だいぶつ》にたましいを入れる儀式《ぎしき》とは？
なくなってしまった大切なものとは？
初音と空は、なぞ解《と》きにいどみます。

なぞ

06 大仏《だいぶつ》のたましい

タイムマシンのとびらが開いて初音《はつね》と空《そら》が外に出てみると、そこはうす暗いお堂《どう》の中でした。

とびらの前に立ったカオルが言います。

「今は奈良時代《ならじだい》で、ここは奈良《なら》、東大寺《とうだいじ》近くのお堂《どう》だ。今回はこの大きな筆を、大仏《だいぶつ》の近くにある建物《たてもの》に返してきてほしい。」

初音はカオルに向かって言いました。

「最初《さいしょ》から、その建物《たてもの》にタイムマシンを着地させればいいのに。」

㋐「そっちは人が大勢《おおぜい》いるんだ。着地場所は人気《ひとけ》のないところを選《えら》んでいるから、今回のように目的地《もくてきち》からはなれてしまうこともある。」

「そっか、じゃあ仕方ないね。行ってきます。」

初音と空がお堂《どう》のとびらをそっと開けると、たくさんの人が同じ方向に歩いていきます。

「なんだろう？　お祭りか何かかな？」

Ⓐ**雑踏**《ざっとう》の中で、初音の言葉を聞いたお坊《ぼう》さんが話しかけてきます。

「君たち、家の人とはぐれたのかい？　今日はこれから完成《かんせい》したばかりの大仏《だいぶつ》にたましいを入れる『開眼式《かいげんしき》』という儀式《ぎしき》があるんだよ。」

学習日

／

① ——㋐カオルが「そっちは人が大勢《おおぜい》いる」と言った、「そっち」とはどこのことですか。合うものを選《えら》んで記号に○をつけましょう。

㋐ 東大寺《とうだいじ》近くのお堂《どう》

㋑ 大仏《だいぶつ》の近くにある建物《たてもの》

㋒ タイムマシンの着地場所

② たくさんの人が同じ方向に歩いていたのはなぜですか。□に当てはまる言葉を文章中から探《さが》して、三文字で書きましょう。

□□□という儀式《ぎしき》があるから。

③ 今回完成《かんせい》した大仏《だいぶつ》をつくるのを決めたのはだれですか。

それを聞いて、初音は歩きながら考えました。

「カイゲンシキねえ。大仏《だいぶつ》にたましいを入れるって、どうやるんだろう？」

歩いていると、どんどん人が多くなり、楽器《がっき》の音も聞こえてきて、ますますにぎやかになっていきます。

目的地《もくてきち》である建物《たてもの》の前まで来ると、お坊《ぼう》さんたちがあわてふためいていました。

「このままじゃ儀式《ぎしき》が行《おこな》えない！」

「どうしよう！　この日のために準備《じゅんび》をⒷ**着々**《ちゃくちゃく》と進めてきたのに。」

騒然《そうぜん》とした様子を見て空が言いました。

「儀式《ぎしき》が行《おこな》えないって……どうしたんだろう。何か**打開**《だかい》策《さく》はないのかな。」

「まずは**現状**《げんじょう》を探《さぐ》ってみよう。」

ふたりはお坊《ぼう》さんたちに近づき、話している内容《ないよう》をこっそり聞きました。

「もうすぐ、大仏《だいぶつ》をつくると決めた聖武天皇《しょうむてんのう》がいらっしゃる。」

「それに、わざわざインドから、儀式《ぎしき》を行《おこな》うお坊《ぼう》さまを呼《よ》び寄《よ》せたというのに、式が行《おこな》えなかったらⒸ**体面**《たいめん》が保《たも》てないぞ。」

言葉の問題にチャレンジ！

次の言葉の意味に合うものを選《えら》び、記号に○をつけましょう。

Ⓐ **雑踏**《ざっとう》

ア いろいろなうるさい音。

イ 多くの人でこみ合《あ》うこと。

ウ たくさんのものが一度におし寄《よ》せること。

Ⓑ **着々**《ちゃくちゃく》

ア いっしょうけんめい努力《どりょく》する様子。

イ 苦労《くろう》しながらゆっくり進む様子。

ウ ものごとが順序《じゅんじょ》通りうまく進む様子。

Ⓒ **体面**《たいめん》

ア 直接《ちょくせつ》、顔を合わせること。

イ 社会を正すための順序《じゅんじょ》や決まり。

ウ 世間に対するほこりや面目。

こたえは48ページ

初音《はつね》は近くにいたお坊《ぼう》さんにたずねます。

「あの、何があったんですか？」

「儀式《ぎしき》で使う大切なものが、なくなってしまったんだ。」

お坊《ぼう》さんは、とつぜんの**悲劇《ひげき》**に打ちひしがれています。初音はお坊《ぼう》さんの持っている紙に「開眼式《かいげんしき》」と書いてあるのを見つけました。

そのお坊《ぼう》さんが去ってしまったあと、ふたりは考えます。

「Ⓘ<u>ぬすまれたのかな？</u> Ⓓ**物騒《ぶっそう》**だなあ。」

「儀式《ぎしき》で使う大切なものってなんだろう。『眼《め》を開ける式』で開眼式《かいげんしき》か……あ、大仏《だいぶつ》の目を開けるってこと？」

初音の言葉に、空《そら》は頭をかかえます。

「大仏《だいぶつ》ってたしか金属《きんぞく》だよな……。その目を開けるってどういうことだろう。ドリルで穴《あな》を開けるのかな？ ぬすまれたものは、ドリル？」

「ちょっと空、ドリルで穴《あな》を開けて目にするなんて、こわいこと言わないでよ。頭が働《はたら》かなくなっちゃう。ええっと、大仏《だいぶつ》の目でしょ。」

初音は近くにあった小枝《こえだ》で、地面に大仏《だいぶつ》の絵をかきました。

「これに目を入れる……。こうかな？」

空が、初音のかいた大仏《だいぶつ》の顔に、小枝《こえだ》でぐりぐりと大きな円をふたつかきたしました。初音はそれを見てさけびました。

「それだっ。空、それだよ。かしこいねっ！」

「なんだよ、**やぶから棒《ぼう》**に。」

「それそれ。目をかき入れるんだよ。」

4 ―Ⓘ空《そら》が「ぬすまれたのかな？」と考えたものはなんですか。文章中から探《さが》して十文字で書きましょう。

5 空によると、ダルマに目を入れるのはどんなときですか。文章中から探《さが》して、「～とき。」の形で文が終わるように□に書きましょう。

6 初音《はつね》たちはどのように筆を返しましたか。ふたりの様子に近いほうを選《えら》んで○をつけましょう。

人に知られないように
・
堂々《どうどう》と

「開眼式《かいげんしき》って、目をかき入れる儀《ぎ》式《しき》のことか。願《がん》かけが達成《たっせい》できたとき、ダルマに目を入れたりするよね。あれみたいなもの？」

「うん。ダルマは、よく筆で目を入れているね。でも大仏《だいぶつ》は大きいから、普通《ふつう》の筆じゃ小さいな。あっ、大きい筆だ、筆！　空が持っているそれ！」

「今回返す品物が儀式《ぎしき》に必要《ひつよう》なものだったのか！」

空は、片手《かたて》で持っていたふくろを大事そうにだきかかえました。

「どうしよう、早く返さなきゃ。」

「でも私《わたし》たちが持っているとわかったら、私《わたし》たちがぬすんだと疑《うたが》われて、Ⓔ**敵意**《てきい》を持たれちゃうかも。こっそり返そう。」

ふたりは、建物《たてもの》の中に入りました。みんなで筆を探《さが》したせいか建物《たてもの》の中はⒻ**雑然**《ざつぜん》としています。

それに乗《じょう》じて物かげに筆を転がすと、ふたりは急いでタイムマシンにもどりました。

言葉の問題にチャレンジ！

次の言葉を正しい意味で使っている文を選《えら》び、記号に○をつけましょう。

Ⓓ 物騒《ぶっそう》
- ア　このあたりの裏道《うらみち》は物騒《ぶっそう》だ。
- イ　彼《かれ》の祖父《そふ》は物騒《ぶっそう》を片《かた》づけた。
- ウ　物騒《ぶっそう》に気をつけてにげた。

Ⓔ 敵意《てきい》
- ア　敵意《てきい》する気持ちを捨《す》てる。
- イ　環境《かんきょう》に敵意《てきい》する。
- ウ　彼《かれ》は、彼女《かのじょ》に敵意《てきい》を持っている。

Ⓕ 雑然《ざつぜん》
- ア　雑然《ざつぜん》とした庭の様子にうんざりした。
- イ　部屋の雑然《ざつぜん》を束《たば》ねて処分《しょぶん》した。
- ウ　外からかすかな雑然《ざつぜん》が聞こえてきた。

こたえは48ページ

なぞ 07

平安《へいあん》時代《じだい》のペット

今回は平安時代の京都《きょうと》、天皇《てんのう》が住む御所《ごしょ》に初音《はつね》とミーヤが行きます。

「この、文字の書かれた紙を紫式部《むらさきしきぶ》に返しにいくんだね？」

「そうよ。この時代、紙はとても貴重《きちょう》なものだったの。」

「そうみたいだね。文字がびっしり書かれていて、Ⓐ**余白**《よはく》が少ないもん。」

ミーヤが建物《たてもの》の中を堂々《どうどう》と歩くので、初音は心配になりました。

「ミーヤ、ここ、建物《たてもの》の中だよ。かくれなくていいの？」

「いいの、平気よ。」

ろうかを歩いていると、初音と同じ年ごろの少女たちがⒷ**せわしなく**動きまわっています。少女が初音に声をかけました。

「そこのあなた、くりを見かけませんでしたか？　にげてしまったから探《さが》しているの。Ⓒ**手**《て》**をかして**くださらない？」

少女はひもを持っていて、その先は輪《わ》になっています。

「ええと……見つけたら知らせますね。……ねえ、ミーヤ。くりって何かな。ひもでつなぐってことは犬？　この時代にペットの犬がいるのかな？」

初音は小声でミーヤにたずねます。

ところがミーヤは部屋の中を見つめています。

「初音、紫式部がいたわ、ついてきて。几帳《きちょう》の後ろよ。」

学習日　／

① 「御所《ごしょ》」とはだれが住んでいるところですか。文章中から探《さが》して□に書きましょう。

② 初音《はつね》たちがろうかで会った少女たちは何を探《さが》していましたか。合うものを選《えら》んで記号に○をつけましょう。

ア 文字が書かれた紙
イ ネコ
ウ 犬

③ 「几帳《きちょう》」とはなんのことでしたか。文章中から探《さが》して三文字で書きましょう。

ミーヤは初音の持っていた紙の一部をくわえて走りだしました。

「あ、ミーヤ待って！　几帳《きちょう》って何？」

ミーヤは目の前の部屋の中に入り、仕切りの裏《うら》へまわりこみます。

初音があわてて追うと、仕切りの後ろに女の人が座《すわ》っていました。

「ネコが紙を持っていってしまったのね。探《さが》してくれてありがとう。」

ミーヤはその女の人にくわえた紙をわたしています。女の人は残《のこ》りを受け取ろうと、紙を持っている初音に向かって手をのばしました。

（ということは、この仕切りが几帳《きちょう》で、この人が『源氏物語《げんじものがたり》』という小説《しょうせつ》を書いた紫式部か……。）

紫式部は反対の手でミーヤの頭をなでていて、ミーヤは**したり顔《がお》**です。

「このネコは、くりにそっくりだけど、くりではありませんね。名前は？」

「ミーヤです。あの、この紙をどうぞ。」

ふたりはタイムマシンにもどりました。

「そうか、くりってネコの名前だったんだね。」

「この時代、**裕福《ゆうふく》**な人たちの間でネコを飼《か》うのが流行していたの。源氏物語にだってネコが出てくるのよ。」

言葉の問題にチャレンジ！

次の言葉の意味に合うものを選《えら》び、記号に○をつけましょう。

Ⓐ **余白《よはく》**

ア 余《あま》っているもの。残《のこ》り。

イ 書きこむべきところに何も書いていないこと。

ウ 字などが書いてある紙の、何も書いていない白い部分。

Ⓑ **せわしない**

ア いそがしい。することが多くて落ち着かない。

イ 優《やさ》しい。上品である。

ウ 乱暴《らんぼう》である。あらあらしい。

Ⓒ **手《て》をかす**

ア 手助けをする。

イ 人の世話になる。

ウ 仕事の範囲《はんい》を広げる。

こたえは49ページ

なぞ08

海にうかぶ鳥居《とりい》

「オレも御所《ごしょ》に行きたかったなあ。豪華絢爛《ごうかけんらん》なんでしょ？」

残念《ざんねん》がる空《そら》にカオルが言いました。

「今回は空にお願《ねが》いしよう。美しくて、**神々《こうごう》しい**ところへ行ってもらうよ。」

「どこ？」

「行ってからのお楽しみ。法華経《ほけきょう》のお経《きょう》が書かれた巻物《まきもの》を平清盛《たいらのきよもり》に返すんだ。」

空は飛《と》び上《あ》がって喜《よろこ》びました。

「武士《ぶし》だ！　オレ、武士《ぶし》にはくわしいんだ。平清盛といえば天皇《てんのう》や貴族《きぞく》が中心の都でⒶ**台頭《たいとう》**してきた武家《ぶけ》の頭《かしら》だよね。」

空は巻物《まきもの》を受け取るとミーヤを連《つ》れて、タイムマシンの外に出ました。

そこは、うす暗くて大きな板張《いたば》りの部屋でした。

「海のかおりがする。ここは海の近くかな？」

板戸のすきまから光がもれているほうへ向かい、戸を開けると、海に続《つづ》くろうかが見えました。

「うわあ、海の上にいるみたい。しかも朱色《しゅいろ》だ。朱色《しゅいろ》の建物《たてもの》といえば……もしかしてここは神社？」

「そう、神社よ。」

「海の上の神社か。」

学習日　／

① 今回、空《そら》がカオルにたのまれたのはどんなことですか。□に当てはまる言葉を文章中から探《さが》して書きましょう。

法華経《ほけきょう》のお経《きょう》が書かれた巻物《まきもの》を□に返すこと。

② 空がタイムマシンで着いた場所はどこでしたか。合うものを選《えら》んで記号に○をつけましょう。

ア 御所《ごしょ》
イ 神社
ウ 寺院《じいん》

③ 平清盛《たいらのきよもり》が厳島神社《いつくしまじんじゃ》にやってきたのはなぜですか。ミーヤの言葉から探《さが》して、□に合うように書きましょう。

清盛は、□を平氏《へいし》の□として信仰《しんこう》していたから。

空が部屋を飛《と》び出《だ》してろうかに出ると、海の中に鳥居《とりい》が立っていました。

「厳島神社《いつくしまじんじゃ》だ！　カオルの言っていた通り、神々《こうごう》しくて美しいね。でもミーヤ、お経《きょう》って仏教《ぶっきょう》のものでしょ？　お寺じゃなくて神社に返すの？」

「昔は神社とお寺は仲《なか》がよかったの。日本各地《かくち》の信仰《しんこう》と仏教《ぶっきょう》が**折衷**《せっちゅう》していて、お坊《ぼう》さんだって神社にお参《まい》りしていたのよ。」

海を見ていると船が近づいてきました。ミーヤが言います。

「あの船に、平清盛が乗っているわ。」

「どうして平清盛は厳島神社に来たの？」

「清盛は、厳島神社を自分たちの守り神として厚《あつ》く信仰《しんこう》していたの。この時代の厳島神社が豪華《ごうか》なのは、平氏《へいし》の財力《ざいりょく》をⒷ**反映**《はんえい》しているからといっても**過言**《かごん》**ではない**わ。お経《きょう》を奉納《ほうのう》するのも力の証《あかし》よ。」

「へえ、ここは平家《へいけ》が栄《さか》えた時代のⒸ**集大成**《しゅうたいせい》って感じなんだね。あ、船が着いたぞ。きれいな着物を着た人たちが降《お》りてくるよ！」

空は、平氏一族《へいしいちぞく》に囲《かこ》まれて歩く清盛の姿《すがた》を見ながら、船の積《つ》み荷《に》の中に持ってきた巻物《まきもの》をまぎれこませて、タイムマシンにもどりました。

言葉の問題にチャレンジ！

次の言葉の意味に合うものを選《えら》び、記号に○をつけましょう。

Ⓐ **台頭**《たいとう》
- ㋐ 実力をたくわえること。
- ㋑ 勢《いきお》いを増《ま》してくること。
- ㋒ 退《しりぞ》けられること。

Ⓑ **反映**《はんえい》
- ㋐ 役立つようにうまく使うこと。利用《りよう》。
- ㋑ あるものの影響《えいきょう》が他のものに現《あらわ》れること。
- ㋒ 栄《さか》えること。豊《ゆた》かになること。

Ⓒ **集大成**《しゅうたいせい》
- ㋐ 多くのものを集めてまとめること。また、まとめたもの。
- ㋑ 品物を並《なら》べて見せること。展示《てんじ》。
- ㋒ 気持ちをひとつのことに集中させること。

こたえは49ページ

なぞ 09

きらめく細工

初音《はつね》と空《そら》は、山腹《さんぷく》にある小さなお堂《どう》から外に出ました。眼下《がんか》には山に囲《かこ》まれた広大な土地が広がっています。

「ここは東北《とうほく》、平泉《ひらいずみ》だ。今回はこの時代に住む現地《げんち》サポーターの右衛門《うえもん》さんにこの箱をわたしてほしい。」

カオルが差《さ》し出《だ》した箱を初音が受け取りました。

「きれい。この箱、ぴかぴかだ。かざり細工もⒶ**丹念**《たんねん》につくられているね。素材《そざい》は何かな。」

「右衛門さんは、この細工をつくっている人だよ。あ、そうそう、今この平泉には、鞍馬山《くらまやま》からぬけ出した、源《みなもと》義経《よしつね》がいるはずだ。」

空がうれしそうに言いました。

「源義経って、源頼朝《みなもとのよりとも》の弟で平家《へいけ》とⒷ**果敢**《かかん》に戦《たたか》った人でしょ？」

学習日

／

1 初音《はつね》たちが着いたのは、東北《とうほく》のどこですか。文章中から地名を探《さが》して二文字で書きましょう。

2 源義経《みなもとのよしつね》はだれの弟ですか。空《そら》の言葉から探《さが》して、名前を書きましょう。

3 カオルは初音たちといっしょに、現地《げんち》サポーターの右衛門《うえもん》さんに会いましたか。はい、いいえのどちらか合うものを選《えら》んで○をつけましょう。

はい・いいえ

「よく知っているな。今はまだ戦《たたか》う前だけど……。」

「武将《ぶしょう》のことなら任《まか》せて。牛若丸《うしわかまる》とか九郎《くろう》っていう名前もあるんだよね。」

「そうだ。あそこのお堂《どう》で右衛門さんと待ち合わせをしているんだ。さ、行ってきて。失敗《しっぱい》しないようにたのむよ。」

　初音と空は、金色にかがやくお堂《どう》の前で右衛門さんを待ちます。

「すごいね、このお堂《どう》。金ぴかだ！　豪華《ごうか》だなあ。」

「『金色堂《こんじきどう》』っていうんだって。さっきカオルが話していたよ。……ねえ、空、そういえば、どうしてカオルはいっしょに来ないんだろう？」

「タイムマシンの留守番《るすばん》がいるんじゃない？」

「留守番《るすばん》だけなら私《わたし》たちでもいいでしょ。どうして毎回私《わたし》たちが品物を返しにいかなきゃいけないんだろう。たまにはカオルが行ってくれてもいいのに。」

「たしかに。何か理由があるのかもしれないけれど、行かない人から、『失《しっ》敗《ぱい》しないように』なんて言われたらⓒ**愚痴**《ぐち》をこぼしたくなっちゃうよね。」

　そこに**物腰**《ものごし》のやわらかそうな男の人が手をふりながら近づいてきます。

「右衛門さんですね。これをどうぞ。」

　初音が差《さ》し出《だ》した箱を右衛門さんは受け取りました。

「ありがとう。せっかく来たんだ、金色堂を見ていくかい？　平泉の美術《びじゅつ》や工芸《こうげい》の技術《ぎじゅつ》は、ずっと未来《みらい》まで**継承**《けいしょう》されているんだよ。」

言葉の問題にチャレンジ！

次の言葉の意味に合うものを選《えら》び、記号に○をつけましょう。

Ⓐ **丹念**《たんねん》
- ア　細かいところまで気を配る様子。ていねいに行《おこな》う様子。
- イ　光りかがやくように美しい様子。
- ウ　遠くはなれている様子。

Ⓑ **果敢**《かかん》
- ア　決断力《けつだんりょく》があって、思いきってものごとに取り組む様子。
- イ　危険《きけん》や苦労《くろう》を進んで引き受ける様子。
- ウ　ぐずぐずして決断力《けつだんりょく》がない様子。

Ⓒ **愚痴**《ぐち》
- ア　不満《ふまん》であること。
- イ　泣《な》きくずれること。激《はげ》しく泣《な》くこと。
- ウ　言ってもどうにもならないことを言って、なげくこと。

← こたえは50ページ

右衛門《うえもん》さんの案内《あんない》で、ふたりはお堂《どう》を見学しました。お堂《どう》の中も、豪華《ごうか》な金色です。柱や手すりなどに、初音《はつね》が右衛門さんにわたした箱と同じ加工《かこう》がほどこされ、光る素材《そざい》が**ちりばめられ**ています。

初音はそのかざりに見とれました。

「箱と同じかざりだ。何でできているんだろう？」

「はあ？　何を言っている？」

ふり向くと、きたえた体にするどい目つきの、二十歳《さい》くらいの青年が立っていました。右衛門さんがあわてます。「ⓐ九郎《くろう》さま！」

初音と空《そら》はいきなり源義経《みなもとのよしつね》に会ってびっくりしましたが、それがⒹ**露骨《ろこつ》**に表情《ひょうじょう》に表れないように、必死《ひっし》にすまし顔をつくりました。

義経が言いました。

「らでん細工も知らないのか？　お前たちどこから来た？」

右衛門さんは、Ⓔ**穏便《おんびん》**にすませようとうそをつきました。

「この子らは私《わたし》の遠縁《とおえん》の子どもで、私《わたし》の弟子《でし》にしようと思って呼《よ》び寄《よ》せました。」

「ふん、職人《しょくにん》になろうというのか。オレは小さいころから、Ⓕ**逆境《ぎゃっきょう》**にも負けず、立派《りっぱ》な武士《ぶし》になるために

4 ——ⓐ「九郎《くろう》さま」と呼《よ》ばれた青年について正しいものすべてに○をつけましょう。

□ きたえた体にするどい目つきをしている。

□ 源義経《みなもとのよしつね》である。

□ 小さいころ、何不自由《ふじゆう》なく暮《く》らしていた。

□ 細工職人《さいくしょくにん》になるために努力《どりょく》してきた。

5 右衛門《うえもん》さんは、義経にどう説明《せつめい》しましたか。初音《はつね》と空《そら》のことを、□に当てはまる言葉を文章中から探《さが》して書きましょう。

遠い親類《しんるい》の子どもで、自分の□にしようと呼《よ》び寄《よ》せた。

6 空が、らでん細工の材料《ざいりょう》は宝石《ほうせき》かもしれないと考えたのはなぜですか。空の言葉から探《さが》して、書きましょう。

□

修行《しゅぎょう》を続《つづ》けてきた。それにひきかえお前たちは、らでんの材料《ざいりょう》も知らないで職人《しょくにん》になろうとするなんて、考えがあますぎる。」

「材料《ざいりょう》くらい知っています！」

空は**売《う》り言葉《ことば》に買《か》い言葉《ことば》**で、思わずさけび、初音に顔を寄《よ》せます。

「初音、これ、カラフルだしきらきらしているから宝石《ほうせき》じゃない？」

「ガラスかもしれないよ。」

宝石《ほうせき》ともガラスとも今ひとつ、かがやき方がちがうように見えます。

「どうした？ 知っているならこたえてみよ。」

「ど、どうしよう……。ああ、難《むずか》しいクイズだな。」

見栄《みえ》を張《は》ったものの、こたえられず困《こま》っている空の言葉を聞いて、初音は真木《まき》さんにクイズを出されたときのことを思い出しました。

（そういえば、あのときも空とふたりでなやんだっけ……。あのクイズのこたえは、たしか……縄文時代《じょうもんじだい》の人が食べていた……。）

そこで初音は、思わずつぶやきました。

「思い出した、貝だ。」

「正解《せいかい》だ。」

満足《まんぞく》そうにうなずき、義経は帰っていきました。

タイムマシンにもどると、ミーヤが、らでんの材料《ざいりょう》となる貝の写真を見せてくれました。

「ぐうぜん正解《せいかい》しちゃった。ラッキー。」

言葉の問題にチャレンジ！

次の言葉を正しい意味で使っている文を選《えら》び、記号に○をつけましょう。

D 露骨《ろこつ》

ア 彼《かれ》はすっかりやせて、露骨《ろこつ》が見える。

イ 屋台の露骨《ろこつ》を組み立てる。

ウ 露骨《ろこつ》にいやがる。

E 穏便《おんびん》

ア ポストに穏便《おんびん》が届《とど》いた。

イ 穏便《おんびん》な処置《しょち》を願《ねが》った。

ウ その鳥は穏便《おんびん》に住んでいる。

F 逆境《ぎゃっきょう》

ア 逆境《ぎゃっきょう》にめげない。

イ 逆境《ぎゃっきょう》が閉《と》じられた。

ウ 彼女《かのじょ》は、母にしかられて逆境《ぎゃっきょう》した。

こたえは50ページ

なぞ10

なぞの奥方《おくがた》

「ごめんなさいね。いきなり引きとめてしまって。」

「いえ……。」

初音《はつね》は、鎌倉時代《かまくらじだい》の大きなお屋敷《やしき》の縁側《えんがわ》に座《すわ》っています。

今回は笠売《かさう》りにふんして笠《かさ》をひとつ、土間に置《お》いてくればいいだけのはずでした。それがその家の奥方《おくがた》らしき人に見つかって、初音は話しかけられてしまったのです。

（この人、だれなんだろう？　すぐもどるからって、説明《せつめい》も聞かずにひとりでタイムマシンを飛《と》び出《だ》しちゃったから、わからないよ。）

奥方《おくがた》はおしゃべり好《ず》きのようで、初音は聞き役に**徹《てつ》し**ます。

奥方《おくがた》がほほえんで言いました。

「あなたが、子どものころにいっしょに遊んだ子にⒶ**うりふたつ**だったからなつかしくなってしまって。私《わたし》と同じくらいの年だから、向こうも大人になっているにちがいないのにね。」

「ちがいないって、その人とはもう会っていないのですか？」

「私《わたし》は今の夫《おっと》とのかけ落ちで実家を出てきたから、昔なじみでも会わなくなった人は結構《けっこう》いるのよ。」

「かけ落ち!?」

学習日

／

1 屋敷《やしき》の奥方《おくがた》はどうして初音《はつね》を引きとめたのですか。合うものを選《えら》んで記号に○をつけましょう。

ア 初音が笠《かさ》を土間に置《お》いたから。

イ 初音がひとりでタイムマシンを飛《と》び出《だ》したから。

ウ 奥方《おくがた》が子どものころにいっしょに遊んだ子に、初音が似《に》ていたから。

2 初音と奥方《おくがた》では、どちらがよく話していましたか。合うものを選《えら》んで○をつけましょう。

初音・奥方《おくがた》

3 奥方《おくがた》はかけ落ちしたとき、どんな服《ふく》装《そう》をしていましたか。□に書きましょう。

「他の人と結婚《けっこん》させられそうになったから、思わず飛《と》び出《だ》しちゃったの。」

「えっ！　すごい。」

初音は、こんな昔にかけ落ちした人がいることにおどろきました。

「雨の降《ふ》る日に花よめ衣装《いしょう》のまま山道を歩いたの。こうしてⒷ**回想**《かいそう》すると、大変《たいへん》なことをしてしまったと思うけれど、そのときはⒸ**無我夢中**《むがむちゅう》で……。」

「すごいなあ、かけ落ちなんて。ご主人さまのことが大好《だいす》きだったんですね。」

「あらやだ、そんなたいした夫《おっと》でもないんだけれど……。」

赤裸々《せきらら》な思い出話をした奥方《おくがた》は照《て》れて、顔が**ほてって**いるようです。

「ご主人さまはどんな方なんですか？」

「仕事ばかりしている人よ。」

初音は考えました。

（こんな大きな家だし、武士《ぶし》かなぁ。もしかしたら歴史上《れきしじょう》の有名人かも。）

奥方《おくがた》が続《つづ》けて言いました。

「征夷大将軍《せいいたいしょうぐん》になって幕府《ばくふ》を開いてから、いそがしくなってしまってね。」

言葉の問題にチャレンジ！

次の言葉の意味に合うものを選《えら》び、記号に○をつけましょう。

Ⓐ うりふたつ

ア　ものごとを思い出させることのたとえ。

イ　運命として決まっていることのたとえ。

ウ　顔かたちがとてもよく似《に》ていることのたとえ。

Ⓑ 回想《かいそう》

ア　身のまわりの人のことを思うこと。

イ　昔のことを思い返すこと。

ウ　人と話をすること。

Ⓒ 無我夢中《むがむちゅう》

ア　ひとつのものごとに心をうばわれて、我《われ》を忘《わす》れること。

イ　欲張《よくば》らず、努力《どりょく》をすること。

ウ　深く考えたり、注意をはらったりしないこと。

こたえは51ページ

「征夷大将軍《せいいたいしょうぐん》!?」

初音《はつね》は必死《ひっし》に頭を働《はたら》かせました。

（征夷大将軍《せいいたいしょうぐん》といえば、江戸幕府《えどばくふ》を開いた徳川家康《とくがわいえやす》？　いやいや、私《わたし》たちは時代を古い順番《じゅんばん》に移動《いどう》しているんだから、江戸時代にはまだ早い……。）

初音は奥方《おくがた》に質問《しつもん》することにしました。

「あの、私《わたし》、親に連《つ》れられて最近《さいきん》この地に来たばかりなんです。まだ地名をきちんと覚《おぼ》えていなくて……ここはなんていう場所ですか？」

「鎌倉《かまくら》よ。山に囲《かこ》まれているから敵《てき》の攻撃《こうげき》をⒹ**さまたげる**ことができるし、港があって物資《ぶっし》の輸送《ゆそう》に便利《べんり》なとてもいいところよ。」

鎌倉といえば鎌倉幕府《ばくふ》だ、と初音は思い出しました。ここは初《はじ》めて武《ぶ》士《し》が政治《せいじ》の実権《じっけん》をにぎり、日本を統治《とうち》するようになったところです。

「鎌倉の征夷大将軍《せいいたいしょうぐん》ということは、ご主人は源頼朝《みなもとのよりとも》さまですね？」

「ええ、そうよ。夫《おっと》の名前は源頼朝よ。」

（その奥方《おくがた》ということは、この人は北条政子《ほうじょうまさこ》だ！）

初音はもっと北条政子と話していたいと思いましたが、庭のすみにある倉庫《そうこ》のとびらが、せかすようにぴかぴかと青く光っています。

「お話ありがとうございました。では、私《わたし》はこれでお**いとま**いたします。」

初音は名残《なごり》おしい気持ちでタイムマシンにもどりました。

タイムマシンで初音がⒺ**いきさつ**を話すと、カオルはおこりだしました。

「笠《かさ》を置《お》いてくるだけでいいのに、北条政子と長々《ながなが》おしゃべりするなんて

4 奥方《おくがた》によると、鎌倉《かまくら》はどうして敵《てき》からの攻撃《こうげき》を防《ふせ》ぐことができるのですか。合うものを選《えら》んで記号に○をつけましょう。

ア 山に囲《かこ》まれているから。
イ 海があって港があるから。
ウ 武士《ぶし》が政治《せいじ》の実権《じっけん》をにぎったから。

5 奥方《おくがた》の夫《おっと》はだれですか。名前を文章中から探《さが》して、□に書きましょう。

□

6 奥方《おくがた》はだれですか。名前を文章中から探《さが》して、□に書きましょう。

□

危険《きけん》すぎる。もし未来人《みらいじん》だとばれたらどうするんだ。」

「だって有名人だよ、話してみたくなるじゃない。」

「**君子《くんし》は危《あや》うきに近寄《ちかよ》らず**って言葉を知らないのか？」

カオルの**威圧《いあつ》**的な態度《たいど》に初音は不満《ふまん》をいだきました。

「だったら自分で行けばいいのに。」

「ぼくはタイムマシンの操縦《そうじゅう》がある。Ⓕ**いたずらに**マシンからはなれるわけにはいかない。」

「品物を返しにいっている間は、タイムマシンは静止《せいし》しているでしょ。はなれられるんじゃない？　それに、操縦《そうじゅう》ってどうやっているの？　一度見せてよ。私《わたし》、タイムマシンに興味《きょうみ》があるの。」

「だめだ。タイムマシンの操縦室《そうじゅうしつ》は関係者以外《かんけいしゃいがい》立ち入り禁止《きんし》だし、操縦《そうじゅう》を見せることも禁止《きんし》されている。とにかく現地《げんち》の人とあまりおしゃべりしないように、今後は気をつけて！」

カオルは足早に操縦室《そうじゅうしつ》へ行ってしまいました。ミーヤが言います。

「カオルはふたりのことを心配しているのよ。さあ、次もがんばりましょう。」

言葉の問題にチャレンジ！

次の言葉を正しい意味で使っている文を選《えら》び、記号に○をつけましょう。

Ⓓ さまたげる

ア　害虫《がいちゅう》が植物の成長《せいちょう》をさまたげた。

イ　敵《てき》の攻撃《こうげき》から身をさまたげた。

ウ　お店をさまたげて、パーティーを開く。

Ⓔ いきさつ

ア　問題が起こったいきさつを聞いた。

イ　妹をそこまでしかるのはいきさつだ。

ウ　交番でデパートへのいきさつを聞く。

Ⓕ いたずらに

ア　いたずらに休日を過《す》ごした。

イ　弟はいたずらに相手にされない。

ウ　機械《きかい》はいたずらに捨《す》てた。

こたえは51ページ

なぞ06

こたえと解説《かいせつ》

大仏《だいぶつ》のたましい 32〜35ページ

【32・33ページ】

①イ

解説《かいせつ》

カオルが言った「そっち」は、直前の初音《はつね》の言葉の「その建物《たてもの》にタイムマシンを着地させればいいのに」（32ページ7行目）の「その建物《たてもの》」を指しています。「その建物《たてもの》」が何を指すかは、さらにその前のカオルの言葉に書かれています。

②開眼式《かいげんしき》

解説《かいせつ》

「たくさんの人が同じ方向に歩いています」（32ページ12・13行目）と書かれているところや、「儀式《ぎしき》」（32ページ17行目）という言葉に注目して、その前後をていねいに読みましょう。

③聖武天皇《しょうむてんのう》

解説《かいせつ》

33ページ15・16行目に「大仏《だいぶつ》をつくると決めた聖武天皇」というお坊《ぼう》さんの発言があります。

言葉の問題にチャレンジ！

Ⓐイ
Ⓑウ
Ⓒウ

言葉の学習

お話に出てきた言葉の意味を確《たし》かめましょう。

打開《だかい》……困《こま》った状態《じょうたい》を解決《かいけつ》に導《みちび》くこと。
現状《げんじょう》……今の状態《じょうたい》。現在《げんざい》の様子。

【34・35ページ】

④儀式《ぎしき》で使う大切なもの

解説《かいせつ》

「ぬすまれたのかな？」（34ページ7行目）の前をていねいに読みましょう。「儀式《ぎしき》で使う大切なものが、なくなってしまったんだ」（34ページ3行目）というお坊《ぼう》さんの返答が見つかり、この「儀式《ぎしき》で使う大切なもの」が、ぬすまれたかもしれないものだとわかります。

⑤願《がん》かけが達成《たっせい》できたとき。

⑥人に知られないように

解説《かいせつ》

初音と空《そら》が筆を返す場面を読みましょう。初音の言葉「こっそり返そう」（35ページ17行目）や、「（雑然《ざつぜん》とした建物《たてもの》の中の状態《じょうたい》に）乗《じょう》じて物かげに筆を転がすと」（35ページ20行目）という表現《ひょうげん》から、初音たちが目立たないように筆を返したことが読み取れます。

言葉の問題にチャレンジ！

Ⓓア
Ⓔウ
Ⓕア

解説《かいせつ》

「物騒《ぶっそう》」は「危険《きけん》な様子。ざわざわと落ち着かない様子」、「敵意《てきい》」は「相手を敵《てき》と思う気持ち」、「雑然《ざつぜん》」は「ごちゃごちゃしてまとまりのない様子」という意味です。

言葉の学習

お話に出てきた言葉の意味を確《たし》かめましょう。

悲劇《ひげき》……悲しい、つらいできごと。
やぶから棒《ぼう》……とつぜん。いきなりものごとを行《おこな》う様子。

歴史《れきし》の解説《かいせつ》

奈良時代《ならじだい》には、都で伝染病《でんせんびょう》が流行したり、災害《さいがい》が続《つづ》いたり、貴族《きぞく》の反乱《はんらん》が起こったりと、社会に不安《ふあん》が広がりました。聖武天皇は、仏教《ぶっきょう》の力で社会の不安《ふあん》をなくして政治《せいじ》を安定させようと考え、東大寺《とうだいじ》に大仏《だいぶつ》をつくりました。

お話に出てきた「開眼式《かいげんしき》」が行《おこな》われたのは、七五二年のことです。この開眼式《かいげんしき》には、天皇《てんのう》や僧《そう》など、約《やく》一万人もの人が参加《さんか》しました。

なぞ 07・08

こたえと解説《かいせつ》

平安時代《へいあんじだい》のペット　36・37ページ
海《うみ》にうかぶ鳥居《とりい》　38・39ページ

【36・37ページ】

① 天皇《てんのう》

解説《かいせつ》
36ページ1行目に「天皇《てんのう》が住む御所《ごしょ》」とあります。

② イ

解説《かいせつ》
初音《はつね》は、御所《ごしょ》のろうかでせわしなく動きまわっている少女たちを見かけ、そのうちのひとりが初音に「(くりが) にげてしまったから探《さが》しているの」(36ページ10・11行目) と話しています。お話の先を読むと「くり」はネコの名前だとわかります。

③ 仕切り

解説《かいせつ》
37ページ8行目の初音の言葉を読むと、「几帳《きちょう》」とは、紫式部《むらさきしきぶ》のそばにあった「仕切り」のことであるとわかります。このころ、貴族《きぞく》の女性《じょせい》は簡単《かんたん》に人前に顔を見せるべきではないという考えがありました。そのため、几帳《きちょう》が使われていました。

言葉の問題にチャレンジ！
Ⓐ ウ　Ⓑ ア　Ⓒ ア

言葉の学習
お話に出てきた言葉の意味を確《たし》かめましょう。
したり顔《がお》……得意《とくい》そうな顔。
裕福《ゆうふく》……お金がたくさんあり、暮《く》らしに余裕《よゆう》があること。またその様子。

歴史《れきし》の解説《かいせつ》
紫式部は、「源氏物語《げんじものがたり》」という、世界最古《せかいさいこ》の長編小説《ちょうへんしょうせつ》を書いた人物です。藤原道長《ふじわらのみちなが》のむすめである彰子《しょうし》に仕《つか》え、身のまわりの世話をしていました。彰子に仕《つか》えている間も、源氏物語を書き続《つづ》け、全五十四帖《じょう》からなる大作を完成《かんせい》させました。

【38・39ページ】

① 平清盛《たいらのきよもり》

解説《かいせつ》
38ページ5行目のカオルの発言の中に、空《そら》がたのまれた仕事の内容《ないよう》が書かれています。

② イ

解説《かいせつ》
38ページ14～16行目の、空とミーヤの会話からこたえがわかります。

③ 厳島神社《いつくしまじんじゃ》・守り神

解説《かいせつ》
平清盛が厳島神社に来た理由を探《さが》しながら読むと、39ページ14行目に「どうして平清盛は厳島神社に来たの？」という空の質問《しつもん》があり、そのあとのミーヤの言葉の中にその理由が書かれています。

言葉の問題にチャレンジ！
Ⓐ イ　Ⓑ イ　Ⓒ ア

言葉の学習
お話に出てきた言葉の意味を確《たし》かめましょう。
神々《こうごう》しい……気高く、重々《おもおも》しい様子。
折衷《せっちゅう》……いくつかの異《こと》なるものや意見のよいところを合わせて、間を取ること。
過言《かごん》ではない……言《い》いすぎではない。大げさではない。

歴史《れきし》の解説《かいせつ》
平安時代、武士《ぶし》が登場し、「平氏《へいし》」と「源氏《げんじ》」というふたつの武士団《ぶしだん》が勢力《せいりょく》を持っていました。平清盛は平氏の頭《かしら》で、源氏の源義朝《みなもとのよしとも》をたおしたのち、貴族《きぞく》にかわって政治《せいじ》を行《おこな》うようになりました。

こたえと解説《かいせつ》

きらめく細工　40〜43ページ

【40・41ページ】

① 平泉《ひらいずみ》

解説《かいせつ》
40ページ3行目で、カオルが「ここは東北《とうほく》、平泉だ」と話しています。平泉は、今の岩手県《いわてけん》に古くからある地名です。

② 源頼朝《みなもとのよりとも》

解説《かいせつ》
40ページ15〜17行目「源義経《みなもとのよしつね》って、源頼朝の弟で〜」と空《そら》が話すのに対して、カオルは「よく知っているな」と感心しています。このことから、義経は頼朝の弟だとわかります。

③ いいえ

解説《かいせつ》
41ページ8〜15行目で、初音《はつね》と空が、カオルがいっしょに来ないことについて話しています。現地《げんち》に来ていないので、カオルは右衛門《うえもん》さんに会っていません。

言葉の問題にチャレンジ！
Ⓐ ア
Ⓑ ア
Ⓒ ウ

言葉の学習
お話に出てきた言葉の意味を確《たし》かめましょう。
物腰《ものごし》……態度《たいど》。人に対するときの話し方。
継承《けいしょう》……技術《ぎじゅつ》、仕事、財産《ざいさん》などを受けつぐこと。

【42・43ページ】

④
〇 きたえた体にするどい目つきをしている。
〇 源義経である。

解説《かいせつ》
義経は「オレは小さいころから、逆境《ぎゃっきょう》にも負けず、立派《りっぱ》な武士《ぶし》になるために修行《しゅぎょう》を続《つづ》けてきた」（42ページ20行目〜43ページ1行目）と話しているので、選択肢《せんたくし》の「小さいころ、何不自由《ふじゆう》なく暮《く》らしていた」「細工職人《さいくしょくにん》になるために努力《どりょく》してきた」は誤《あやま》りです。

⑤ 弟子《でし》

解説《かいせつ》
42ページ16〜18行目の、右衛門さんが義経に話している言葉に注目しましょう。

⑥ カラフルだしきらきらしているから。
※内容《ないよう》が合っていれば正解《せいかい》です。

解説《かいせつ》
問題文に「空の言葉から」とあるので、空の発言を探《さが》しましょう。

言葉の問題にチャレンジ！
Ⓓ ウ
Ⓔ イ
Ⓕ ア

解説《かいせつ》
「露骨《ろこつ》」は「あからさまなこと。感情《かんじょう》や気持ちをかくさずに表すこと」、「穏便《おんびん》」は「ものごとをあらだてず、おだやかに行《おこな》うこと。また その様子」、「逆境《ぎゃっきょう》」は「つらく、苦しい境遇《きょうぐう》。不運《ふうん》な身の上」という意味です。

言葉の学習
お話に出てきた言葉の意味を確《たし》かめましょう。
ちりばめる……（宝石《ほうせき》などきらきらしたものを）あちこちにちらしてはめこむ。
売《う》り言葉《ことば》に買《か》い言葉《ことば》……相手のひどい言葉に対して、同じような調子で言い返すこと。

歴史《れきし》の解説《かいせつ》
源義経は、源氏《げんじ》の頭《かしら》の源頼朝の弟で、幼《おさな》いころは「牛若丸《うしわかまる》」という名前でした。
頼朝に協力《きょうりょく》して平氏《へいし》と戦《たたか》い、平氏をほろぼしますが、のちに頼朝と対立して、頼朝の軍に追われることとなります。各地《かくち》をにげまわった義経は、以前《いぜん》暮らした平泉にもどり身をかくしますが、藤原泰衡《ふじわらのやすひら》におそわれ、自害《じがい》してしまったのでした。

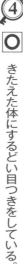

なぞ10

こたえと解説《かいせつ》

なぞの奥方《おくがた》 44〜47ページ

【44・45ページ】

①　ウ

解説《かいせつ》

「ごめんなさいね。いきなり引きとめてしまって」（44ページ1行目）で始まる奥方《おくがた》の話を順《じゅん》を追って読んでいきましょう。「あなたが、子どものころにいっしょに遊んだ子にうりふたつだったからなつかしくなってしまって」（44ページ11・12行目）という、初《はつ》音《ね》を引きとめた理由が見つかります。

②　奥方《おくがた》

解説《かいせつ》

44ページ9行目に「奥方《おくがた》はおしゃべり好《ず》きのようで、初音は聞き役に徹《てっ》します」とあります。「聞き役」とは、人が話すのを聞く立場のことです。

③　花よめ衣装《いしょう》

解説《かいせつ》

奥方《おくがた》のかけ落ちの話は、44ページ15行目〜45ページ9行目にくわしく書かれています。

言葉の問題にチャレンジ！

Ⓐ　ウ
Ⓑ　イ
Ⓒ　ア

言葉の学習

お話に出てきた言葉の意味を確《たし》かめましょう。

徹《てっ》する……ひとつの態度《たいど》や考えなどをつらぬき通す。いちずに打ちこむ。

赤裸々《せきらら》……包《つつ》みかくさないこと。ありのまま。

ほてる……顔や体が熱《あつ》くなる。顔が赤くなる。

【46・47ページ】

④　ア

解説《かいせつ》

奥方《おくがた》は鎌倉《かまくら》の地について「山に囲《かこ》まれているから敵《てき》の攻撃《こうげき》をさまたげることができる」（46ページ8行目）と話しています。選択肢《せんたくし》㋑の港があることについては「港があって物資《ぶっし》の輸送《ゆそう》に便利《べんり》」（46ページ9行目）と話しています。

⑤　源頼朝《みなもとのよりとも》

⑥　北条政子《ほうじょうまさこ》

解説《かいせつ》

46ページ14行目の、初音の言葉に注目しましょう。

言葉の問題にチャレンジ！

Ⓓ　ア
Ⓔ　ア
Ⓕ　ア

解説《かいせつ》

「さまたげる」は「じゃまをする」、「いきさつ」は「ものごとがそうなった事情《じじょう》。経過《けいか》」、「いたずらに」は「むだに」という意味です。

言葉の学習

お話に出てきた言葉の意味を確《たし》かめましょう。

いとま……別《わか》れること。また、休むこと。用事のないとき。

君子《くんし》は危《あや》うきに近寄《ちかよ》らず……人柄《ひとがら》や行《おこな》いが立派《りっぱ》な人は、軽はずみなことがないように気をつけ、危険《きけん》なことはしないということ。

威圧《いあつ》……強い力や勢《いきお》いでおさえつけること。

歴史《れきし》の解説《かいせつ》

北条政子は、妻《つま》として源頼朝を支《ささ》えました。

頼朝は、武士《ぶし》たちに領地《りょうち》の所有をみとめ、手柄《てがら》を立てた武士《ぶし》には新たな土地をあたえました。そのかわりに、武士《ぶし》たちは幕府《ばくふ》のために戦《たたか》いました。この幕府《ばくふ》と武士《ぶし》の結《むす》びつきを「ご恩《おん》と奉公《ほうこう》」といいます。

頼朝の死後、後鳥羽上皇《ごとばじょうこう》という人物が幕府《ばくふ》をたおそうとしていることを知った政子は、武士《ぶし》たちに頼朝のご恩《おん》を説《と》きます。それを聞いた武士《ぶし》たちは奉公《ほうこう》をちかい、団結《だんけつ》し、後鳥羽上皇の軍《ぐん》をたおしたのでした。

もっと理解《りかい》を深めよう

なぞ07 紫式部《むらさきしきぶ》

36・37ページ

紫式部は今から約《やく》千年前に、一条天皇《いちじょうてんのう》の妻《つま》である彰子《しょうし》に仕《つか》えた貴族《きぞく》の女性《じょせい》で、作家や歌人としても活やくしました。平安時代《へいあんじだい》の代表《だいひょう》的《てき》な文学作品である**『源氏物語《げんじものがたり》』**の作者として広く知られています。

『源氏物語』は、主人公の光源氏《ひかるげんじ》と多くの貴族《きぞく》の女性《じょせい》との恋愛《れんあい》をえがいた、五十四帖《じょう》（巻《かん》）からなる物語です。文章の美しさや、登場する男女の気持ちの細かいえがき方などから、すぐれた恋愛小説《れんあいしょうせつ》として、時代をこえて日本はもちろん、世界中で多くの人々《ひとびと》に読みつがれています。

また、紫式部がよんだ和歌に、次のようなものがあります。

めぐり逢《あ》ひて　見しやそれとも　わかぬ間に
雲がくれにし　夜半《よは》の月かな

（久《ひさ》しぶりに会えたのに、あなたは、それがあなたかどうかもわからないうちにあわただしく帰ってしまった。まるですぐに雲にかくれてしまう夜中の月のように）

この和歌は、鎌倉時代《かまくらじだい》につくられた歌集『新古今和歌集《しんこきんわかしゅう》』にのっていて、小倉百人一首《おぐらひゃくにんいっしゅ》の歌のひとつにもなっています。

なぞ09 源義経《みなもとのよしつね》

40〜43ページ

源義経は、今から八百年以上《いじょう》前、平安時代の末《すえ》から鎌倉時代の初《はじ》めにかけて活やくした武将《ぶしょう》です。

父である源義朝《みなもとのよしとも》が平氏《へいし》の**平清盛《たいらのきよもり》**らとの権《けん》力争《りょくあらそ》いに敗《やぶ》れたため、一族とはなればなれになって、京都《きょうと》の鞍馬寺《くらまでら》や平泉《ひらいずみ》（今の岩手県平《いわてけんひら》泉町《いずみちょう》）などで育てられました。

一一八〇年に、兄の**源頼朝《みなもとのよりとも》**が平氏をたおすために兵《へい》を挙《あ》げると、義経は兄の元にかけつけて、ともに戦《たたか》います。

義経は、今までにだれもやっていなかった新しい作戦《さくせん》で戦《たたか》うのが得意《とくい》でした。**一ノ谷《いちのたに》の戦《たたか》い**では、険《けわ》しいがけを馬に乗ってかけ下り、平氏軍を大混乱《だいこんらん》させました。また、**屋島《やしま》の戦《たたか》い**では、嵐《あらし》の中を船に乗ってせめこみ、油断《ゆだん》していた平氏を打ちやぶりました。そして、一一八五年に**壇《だん》ノ《の》浦《うら》の戦《たたか》い**で平氏をほろぼしました。

しかし、最後《さいご》には兄の頼朝にじゃま者あつかいされ、にげた先の平泉で追いつめられると、自害《じがい》しました。

一ノ谷の戦い

おさらい！歴史《れきし》クイズ

源義経が平氏をほろぼした戦《たたか》いの名前はなんでしょう？

1 一ノ谷《いちのたに》の戦《たたか》い
2 屋島《やしま》の戦《たたか》い
3 壇《だん》ノ《の》浦《うら》の戦《たたか》い

こたえは74ページ

30ページのこたえ 2
聖徳太子《しょうとくたいし》は、中国（隋《ずい》）に遣隋使《けんずいし》を送りました。

3章 天下人《てんかびと》との出会い

順調《じゅんちょう》に品物を返していく初音《はつね》と空《そら》は、織田信長《おだのぶなが》が建《た》てた安土城《あづちじょう》にやってきます。

そこには、めずらしいものがたくさんあり、ふたりは品々《しなじな》に見とれます。

そこで、信長にばったり会ってしまい……。

数々《かずかず》の戦《いくさ》で武将《ぶしょう》をたおしてきた信長を前に、初音たちはどのようにして切りぬけるのでしょうか。

なぞ11

弓と少年

タイムマシンが停止《ていし》すると、カオルは、美しい朱色《しゅいろ》の弓を持って操縦室《そうじゅうしつ》から出てきました。

「ふたりで北条時宗《ほうじょうときむね》の弓を返してきてほしい。」

カオルの声はおだやかで、先ほど初音《はつね》に声をあらげた態度《たいど》のⒶ**へんりん**も見えません。初音も素直《すなお》に**応《おう》じ**ました。

「北条時宗ってどんな人だっけ？」

「元《げん》が日本にせめてきた『元寇《げんこう》』のときに執権《しっけん》だった人だ。執権《しっけん》っていうのは本来、将軍《しょうぐん》を補佐《ほさ》する役職《やくしょく》だけど、将軍《しょうぐん》にかわって政治《せいじ》の実権《じっけん》をにぎることもある。」

「わかった。行ってくるね。」

初音と空《そら》がタイムマシンのとびらを開けて、外に出ようとしたとき、ミーヤが言いました。

学習日　／

① 執権《しっけん》とはどんな役職《やくしょく》ですか。□に当てはまる言葉を文章中から探《さが》して書きましょう。

□を助け、□をにぎることもあった役職《やくしょく》。

② 元《げん》が日本にせめてきたときに執権《しっけん》だった人はだれですか。文章中から探《さが》して、□に書きましょう。

□

③ 鎌倉時代《かまくらじだい》、元が日本にせめてきたことをなんといいますか。文章中にある言葉で、合うものを選《えら》んで記号に○をつけましょう。

ア 元寇《げんこう》　イ 北条氏《ほうじょうし》　ウ 小笠懸《こかさがけ》

「でも今は、元寇の十年以上《いじょう》前だから、時宗はまだ若《わか》いはずよ。」

初音と空が出たのは、大きな屋敷《やしき》の裏手《うらて》でした。屋敷《やしき》の表では、お祭りのように人が大勢《おおぜい》いてにぎわっているようです。

ふたりは人の少ないほうからゆっくり庭を一周《いっしゅう》することにしました。

「ねえねえ空、カオルはもうおこっていなかったね。」

「タイムマシンが動きだす前、初音と言《い》い争《あらそ》ったこと？　カオルは**生来**《せいらい》、気にしない性格《せいかく》なんじゃない？」

「でも今回も結局私《けっきょくわたし》たちふたりで行くことになっているし、タイムマシンの仕組みもわからないままだし。カオルって少しⒷ**冷淡**《れいたん》なのかも。」

「一度Ⓒ**腹**《はら》**を割**《わ》**って**話す機会《きかい》があるといいね。」

屋敷《やしき》の角をまがると、馬小屋の前に男性《だんせい》がふたり立っていました。近くに馬がいて、そばに弓やら矢やらが置《お》いてあります。

初音と空はゆっくり近づいて、彼《かれ》らの会話を聞くことにしました。

「見物人が大勢《おおぜい》いるようだのう。」

「そうですね。北条氏《ほうじょうし》の方々《かたがた》もお見えですから、にぎやかですね。」

ひとりはおじいさん、ひとりは若者《わかもの》です。

そこへ、十歳《さい》くらいの男の子が大人に連《つ》れられてやってきました。

「太郎《たろう》よ、今から行《おこな》う小笠懸《こかさがけ》は得意《とくい》であろう、期待しているぞ。」

大人から太郎と呼《よ》ばれた男の子を見ながら、空は首をかしげました。

「小笠懸ってなんだろう？」

言葉の意味の問題にチャレンジ！

次の言葉の意味に合うものを選《えら》び、記号に○をつけましょう。

Ⓐ へんりん

ア　一部をのぞいて、ほとんど全部。大部分。

イ　全体の半分よりかなり多いこと。大半。

ウ　全体のほんの少しの部分。

Ⓑ 冷淡《れいたん》

ア　思いやりがないこと。またその様子。

イ　優《やさ》しいこと。思いやりがあること。

ウ　感情《かんじょう》に左右されず落ち着いていること。

Ⓒ 腹《はら》を割《わ》る

ア　かくさずに、本当の気持ちを打ち明ける。

イ　覚悟《かくご》を決める。

ウ　がまんができないほどおこる。

こたえは70ページ

「それより、おじいさんと、若《わか》い人と男の子、この三人は、矢を射《い》るための服装《ふくそう》をしている。この中のだれかが北条時宗《ほうじょうときむね》なんだろうね。」

初音《はつね》がそう言い、空《そら》は三人を観察《かんさつ》します。

「男の子は小さすぎるし、太郎《たろう》って呼《よ》ばれているからちがうね。時宗は若《わか》いはずだから、おじいさんもちがう。だとしたらあの若《わか》い人かな。」

「あの大きい人？　背《せ》が高いね。動きもⒹ**粗野**《そや》で力強そう。でもあの人が持つには、この弓は小さくないかな？　もう少し様子を見てみよう。あ、始まったよ。」

初音と空が見ていると、三人はひとりずつ馬に乗り、順番《じゅんばん》に観客《かんきゃく》の前を走りぬけながら、小さな的《まと》をめがけて矢を射《い》っていきます。

「これが小笠懸《こかさがけ》かあ。」

空が納得《なっとく》したように言いました。

結果《けっか》は三人とも失敗《しっぱい》で、的《まと》に当たった矢はⒺ**皆無**《かいむ》でした。

その中でも一番おしかったのは、小さな男の子でした。所作《しょさ》も美しく、初音は見とれながら言いました。

「武家《ぶけ》の御曹司《おんぞうし》って感じがするね、彼《かれ》は**見こみ**《み》がありそう。」

4 小笠懸《こかさがけ》はどんな競技《きょうぎ》ですか。□に当てはまる言葉を文章中から探《さが》して書きましょう。

□に乗って走りながら、小さな的《まと》をめがけて□を射《い》る競技《きょうぎ》。

5 小笠懸をする三人のうち、だれが北条時宗《ほうじょうときむね》でしたか。合うものを選《えら》んで記号に○をつけましょう。

ア おじいさん
イ 若《わか》い人
ウ 太郎《たろう》と呼《よ》ばれている男の子

6 元服《げんぷく》とはなんの儀式《ぎしき》ですか。文章中から探《さが》して□に書きましょう。

□の儀式《ぎしき》

空がポンと手を打ちました。

「そういえば義経《よしつね》も九郎《くろう》って呼《よ》ばれていたよね。昔の人は複数呼《ふくすうよ》び名《な》があったり、大人になると名前を変《か》えたりするでしょ？　あれだけのうでだし、もしかしたら、あの太郎くんが時宗じゃない？」

「えっ！　あの小さい子が？」

空はよく見えるようにⒻ**仰々《ぎょうぎょう》しく**弓をかかげて、少年に近づきました。

少年は空が持っている弓に気づくと、うれしそうに言いました。

「あ、なくしたと思っていた私《わたし》の弓だ。君が見つけてくれたのか、ありがとう。見ていてくれ。この弓であれば的《まと》を外さないから。」

二回目は、少年だけが矢を的《まと》に当てました。空が得意《とくい》げに言います。

「当たったね。オレの推理《すいり》も**的中《てきちゅう》**ってわけだ！」

初音はタイムマシンにもどって、ミーヤに時宗の様子を話しました。

「私《わたし》より年下に見えたけれど、すごくしっかりしていてかっこいい少年だったんだよ。」

ミーヤがこたえます。

「彼《かれ》はもう結婚《けっこん》しているのよ。」

「うそっ！」

「北条時宗は、七歳《さい》のときに『元服《げんぷく》』という成人《せいじん》の儀式《ぎしき》を行《おこな》って、十歳《さい》で結婚《けっこん》したのよ。」

「鎌倉時代《かまくらじだい》って、すごいね。現代《げんだい》と全然《ぜんぜん》ちがうんだね。」

言葉の問題にチャレンジ！

次の言葉を正しい意味で使っている文を選《えら》び、記号に○をつけましょう。

Ⓓ 粗野《そや》

ア　彼女《かのじょ》は粗野《そや》な育ちで、いかにも上品だ。

イ　粗野《そや》に気持ちをきたえる。

ウ　彼《かれ》の粗野《そや》なふるまいにうんざりした。

Ⓔ 皆無《かいむ》

ア　デパートは皆無《かいむ》で静《しず》かだ。

イ　学校に一日も休まず、皆無《かいむ》で通った。

ウ　彼女《かのじょ》の質問《しつもん》にこたえられる人は皆無《かいむ》だ。

Ⓕ 仰々《ぎょうぎょう》しい

ア　彼《かれ》のあいさつは仰々《ぎょうぎょう》しい。

イ　妹のペットは仰々《ぎょうぎょう》しい。

ウ　仰々《ぎょうぎょう》しく、ぐっすりねむれた。

こたえは70ページ

なぞ

12 楽器《がっき》を探《さが》せ

初音《はつね》と空《そら》は、室町《むろまち》時代《じだい》の京都《きょうと》にある足利尊氏《あしかがたかうじ》の屋敷《やしき》にいます。屋敷《やしき》の奥《おく》にある物置《ものおき》の棚《たな》に、かんざしを返した空は、うれしそうに言いました。

「今回はなんのⒶ**造作**《ぞうさ》もなかったな。初音、タイムマシンにもどろう。」

「うん、簡単《かんたん》だったね。足利尊氏を見ることはできなかったけれど。」

足利尊氏は征夷大将軍《せいいたいしょうぐん》になって、室町幕府《むろまちばくふ》を開いた人です。空は尊氏の姿《すがた》を想像《そうぞう》します。

「征夷大将軍《せいいたいしょうぐん》か……。将軍《しょうぐん》ってふだんは何をしているんだろ？」

そのとき物置《ものおき》のとびらが開いて、男の人が空に声をかけました。

「そこの君、将軍《しょうぐん》が雅楽《ががく》を披露《ひろう》なさる。その棚《たな》から必要《ひつよう》なものを持っていってくれないか。私《わたし》は別《べつ》の用事をたのまれているのでね。たのんだよ。」

「えっ？　ガガクって何？」

空が知らない言葉を聞いてⒷ**動揺**《どうよう》しているうちに、その人は去ってしまいました。初音が言います。

「雅楽《ががく》っていう音楽があるんだよ。必要《ひつよう》なものって楽器《がっき》じゃない？」

「将軍《しょうぐん》の楽器《がっき》ってどれだろう？」

「わからないなあ。」

学習日　／

1 室町幕府《むろまちばくふ》を開いたのはだれですか。文章中から探《さが》して名前を書きましょう。

［　　　　］

2 ―あ空《そら》が「このままにげちゃう？」と言ったのはなぜですか。合うものを選《えら》んで記号に○をつけましょう。

ア 雅楽《ががく》を知らないから。

イ たのまれた「必要《ひつよう》なもの」が何かわからないから。

ウ 空たちに用事をたのんだ人がおこられるから。

3 空が、将軍《しょうぐん》の楽器《がっき》を琵琶《びわ》だと考えたのはなぜですか。□に当てはまる言葉を文章中から探《さが》して書きましょう。

琵琶《びわ》なら［　　　　］が同時に出るから。

「じゃあ、(あ)このままにげちゃう？」

空の言葉に初音は(C)**ちゅうちょ**します。

「私《わたし》たちがすっぽかしたせいで、さっきの人がおこられたらかわいそう。」

物置《ものおき》の中を探《さが》すと、ひな人形の五人ばやしが持っているような横笛《よこぶえ》やたいこが置《お》いてありました。

「楽器《がっき》はここにあるよね。このうちのどれかだと思うけれど……。」

「うーん、わからない。今回の仕事が簡単《かんたん》だと思ったのは**早計**《そうけい》だったね。」

ふたりがなやんでいると、物置《ものおき》の前を通りかかった人の話し声が聞こえてきました。

「将軍《しょうぐん》は演奏《えんそう》がお上手《じょうず》になられましたな。あれだけ熱心《ねっしん》に練習すれば**いやがうえにも**うまくなりましょう。複数《ふくすう》の音色がきれいにひびき合っている。」

空はそこにある楽器《がっき》の中から、複数《ふくすう》の音色が出る楽器《がっき》を探《さが》しました。

「きっと弦楽器《げんがっき》だ！　ここにある琵琶《びわ》なら、弦《げん》が四本あるから、複数《ふくすう》の音色が同時に出るぞ。」

空が琵琶《びわ》をつかんだとき、別《べつ》の人の声が聞こえてきました。

言葉の問題にチャレンジ！

次の言葉の意味に合うものを選《えら》び、記号に○をつけましょう。

(A) 造作《ぞうさ》
- (ア) たやすいこと。
- (イ) 犯人《はんにん》を探《さが》すこと。
- (ウ) 手間のかかること。めんどう。

(B) 動揺《どうよう》
- (ア) 気持ちがゆれ動き、不安《ふあん》になること。
- (イ) 落ち着きはらっていること。
- (ウ) おそろしくて体がふるえること。

(C) ちゅうちょ
- (ア) 決心がつかず、ぐずぐずすること。
- (イ) おそれて、後ろのほうへ下がること。
- (ウ) 念《ねん》を入れてよく考えること。

← こたえは71ページ

「あの楽器《がっき》は息を長く保《たも》つのが難《むずか》しいですからね。」

初音《はつね》は、「息」と聞いて横笛《よこぶえ》を取り上げました。

「息ってことは笛《ふえ》かな？　でも横笛《よこぶえ》では、複数《ふくすう》の音が同時に出ないよね。」

ふたりはさらにあたりを探《さが》しました。

やがて棚《たな》の奥《おく》で、ストローのような細い竹筒《たけづつ》が束《たば》ねられたものを見つけました。

それは、他の楽器《がっき》と比《くら》べて明らかにⒹ**異色**《いしょく》でした。

「初音、これも楽器《がっき》じゃない？　この管《くだ》に息をふきこんで空気が流れるなら、きっと同時に複数《ふくすう》の音が出るよ。」

「たしかに……。でも、なんていう楽器《がっき》だろう？」

そのとき、さきほどの人が荷物をかかえてもどってきました。

「おや、まだここにいたのかい。ほら、その笙《しょう》を持ってついてきて。私《わたし》といっしょなら、将軍《しょうぐん》の演奏《えんそう》を近くで見られるよ。」

空《そら》は将軍《しょうぐん》の近くに行けると聞いて喜《よろこ》びました。

「これ、笙《しょう》っていうのか。初音、行ってみようよ。」

ふたりは、足利尊氏《あしかがたかうじ》のいる大広間へ行き、笙《しょう》をわたしました。

足利尊氏は多くの人にしたわれているようで、うたげもにぎわっています。

4 「笙《しょう》」はどんな楽器《がっき》ですか。合うものすべてに○をつけましょう。

□ 複数《ふくすう》の音が同時に出る楽器《がっき》

□ 横笛《よこぶえ》

□ 細い竹筒《たけづつ》が束《たば》ねられた形の楽器《がっき》

□ 足利尊氏《あしかがたかうじ》が演奏《えんそう》した楽器《がっき》

5 カオルがふきげんそうな顔をしていたのはなぜだと考えられますか。合うものを選《えら》んで記号に○をつけましょう。

ア 初音《はつね》たちがなかなか帰ってこなかったから。

イ 初音たちが楽器《がっき》の演奏《えんそう》に興《きょう》じたから。

ウ 初音たちがかんざしを返す作業をいい加減《かげん》にすませたから。

6 カオルが初音と空《そら》に注意したのはどんなことですか。□に当てはまる言葉を文章中から探《さが》して書きましょう。

もっと目立たないように行動することと、□を話さないようにすること。

「笙《しょう》の音ってきれいだね。」

笙《しょう》の演奏《えんそう》にⒺ**興《きょう》じる**尊氏の姿《すがた》を見届《みとど》けると、ふたりは青く光っているとびらを開けてタイムマシンにもどりました。

カオルはふきげんそうな顔をしています。

「今回は物置部屋《ものおきべや》に行って、かんざしを置《お》いてくるだけだっただろう？どうしてこんなに時間がかかったんだ？」

「**やむにやまれぬ**事情《じじょう》があったんだよ。」

空は、楽器《がっき》を持っていくようにたのまれた話をしました。

「わかった。でも過去《かこ》の人たちからすれば、君たちは未来人《みらいじん》なんだから、もっと人目を**はばかって**行動するように、今後も心がけてほしい。」

初音は言い返します。

「でもかんざしを返す作業もⒻ**手《て》をぬいた**わけではないし、ちょっとくらい、いいじゃん。これも歴史《れきし》の勉強だよ。」

「油断《ゆだん》していると、未来《みらい》の知識《ちしき》をうっかり話してしまうこともあり得《う》るぞ。口は**災《わざわ》い**の元と言うだろう。」

空がうなずきました。

「ああ、初音はおしゃべりだからな。その可能性《かのうせい》はあるな。」

「空はどっちの味方なの！」

初音が空に**食《く》ってかかり**ます。

「わあ、ごめんなさい！　口は災《わざわ》いの元ってこういうことだねっ。」

言葉の問題にチャレンジ！

次の言葉を正しい意味で使っている文を選《えら》び、記号に○をつけましょう。

Ⓓ 異色《いしょく》

ア 実家暮《ぐ》らしで、異色《いしょく》には困《こま》らない。

イ 彼女《かのじょ》はグループの中で異色《いしょく》の存在《そんざい》だった。

ウ 小箱にきれいな異色《いしょく》をぬる。

Ⓔ 興《きょう》じる

ア 彼女《かのじょ》はいやいやトランペットを興《きょう》じた。

イ カルタ遊びに興《きょう》じた。

ウ こわい夢《ゆめ》を見て興《きょう》じた。

Ⓕ 手《て》をぬく

ア ライバルと手《て》をぬいた。

イ 悪事に手《て》をぬいた。

ウ 母は決して仕事の手《て》をぬかない。

こたえは71ページ

なぞ13

にぎわう港町

初音《はつね》と空《そら》は室町時代《むろまちじだい》の、大阪《おおさか》にある堺《さかい》という場所にやってきました。現地《げんち》サポーターのそよさんという女の人の案内《あんない》で、貿易商人《ぼうえきしょうにん》の館に刀《かたな》を返しにいきます。

商人は、貿易相手《ぼうえきあいて》の明《みん》という国からほしいと言われていた刀《かたな》をなくし、がっかりしていたので、刀《かたな》が見つかったと聞いて喜《よろこ》びました。

「うちの蔵《くら》にあったんですか、それは**灯台下暗《とうだいもとくら》し**だ。ありがとうございます。もう少しで仕入れ先に責任《せきにん》をⒶ**転嫁《てんか》**するところでしたよ。」

初音は言いました。

「**異文化《いぶんか》**の影響《えいきょう》を受けていて、にぎやかな町ですね。」

そよさんが教えてくれます。

「堺は、日本Ⓑ**屈指《くっし》**の港町で、明や琉球《りゅうきゅう》などの国との交易《こうえき》がさかんなのよ。」

「交易《こうえき》ってどんなものをあつかっているんですか？」

「日本から輸出《ゆしゅつ》しているのは硫黄《いおう》や銅《どう》、それから、さっき初音ちゃんと空くんが返した刀《かたな》などよ。」

「じゃあ、輸入品《ゆにゅうひん》はなんですか？」

「実際《じっさい》に見てみる？　となりの部屋に行ってみて。明からの輸入品《ゆにゅうひん》が届《とど》い

学習日

／

1 初音《はつね》たちは商人に、刀《かたな》がどこにあったと説明《せつめい》したと考えられますか。合うものを選《えら》んで記号に○をつけましょう。

ア 蔵《くら》の中

イ 灯台《とうだい》の下

ウ タイムマシン

2 そよさんによると、室町時代《むろまちじだい》の堺《さかい》は、主にどこと交易《こうえき》していますか。文章中から探《さが》して、ふたつ書きましょう。

3 室町時代の堺は、明《みん》から主に何を輸入《ゆにゅう》していましたか。文章中から探《さが》して二文字で書きましょう。

たばかりだから。」

ふたりは、となりの部屋に入りました。ところが品物はなく、銅《どう》でつくられた硬貨《こうか》、銅銭《どうせん》の入った箱が並《なら》んでいます。

「空、ここ、お金しかないよね？」

「そよさん、まちがえたのかな？」

空は茶色い銅銭《どうせん》を手に取って見ました。

「漢字がほってある。これって中国のお金かな？　日本のお金かな？　漢字だけならどっちの可能性《かのうせい》もあるよね。」

初音はうでを組んで考えました。

「そっか、もしかしてこのお金自体が輸入品《ゆにゅうひん》なんじゃない？」

「どういう意味？」

「中国から輸入《ゆにゅう》して、そのまま通貨《つうか》として使っていたんじゃないかな。輸入品《ゆにゅうひん》というとⓒ**えてして**工芸品《こうげいひん》や美術品《びじゅつひん》を想像《そうぞう》しがちだけど、それだけじゃないはず。」

初音はとなりの部屋にもどり、そよさんに聞きました。

「明からの輸入品《ゆにゅうひん》って、あの銅銭《どうせん》のことですか？」

「そうよ。今の堺では、銅銭《どうせん》は一番多くあつかわれている輸入品《ゆにゅうひん》なの。」

言葉の問題にチャレンジ！

次の言葉の意味に合うものを選《えら》び、記号に○をつけましょう。

Ⓐ **転嫁《てんか》**
- ア 欠点《けってん》や責任《せきにん》を問いただすこと。
- イ 過《あやま》ちや責任《せきにん》を他人におしつけること。
- ウ 火や明かりをつけること。

Ⓑ **屈指《くっし》**
- ア 多くの中で、指をおって数えられるほど、ひときわすぐれていること。
- イ 他のものとちがっていること。独特《どくとく》。
- ウ ひとりじめすること。

Ⓒ **えてして**
- ア 知識《ちしき》を自分のものにすること。
- イ そうなりがちな様子。ともすると。
- ウ 時間を置《お》かない様子。すぐ。

こたえは72ページ

なぞ 14

世界を知る天下人《てんかびと》

初音《はつね》と空《そら》が今いるのは安土桃山時代《あづちももやまじだい》、琵琶湖《びわこ》の近くに立つ安土城《あづちじょう》です。この城《しろ》を建《た》てた織田信長《おだのぶなが》は、室町幕府《むろまちばくふ》をほろぼし、天下統一《てんかとういつ》を目指しているところです。彼《かれ》は西洋文化をⒶ**重視**《じゅうし》していて、安土城には西洋から来ためずらしいものがたくさんありました。

初音は、返す品物の西洋のぼうしを棚《たな》に置《お》きました。近くにはビロードのマントや、くじゃくの尾羽《おばね》などが置《お》いてあります。

「この時代には飛行機《ひこうき》がないから、船で何か月もかけてヨーロッパから日本に来たんだよね。」

ふたりが品々《しなじな》に見とれていると、男の人が部屋に入ってきました。

「ん？　見かけない顔だな？」

立派《りっぱ》な服装《ふくそう》をしているので、この城《しろ》で一番えらい人、織田信長だとふたりは一目でわかりました。信長は戦《いくさ》ではⒷ**非情**《ひじょう》な人とも言われているので、とつぜん出会ってしまった初音は、Ⓒ**おののき**ます。

「あ、ごめんなさい、すみません。」

「新しく来た、人質《ひとじち》の子らか？　まあいい。いちいち覚《おぼ》えておれん。それより、どうだ？　きれいだろう？」

信長はこんぺいとうをびんから出し、ふたりに分けてくれました。

学習日　／

1 織田信長《おだのぶなが》がほろぼしたのは何幕府《なにばくふ》ですか。文章中から探《さが》して二文字で書きましょう。

□□幕府《ばくふ》

2 初音《はつね》と空《そら》は、何によって、部屋に入ってきた男の人を織田信長だと判断《はんだん》しましたか。合うものを選《えら》んで記号に○をつけましょう。

ア 声
イ 見た目
ウ 人柄《ひとがら》

3 ルイス・フロイスはなんのために日本に来たのですか。□に当てはまる言葉を文章中から探《さが》して書きましょう。

□のため。

空は正体がばれないようにするため、調子を合わせて言いました。

「きれいな砂糖菓子《さとうがし》! すごいです! この部屋はめずらしいものがいっぱいで、**感銘**《かんめい》を受けました。」

「そうだろう。お前たちは、この大地が丸いって知っているか?」

「そうなんですか!? どうして丸いってわかるんですか?」

信長がこたえました。

「ポルトガルからキリスト教の布教《ふきょう》のために日本にやってきたルイス・フロイスという宣教師《せんきょうし》に聞いたのだ。一目でわかる地図ももらったからな。」

空はまゆを寄《よ》せ、初音にこっそり聞きました。

「地図ってどんなものだろう?」

「大地が丸いってことが一目でわかる地図なんだよね?」

地図を探《さが》す信長の言葉が**助**《たす》**け船**《ぶね》になりました。

「どこにあっただろうか、あの丸い地図は。」

ふたりは同時にひらめいて、言いました。

「地球儀《ちきゅうぎ》だっ!」

「あった! 見よ、いずれこの大地すべてを我《わ》がものとしてやるぞ。」

信長《のぶなが》は、地球儀《ちきゅうぎ》を高々《たかだか》とかかげてみせました。

言葉の問題にチャレンジ!

次の言葉の意味に合うものを選《えら》び、記号に○をつけましょう。

Ⓐ 重視《じゅうし》

ア 大切なこととして注目すること。
イ 相手を敵《てき》として見ること。
ウ 軽く見ること。価値《かち》を認《みと》めないこと。

Ⓑ 非情《ひじょう》

ア 落ち着いていて感情《かんじょう》に左右されないこと。
イ 勇気《ゆうき》があって何もおそれないこと。
ウ 人間らしいあたたかい感情《かんじょう》を持たないこと。

Ⓒ おののく

ア おそろしさや興奮《こうふん》のために体がふるえる。
イ 息をあらくして激《はげ》しくおこる。
ウ びっくりする。おどろく。

こたえは72ページ

なぞ
15
黒い大阪《おおさか》城《じょう》

「番人に見つかるぞ、走れ！」

外に出た初音《はつね》と空《そら》は、カオルのかけ声で走りだしました。ミーヤもあとに続《つづ》き、番人の目をぬすんで、すばやく建物《たてもの》のかげにかくれます。

目の前にあるのは真っ黒な天守がある、豊臣秀吉《とよとみひでよし》の建《た》てた大阪城《おおさかじょう》です。

初音は**肩《かた》で息《いき》をしながら**ミーヤに言いました。

「タイムマシンは大阪城の内部にⒶ**アクセス**するんじゃなかったの？」

「着地場所《ちゃくちばしょ》がずれてしまったみたい。どうしてかな……。」

空は大阪城を見上げました。

「オレたちの暮《く》らす二十一世《せい》紀《き》の大阪城はあんなに真っ黒じゃない。この時代と現代《げんだい》とで見た目がずいぶんちがっているんだな。」

ミーヤはあたりの様子をうかがいます。

「秀吉がつくった黄金の茶室を

学習日
／

1 今回、初音《はつね》たちがタイムマシンで着いた場所はどちらですか。合うほうに○をつけましょう。

大阪《おおさか》城《じょう》の中・大阪城の外

2 ミーヤによると、豊臣秀吉《とよとみひでよし》の「黄金の茶室」は今どこにありますか。□に当てはまる言葉を文章中から探《さが》して書きましょう。

□城《じょう》の□の中。

3 空《そら》が大阪城の外の景色《けしき》を見ながら首をかしげたのはなぜですか。合うものを選《えら》んで記号に○をつけましょう。

ア 上の階に行くほど見晴らしがよくなったから。
イ 大阪城に登ったのが小学二年生のときかどうか、わからなくなったから。
ウ 以前《いぜん》大阪城に登ったときと、外の様子がちがったから。

探《さが》さないと……。なんとかして天守の中に入らなくちゃ。」

初音が質問《しつもん》します。

「今回は、金の茶さじを返すんだよね。黄金の茶室は天守にあるの？」

「黄金の茶室は組み立て式で移動可能《いどうかのう》よ。今は天守の中にあるはず。」

再《ふたた》び番人の目をぬすんで走り、どうにか天守に飛《と》びこみました。

たくさん走って初音はへとへとですが、運動が得意《とくい》な空は元気です。

「忍者《にんじゃ》みたいで楽しいな。それにしても初音は運動不足《うんどうぶそく》だなあ。」

「うるさいな。それを言うなら空はⒷ**極度**《きょくど》の勉強不足《べんきょうぶそく》でしょ。」

ミーヤが間に入ります。

「きょうだいげんかはあとにして。Ⓒ**当面**《とうめん》は、黄金の茶室を探《さが》すことに集中しましょう。一階ずつ黄金の茶室を探《さが》しながら上の階へ向かうのよ。」

天守の階段《かいだん》は角度がきつく、段数《だんすう》も多くて登るのが大変《たいへん》です。

「走ったあとに急な階段《かいだん》なんて、**弱《よわ》り目《め》にたたり目《め》**だよ。」

上の階へ行くほど見晴らしがよくなり、大阪平野を一望《いちぼう》できます。

「わあ、きれいだな……あれ？」

空が外の景色《けしき》を見ながら、首をかしげました。

「堀《ほり》が近い。ねえ初音、オレが小学二年生のとき、大阪城に登ったよね？そのときと様子がちがわない？」

「うん、そうかも。前に登ったときは、天守がもっと真ん中にあった気がする。今はお堀《ほり》ぎりぎりだ。お城《しろ》の位置《いち》が変《か》わったのか、お堀《ほり》の位置《いち》が変《か》わったのか……。お城《しろ》がてくてく歩く、なんてことはないよね？」

言葉の問題にチャレンジ！

次の言葉の意味に合うものを選《えら》び、記号に○をつけましょう。

Ⓐ アクセス
- ㋐ 自動車の速度を調節《ちょうせつ》する装置《そうち》。
- ㋑ 接続《せつぞく》すること。接近《せっきん》すること。
- ㋒ 行動。活動。アクション。

Ⓑ 極度《きょくど》
- ㋐ 最高《さいこう》の状態《じょうたい》。またその様子。
- ㋑ ありふれていること。またその様子。
- ㋒ 程度《ていど》がはなはだしいこと。またその様子。

Ⓒ 当面《とうめん》
- ㋐ 今のところ。さしあたり。
- ㋑ このごろ。最近《さいきん》。
- ㋒ 近い過去《かこ》のある日。この間。

こたえは73ページ

ミーヤがうれしそうに言いました。

「それよ、初音《はつね》！　さすがだわ。」

「えっ？　それってどれ？」

「大阪城《おおさかじょう》は豊臣秀吉《とよとみひでよし》が建《た》てたものと、江戸幕府《えどばくふ》二代将軍《にだいしょうぐん》の徳川秀忠《とくがわひでただ》が建《た》て直《なお》したものとでは天守の位置《いち》がちがうのよ。今回、タイムマシンの出入り口の場所がずれたのはそのせいかも。タイムマシンのデータは秀忠が建《た》て直《なお》したほうの大阪城の位置《いち》を示《しめ》していたんだわ。」

初音が言いました。

「未来《みらい》の**IT**《アイティー》もⒹ**万全**《ばんぜん》じゃないんだね。もうへとへとだよ。」

「これくらいの距離《きょり》と階段《かいだん》なんて**物**《もの》**の数**《かず》**じゃない**よ。初音は大げさだ。」

そのとき、後ろで、障子《しょうじ》の開く音がしました。

「そこにいるのはだれだ？」

ふり向くと小さなおじいさんが金色の部屋から顔を出しています。

「黄金の茶室だ！　もしかしてあの人は豊臣秀吉？」

初音は小声でミーヤに確認《かくにん》します。ミーヤはうなずきま

4 今回、タイムマシンの出入り口の場所がずれたのはなぜだと考えられますか。□に当てはまる名前を文章中から探《さが》して書きましょう。

今回、初音《はつね》たちは［　　　　］が建《た》てた大阪城《おおさかじょう》に来たのに、タイムマシンのデータは［　　　　］の建《た》てた大阪城のものになっていたから。

5 天下統一《てんかとういつ》を果《は》たした人物はだれですか。合うものを選《えら》んで記号に○をつけましょう。

ア 織田信長《おだのぶなが》
イ 豊臣秀吉《とよとみひでよし》
ウ 千利休《せんのりきゅう》

6 ――Ⓐ空《そら》が秀吉に言った「お届《とど》け物《もの》」とはなんのことでしたか。文章中から探《さが》して書きましょう。

［　　　　］

した。

織田信長《おだのぶなが》のあとをついで天下統一《てんかとういつ》を果《は》たした人物が目の前にいるとあって、武将好《ぶしょうず》きの空《そら》は、きんちょうしています。

「あ、わ……我《わ》が主《あるじ》、千利休《せんのりきゅう》よりお届《とど》け物《もの》があり、参《まい》りました。」

空は用意していた言葉をⒺ**たどたどしく**言って、豊臣秀吉に金の茶さじをわたしました。

「利休の使いか。ちょうどよかった。茶を一服たててくれ。」

秀吉にとつぜん言われ、初音はとっさにごまかしました。

「準備《じゅんび》をいたします。しばしお待ちを。」

ふたりと一ぴきは、急いで天守の階段《かいだん》をかけ下り、外に出ると、青く光る引き戸めがけて突進《とっしん》して、中に飛《と》びこみました。

タイムマシンにもどると、カオルが申《もう》し訳《わけ》なさそうに言いました。

「今回は危《あぶ》ない目にあわせてすまなかった。実《じつ》は窃盗団《せっとうだん》のせいで、タイムマシンのデータベースにトラブルが発生したらしい。マシンのエネルギーや今後の仕事にも影響《えいきょう》が出るⒻ**異例《いれい》**の事態《じたい》だ。気を引きしめるよ。」

初音は心配そうに言いました。

「エネルギーが足りなくなったら、元の時代にもどれなくなるの？」

ミーヤが初音のひざに乗ります。

「大丈夫《だいじょうぶ》、とても優秀《ゆうしゅう》な予備《よび》バッテリーを積《つ》んでいるから、もどれなくなることはないわ。安心して。」

※明治《めいじ》以前《いぜん》は「大坂城《おおさかじょう》」という表記が使われていました。このお話では、現在《げんざい》の表記に合わせて「大阪城」としています。

言葉の問題にチャレンジ！

次の言葉を正しい意味で使っている文を選《えら》び、記号に○をつけましょう。

Ⓓ 万全《ばんぜん》

㋐ 万全《ばんぜん》の拍手《はくしゅ》がひびいた。

㋑ 万全《ばんぜん》に応《おう》じて給料《きゅうりょう》を出す。

㋒ 試験《しけん》の準備《じゅんび》は万全《ばんぜん》だ。

Ⓔ たどたどしい

㋐ たどたどしい話し方にイライラする。

㋑ たどたどしい勉強は完《かん》ぺきだ。

㋒ 妹をたどたどしく見守った。

Ⓕ 異例《いれい》

㋐ 味方を異例《いれい》した。

㋑ 異例《いれい》の寒さで、五月に雪が降《ふ》った。

㋒ 異例《いれい》通り、正月にもちを食べた。

← こたえは73ページ

【54・55ページ】

①将軍《しょうぐん》・政治《せいじ》の実権《じっけん》

解説《かいせつ》 執権《しっけん》については、54ページ12〜14行目で説明《せつめい》されています。

②北条時宗《ほうじょうときむね》

解説《かいせつ》 「元《げん》が日本にせめてきた『元寇《げんこう》』のときに執権《しっけん》だった人だ」（54ページ12行目）というカオルの発言の前を探《さが》すと、その人の名前が登場しています。

③ア

解説《かいせつ》 54ページ12行目のカオルの言葉を読みましょう。元寇とは、鎌倉時代《かまくらじだい》の中ごろ、元（現在《げんざい》の中国の位置《いち》にあり、モンゴル人が支配《しはい》していた国）が二度にわたって日本にせめてきた事件《じけん》です。

言葉の問題にチャレンジ！

Ⓐウ Ⓑア Ⓒア

言葉の学習 お話に出てきた言葉の意味を確《たし》かめましょう。

応《おう》じる……相手の働《はたら》きかけにこたえる。返事をする。

生来《せいらい》……生まれつき。生まれたときからの性質《せいしつ》。

【56・57ページ】

④馬・矢

解説《かいせつ》 「これが小笠懸《こかさがけ》かあ」（56ページ16行目）という空の言葉の前に書かれている競技《きょうぎ》の様子をていねいに読んで、□に合うように書きぬきましょう。

⑤ウ

解説《かいせつ》 56ページ19行目〜57ページ11行目に、初音と空が小さな男の子に注目して、彼《かれ》が北条時宗とわかるまでの様子がえがかれています。

⑥成人《せいじん》

解説《かいせつ》 57ページ19行目に「『元服《げんぷく》』という成人《せいじん》の儀式《ぎしき》」と書かれています。

言葉の問題にチャレンジ！

Ⓓウ Ⓔウ Ⓕア

解説《かいせつ》 「粗野《そや》」は「言葉や態度《たいど》などが下品であらあらしいこと。またその様子」、「皆無《かいむ》」は「全然《ぜんぜん》ないこと。まったく存在《そんざい》しないこと」、「仰々《ぎょうぎょう》しい」は「大げさである」という意味です。

言葉の学習 お話に出てきた言葉の意味を確《たし》かめましょう。

見《み》こみ……将来《しょうらい》の可能性《かのうせい》。よくなるという望《のぞ》み。

的中《てきちゅう》……考えたこと、予想などが当たること。矢が的《まと》に当たること。

歴史《れきし》の解説《かいせつ》

北条時宗は、十八歳《さい》で執権《しっけん》（幕府《ばくふ》の将軍《しょうぐん》の補佐《ほさ》）となりました。その後、元が二度にわたってせめてきます。これを「元寇《げんこう》」といいます。幕府軍《ばくふぐん》は元軍と戦《たたか》い、武士《ぶし》の活やくや暴風雨《ぼうふうう》によって、元軍は退《しりぞ》きました。

お話の中に出てきた「小笠懸」は、馬に乗って走りながら矢を放ち、的《まと》を射《い》る競技《きょうぎ》で、時宗は名手だったといわれています。

なぞ12 こたえと解説《かいせつ》

楽器《がっき》を探《さが》せ 58〜61ページ

【58・59ページ】

① 足利尊氏《あしかがたかうじ》

解説《かいせつ》
58ページ6行目に「足利尊氏は征夷大将軍《せいいたいしょうぐん》になって、室町幕府《むろまちばくふ》を開いた人です」と書かれています。

② イ

解説《かいせつ》
空《そら》の「じゃあ、このままにげちゃう?」」(59ページ1行目)の前を読むと、空と初音《はつね》の間で「将軍《しょうぐん》の楽器《がっき》ってどれだろう?」「わからないなあ」という会話が交《か》わされています。

③ 複数《ふくすう》の音色

解説《かいせつ》
空は、「複数《ふくすう》の音色がきれいにひびき合っている」(59ページ13・14行目)と人が将軍《しょうぐん》の演奏《えんそう》をほめる言葉をヒントにして、楽器《がっき》を探《さが》しています。

言葉の問題にチャレンジ!
Ⓐ ウ
Ⓑ ア
Ⓒ ア

言葉の学習
お話に出てきた言葉の意味を確《たし》かめましょう。
早計《そうけい》……よく考えずに判断《はんだん》すること。
いやがうえにも……ますます。なおそのうえに。

【60・61ページ】

④
○ 複数《ふくすう》の音が同時に出る楽器《がっき》
○ 細い竹筒《たけづつ》が束《たば》ねられた形の楽器《がっき》
○ 足利尊氏が演奏《えんそう》した楽器《がっき》

解説《かいせつ》
どんな楽器《がっき》が「笙《しょう》」と呼《よ》ばれる楽器《がっき》だったか、足利尊氏が演奏《えんそう》したのはなんの楽器《がっき》だったか、注意深く読んでいきましょう。

⑤ ア

⑥ 未来《みらい》の知識《ちしき》

解説《かいせつ》
カオルが、初音と空に注意した場面は、61ページ10〜16行目にあります。

言葉の問題にチャレンジ!
Ⓓ イ
Ⓔ イ
Ⓕ ウ

解説《かいせつ》
「異色《いしょく》」は「普通《ふつう》とは特《とく》にちがう点があること」、「興《きょう》じる」は「楽しむ。楽しんで熱中《ねっちゅう》する」、「手《て》をぬく」は「必要《ひつよう》な手間をはぶく。いい加《か》減《げん》にすませる」という意味です。

言葉の学習
お話に出てきた言葉の意味を確《たし》かめましょう。
やむにやまれぬ……やめようとしてもやめることができない。
はばかる……気にしてえんりょする。気をつかう。
災《わざわ》い……悪いできごと。不幸《ふこう》をもたらすものごと。
食《く》ってかかる……激《はげ》しい言葉と態度《たいど》で人に立ち向かう。

歴史《れきし》の解説《かいせつ》
足利尊氏は、鎌倉幕府《かまくらばくふ》をほろぼし、室町幕府《ばくふ》を開いた人物です。
お話の中に出てきた「雅楽《ががく》」は、日本古来の音楽と中国や朝鮮《ちょうせん》などから伝《つた》わった音楽が結《むす》びついたもので、平安時代《へいあんじだい》に現在《げんざい》の形が完成《かんせい》しました。宮中や寺、神社の儀式《ぎしき》などで演奏《えんそう》される音楽です。笙《しょう》やひちりき、竜《りゅう》笛《てき》、琵琶《びわ》、こと、つづみ、たいこなどの楽器《がっき》を使います。

【62・63ページ】

①　ア

解説《かいせつ》

お話の中に、初音《はつね》たちが商人に刀《かたな》のあった場所を話す場面は出てきませんが、商人の「うちの蔵《くら》にあったんですか」（62ページ6行目）という言葉から、初音たちが「刀《かたな》は蔵《くら》にあった」と説明《せつめい》したと考えられます。

②　明《みん》・琉球《りゅうきゅう》

解説《かいせつ》

そよさんは「堺《さかい》は、日本屈指《くっし》の港町で、明や琉球などの国との交易《こうえき》がさかんなのよ」（62ページ12行目）と話しています。交易《こうえき》とは、商人が商品を売り買いしたり交換《こうかん》したりすることです。

③　銅銭《どうせん》〈お金・硬貨《こうか》〉

解説《かいせつ》

そよさんに「となりの部屋に行ってみて。明からの輸《ゆ》入品《にゅうひん》が届《とど》いたばかりだから」（62ページ17行目～63ページ1行目）と言われて、初音たちはとなりの部屋に行き、銅銭《どうせん》を見つけています。63ページ20・21行目の、初音とそよさんの会話からも、こたえが確認《かくにん》できます。

言葉の問題にチャレンジ！

Ⓐ　イ
Ⓑ　ア
Ⓒ　イ

言葉の学習

お話に出てきた言葉の意味を確《たし》かめましょう。

灯台下暗し《とうだいもとくら》……身近なことはかえって気がつきにくいことのたとえ。

異文化《いぶんか》……自分が慣《な》れ親《した》しんでいるのとはちがう文化。

歴史《れきし》の解説《かいせつ》

十四世紀《せいき》中ごろ、中国では元《げん》がたおされ、漢民族《かんみんぞく》の国である「明」がつくられました。

明と貿易《ぼうえき》を始めたのは、室町幕府《むろまちばくふ》の将軍《しょうぐん》である、足利《あしかが》義満《よしみつ》です。日本は明に銅《どう》、刀剣《とうけん》、扇《おうぎ》などを輸出《ゆしゅつ》し、明からは銅銭《どうせん》、生糸《きいと》、絹織物《きぬおりもの》、陶磁器《とうじき》などを輸入《ゆにゅう》しました。

【64・65ページ】

①　室町

②　イ

解説《かいせつ》

初音たちが、織田信長《おだのぶなが》と出会う場面を読み返してみましょう。「立派《りっぱ》な服装《ふくそう》をしているので、この城《しろ》で一番えらい人、織田信長だとふたりは一目でわかりました」（64ページ11・12行目）とあります。声や人柄《ひとがら》ではなく、立派《りっぱ》な服装《ふくそう》、つまり見た目で判断《はんだん》したことがわかります。

③　キリスト教の布教《ふきょう》

解説《かいせつ》

ルイス・フロイスについて書かれているところを読みましょう。65ページ11・12行目で、織田信長が「キリスト教の布教《ふきょう》のために日本にやってきたルイス・フロイスという宣教師《せんきょうし》」と話しています。

言葉の問題にチャレンジ！

Ⓐ　ア
Ⓑ　ウ
Ⓒ　ア

言葉の学習

お話に出てきた言葉の意味を確《たし》かめましょう。

感銘《かんめい》……心に深く感じ入ること。忘《わす》れられないほど感動すること。

助《たす》け船《ぶね》……困《こま》っている人を助けること。またその助け。

歴史《れきし》の解説《かいせつ》

織田信長は、日本全国をひとつにまとめて支配《しはい》する「天下統一《てんかとういつ》」を目指した武将《ぶしょう》です。現在《げんざい》の滋賀県《しがけん》に安《あ》土城《づちじょう》を築《きず》き、活動の拠点《きょてん》としました。

室町幕府《ばくふ》をほろぼし、天下統一《てんかとういつ》に向けて力を強めていきましたが、京都《きょうと》の本能寺《ほんのうじ》で家来の明智光秀《あけちみつひで》の裏切《うらぎ》りにあい、自害《じがい》しました。

なぞ15

こたえと解説《かいせつ》

黒い大阪城《おおさかじょう》　66〜69ページ

【66・67ページ】

① 大阪城《おおさかじょう》の外

解説《かいせつ》
お話の最初《さいしょ》を読むと、タイムマシンは大阪城の中に着く予定だったのが、実際《じっさい》には外に着いたことがわかります。

② 大阪・天守

解説《かいせつ》
問題文に「ミーヤによると」とあるので、ミーヤの言葉を中心に探《さが》すと「今は天守の中にあるはず」（67ページ4行目）という発言が見つかります。「天守」とは「天守閣《てんしゅかく》」のことで、城《しろ》の中心に建《た》てられたやぐらのことです。

③ ウ

解説《かいせつ》
空《そら》が「首をかしげ」（67ページ16行目）たあとの、空と初音《はつね》の会話を読むと、空が何を不思議《ふしぎ》がって首をかしげたかがわかります。

言葉の問題にチャレンジ！
Ⓐ イ
Ⓑ ウ
Ⓒ ア

言葉の学習
お話に出てきた言葉の意味を確《たし》かめましょう。
肩《かた》で息《いき》をする……肩《かた》を上下させて、苦しそうに呼吸《こきゅう》する。
弱《よわ》り目《め》にたたり目《め》……困《こま》っているときに、重ねて困《こま》ったことが起こること。

【68・69ページ】

④ 豊臣秀吉《とよとみひでよし》・徳川秀忠《とくがわひでただ》

解説《かいせつ》
タイムマシンの出入り口の場所がずれた理由については、68ページ4〜7行目でミーヤが事実をもとに考えを述《の》べています。

⑤ イ

解説《かいせつ》
お話の中で豊臣秀吉が登場したあと、その秀吉について「織田信長《おだのぶなが》のあとをついで天下統一《てんかとういつ》を果《は》たした人物」（69ページ2行目）と説明《せつめい》されています。

⑥ 金の茶さじ

言葉の問題にチャレンジ！
Ⓓ ウ
Ⓔ ア
Ⓕ イ

解説《かいせつ》
「万全《ばんぜん》」は「完全《かんぜん》で、少しも不足《ふそく》や欠点《けってん》のないこと」、「たどたどしい」は「未熟《みじゅく》で、動作が危《あぶ》なっかしい」、「異例《いれい》」は「今までに例《れい》がないこと。普通《ふつう》とちがうめずらしいこと」という意味です。

言葉の学習
お話に出てきた言葉の意味を確《たし》かめましょう。
IT《アイティー》……情報技術《じょうほうぎじゅつ》。インターネットやコンピュータに関《かん》する技術《ぎじゅつ》。
物《もの》の数《かず》ではない……たいしたことではない。特《とく》に問題にすべきことではない。

歴史《れきし》の解説《かいせつ》
織田信長に仕《つか》えていた豊臣秀吉は、明智光秀《あけちみつひで》をたおし、信長の後継者《こうけいしゃ》となりました。その後、秀吉は各地《かくち》の大名《だいみょう》をほろぼし、朝廷《ちょうてい》から「関白《かんぱく》」という天皇《てんのう》の補佐役《ほさやく》を命じられ、天下統一《てんかとういつ》を果《は》たします。
大阪城を築《きず》き、政治《せいじ》の拠点《きょてん》とした秀吉。百姓《ひゃくしょう》たちから刀《かたな》を取り上げる「刀狩《かたなが》り令《れい》」を出し、武士《ぶし》と百姓《ひゃくしょう》、町人など身分を区別《くべつ》し、武士が世の中を支配《しはい》する仕組みをつくり上げていきました。

もっと理解《りかい》を深めよう

なぞ14 織田信長《おだのぶなが》

64・65ページ

織田信長は、戦国時代《せんごくじだい》に活やくし、天下統一《てんかとういつ》を実現《じつげん》する直前に亡《な》くなった武将《ぶしょう》です。

信長は、尾張国《おわりのくに》（今の愛知県西部《あいちけんせいぶ》）の戦国《せんごく》大名《だいみょう》だった織田信秀《おだのぶひで》の子として生まれました。幼《おさな》いころから、他の子どもと異《こと》なる行動をすることが多く、周《まわ》りからは大うつけ（大ばか者）と呼《よ》ばれていたといわれています。

成長《せいちょう》して織田家をついだ信長は、当時、大きな勢力《せいりょく》をほこっていた戦国大名《せんごくだいみょう》の今川義元《いまがわよしもと》と桶狭間《おけはざま》で戦《たたか》い、勝利《しょうり》します。その後、信長は京都《きょうと》を追われていた将軍《しょうぐん》の足利義昭《あしかがよしあき》を助け、ともに京都に入ります。

全国の戦国大名《せんごくだいみょう》と戦《たたか》いをくり広げながら勢力《せいりょく》を広げた信長は、一五七三年に義昭を京都から追い出して、室町時代《むろまちじだい》を終わらせました。また、一五七五年の**長篠《ながしの》の戦《たたか》い**では、武田軍《たけだぐん》を相手に鉄砲隊《てっぽうたい》を用《もち》いるという新しい戦法《せんぽう》で勝利《しょうり》を収《おさ》めました。

こうして、天下統一《てんかとういつ》に着々《ちゃくちゃく》と近づいていた信長でしたが、一五八二年に家臣《かしん》である**明智光秀**《あけちみつひで》に裏切《うらぎ》られ、京都の本能寺《ほんのうじ》で自害《じがい》しました（**本能寺の変《へん》**）。

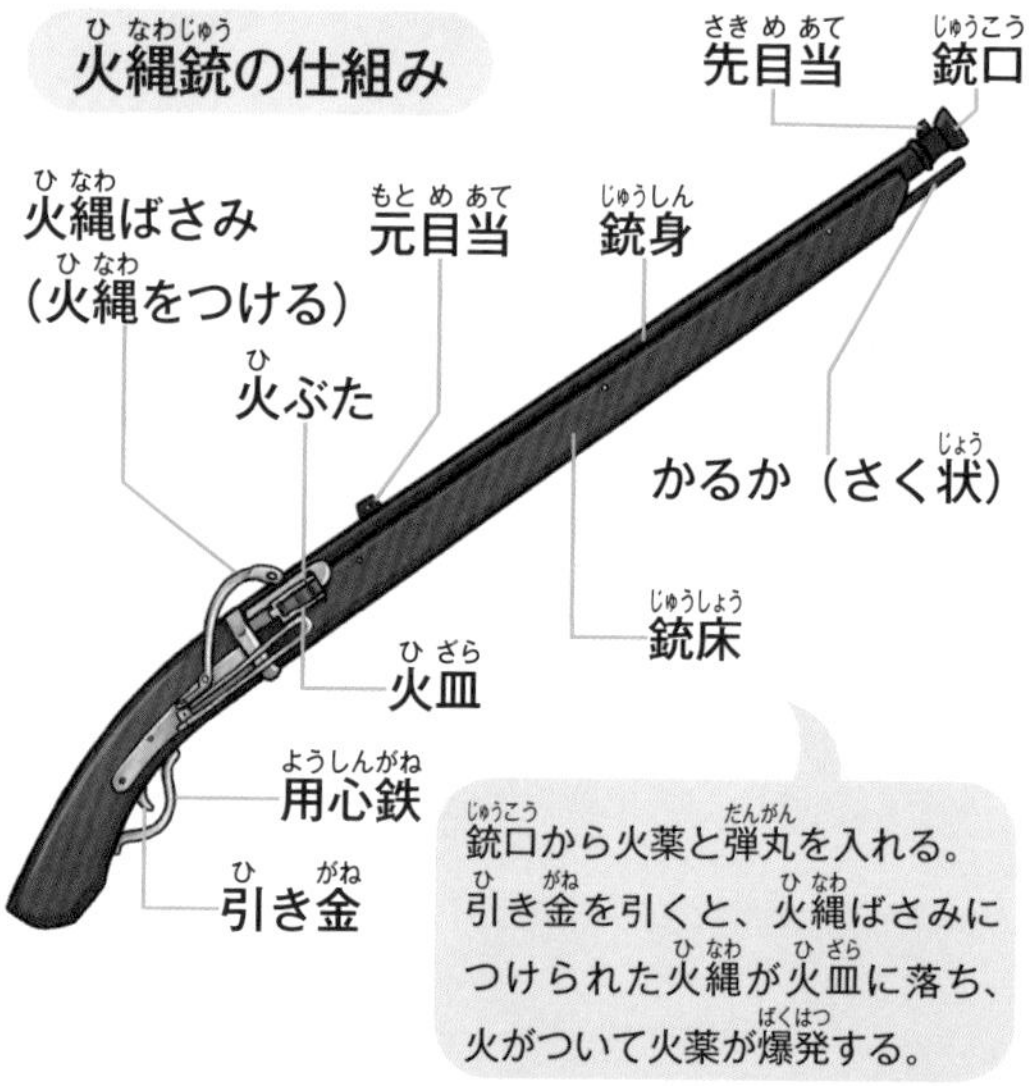

なぞ15 豊臣秀吉《とよとみひでよし》と千利休《せんのりきゅう》

66～69ページ

豊臣秀吉は、戦国時代《せんごくじだい》に天下統一《てんかとういつ》を成《な》しとげた大名です。織田信長の家臣《かしん》だった秀吉は、人をとりこにする人間的《にんげんてき》な魅力《みりょく》と、頭のよさで、めきめきと頭角を現《あらわ》しました。そして、信長を裏切《うらぎ》った明智光秀をたおしたことで、信長の家臣《かしん》の中でも大きな力を持つようになりました。

その後、ライバルだった柴田勝家《しばたかついえ》を賤ケ岳《しずがたけ》の戦《たたか》いでたおした秀吉は、天下統一《てんかとういつ》のための戦《たたか》いを続《つづ》け、一五九〇年に天下統一《てんかとういつ》を成《な》しとげました。

そんな秀吉に大きな影響力《えいきょうりょく》を持っていたのが、茶人《ちゃじん》の**千利休**でした。利休は、秀吉をはじめとする多くの大名《だいみょう》に茶道《さどう》を教えながら、**わび茶《ちゃ》**と呼《よ》ばれる茶道《さどう》を独自《どくじ》に研究し、今に続《つづ》く茶道《さどう》の基礎《きそ》をつくり上げました。しかし、やがて秀吉は、利休を快《こころよ》く思わないようになります。そして、利休は秀吉から切腹《せっぷく》を命じられ、一五九一年に生涯《しょうがい》を終えました。

おさらい！歴史《れきし》クイズ

織田信長が亡《な》くなった事件《じけん》をなんというでしょう？

1 本能寺《ほんのうじ》の変《へん》
2 長篠《ながしの》の戦《たたか》い
3 桶狭間《おけはざま》の戦《たたか》い

← こたえは96ページ

52ページのこたえ 3

源義経《みなもとのよしつね》は、1185年に壇《だん》ノ浦《のうら》の戦《たたか》いで平氏《へいし》をほろぼしました。

4章

狩《か》りのえものは？

タイムマシンは江戸時代《えどじだい》に到着《とうちゃく》します。

そこで、「鷹狩《たかが》り」という狩《か》りをしている徳川家《とくがわいえ》康《やす》に品物を返す初音《はつね》と空《そら》。

狩《か》りのえものを分けてくれるという申し出に、どんなえものなのか、ふたりは想像《そうぞう》をふくらませます。

家康がくれる狩《か》りのえものとは、一体なんなのでしょうか。

なぞ16 将軍《しょうぐん》の趣味《しゅみ》

「ありがとう。これは大切にしている鷹《たか》のえさ入れでな、わしの大好《だいす》きな鷹狩《たかが》りには欠《か》かせないものだ。草原に落としていたとは……。」

初音《はつね》と空《そら》は、飼《か》いならした鷹《たか》を放って狩《か》りをする「鷹狩《たかが》り」に使う、鷹《たか》のえさを入れる小さな容器《ようき》を徳川家康《とくがわいえやす》に返しました。

「お礼にふたりにはえものを分けてあげよう。狩《か》りもⒶ**たけなわ**だ。ちょっと待っていなさい。」

家康は鷹《たか》を連《つ》れて草原の中へ入っていきました。空は興味深《きょうみぶか》げに言います。

「江戸幕府《えどばくふ》の将軍《しょうぐん》がくれる狩《か》りのえものかあ。楽しみだなあ。」

「家康はもう将軍職《しょうぐんしょく》を**リタイア**しているよ。今は二代将軍《しょうぐん》、秀忠《ひでただ》の時代だよ。」

「そっか。ところでえものはなんだろう？　シカか、イノシシかな？」

「たしか昔は、動物の肉はあまり食べないんじゃなかったっけ。」

「え、そうなの？　ここでは牛肉も豚肉《ぶたにく》も食べられないの？」

「そういうⒷ**風潮**《ふうちょう》だったんだよ。それに鷹《たか》がつかまえるにはシカは大きすぎるよ。」

「そんなあ……。シカ肉食べたい！　イノシシの肉も食べたいよぉ！」

初音はさわぐ空を**鼻《はな》であしらい**つつ、近くにいるお付《つ》きの男の人にたずねました。

学習日　／

① 鷹狩《たかが》りとは、どんな狩《か》りですか。正しいものを選《えら》んで記号に○をつけましょう。

ア　えものの鷹《たか》をつかまえる。

イ　鷹《たか》にえものをつかまえさせる。

ウ　シカやイノシシを飼《か》いならす。

② 徳川家康《とくがわいえやす》は、江戸幕府《えどばくふ》の何代目の将軍《しょうぐん》ですか。□に漢数字を書きましょう。

□代目

③ ―あ男の人が言った「全身真っ白な鳥」とはなんのことでしたか。文章中から探《さが》して二文字で書きましょう。

「狩《か》りのえものって、どういったものですか？」

「ここでは鳥が多いね。」

とりのからあげが好《す》きな空は喜《よろこ》びました。

「鳥か、にわとりかな。それとも鴨《かも》かな？」

男の人が田んぼを指さしながら言いました。

「今日、あちらの田んぼに、体は白くて顔と首だけ黒い鳥がいて、こちらの池には(あ)全身真っ白な鳥がたくさんいるそうだよ。」

初音は、鳥の姿《すがた》を思いうかべようとします。

「体が白で、顔と首が黒い？　池にいる？　なんていう鳥だろう。」

「どちらも味はⒸ**淡白**《たんぱく》だが、姿《すがた》も美しく、家康さまも大好《だいす》きな鳥だよ。」

「姿《すがた》が美しいって……田んぼにいるのがツルで、池にいるのが白鳥かな？」

「そうだよ。あ、家康さまがおもどりだ！」

狩《か》りが終わったらしく、ふたりの近くにいた人たちも、家康をむかえにいきます。残《のこ》された初音と空は顔を見合わせます。

「ツルって私《わたし》たちの時代では、天然記念物《てんねんきねんぶつ》に指定されているよね。食べちゃっていいのかな？　逮捕《たいほ》されたらどうしよう？」

こわくなったふたりは、走ってタイムマシンにもどりました。

言葉の問題にチャレンジ！

次の言葉の意味に合うものを選《えら》び、記号に○をつけましょう。

Ⓐ たけなわ

㋐ 努力《どりょく》しているとき。苦労《くろう》しているとき。

㋑ 季節《きせつ》、行事などがもっともさかんになったとき。

㋒ 性質《せいしつ》がさっぱりしているとき。

Ⓑ 風潮《ふうちょう》

㋐ 時代の流れとともに変《か》わる、世の中の傾向《けいこう》やありさま。

㋑ 世間で言いふらされている、確《たし》かでない話。うわさ。

㋒ 世間の話題の中心になっていること。

Ⓒ 淡白《たんぱく》

㋐ 味、色、感じなどがあっさりしていること。

㋑ 味、色、香《かお》りなどがこく、深みがあること。

㋒ はだの色が白いこと。またその様子。

こたえは92ページ

なぞ17

まだ見ぬ動物

初音《はつね》は江戸《え》《ど》城《じょう》の奥《おく》にいる江戸《えど》幕府《ばくふ》三代《さんだい》将軍《しょうぐん》徳川《とくがわ》家光《いえみつ》の乳母《うば》、春日局《かすがのつぼね》に扇《おうぎ》を返しにきました。

「ああ、これは私《わたし》のお気に入りの紅葉《もみじ》の扇《おうぎ》だわ。ありがとう。」

初音は、江戸《えど》城《じょう》を探検《たんけん》したいと思いましたが、Ⓐ**だしぬけ**に将軍《しょうぐん》家光が現《あらわ》れたので、とっさにとなりの部屋にかくれました。

ふすまの向こうから、家光と春日局の声が聞こえてきます。

「見てみよ、(あ)すごい生き物だろう？」

「まあ、これはなんですか？　すごいですね。」

初音は耳をそばだてました。

（あれが、参勤交代《さんきんこうたい》をⒷ**確立**《かくりつ》した徳川家光か……。）

ふすまの向こうでは、家光の見せたものに対して、春日局がおどろいている様子です。

紙のこすれる音がします。何やら絵を見ているようです。

「これは遠い異国《いこく》にすんでいる生き物のうわさをもとに、画家の狩野《かのう》探幽《たんゆう》にかかせたものだ。」

「まあ、おそろしい。でも美しい絵ですわ。」

「日光《にっこう》東照宮《とうしょうぐう》をもっと豪華《ごうか》に建《た》て直《なお》す際《さい》、この生き物を建物《たてもの》の壁《かべ》にほるつ

学習日　／

① 春日局《かすがのつぼね》はだれの乳母《うば》ですか。文章中から名前を探《さが》して漢字四文字で書きましょう。

② 徳川家光《とくがわいえみつ》について、正しい説明《せつめい》はどれですか。合うものを選《えら》んで記号に○をつけましょう。

ア 江戸幕府《えどばくふ》を開いた。

イ 初音《はつね》に「見てみよ」と絵を見せた。

ウ 参勤交代《さんきんこうたい》を制度化《せいどか》した。

③ ―(あ)徳川家光が「すごい生き物だろう」と言っていた、狩野探幽《かのうたんゆう》にかかせた絵は、なんの絵でしたか。□に書きましょう。

もりだ。それ相応《そうおう》の金がかかるだろうが、予算を度外視《どがいし》しても、よいものをつくりたい。」

初音はその絵に興味《きょうみ》を持ちました。ふすまをそっと開けますが、ふたりの後《うし》ろ姿《すがた》が見えるばかりで、かんじんの絵は見えません。

（どんな生き物だろう。気になる。うーん、ここからじゃ見えないな。）

春日局は、絵の感想を言います。

「きばが大きくておそろしいわ。四本の足はどれも太いし、どうもうな感じがします。牛とどちらが強いのかしら？」

（牛と比《くら》べるような生き物ってこと？　馬かな。でも馬にきばはないし……。）

家光の声が聞こえます。

「耳にかざりの輪《わ》がついているだろう？　この生き物はかしこくて人間にⒸ**従順**《じゅうじゅん》だから、飼《か》いならすことができるらしい。」

「この長いひものようなものは鼻ですか？　なんて長い鼻でしょう。」

春日局の言葉を聞き、初音はひらめきました。

「なるほどね、絵を見なくてもこたえがわかったよ！」

初音はタイムマシンにもどり、日光東照宮にある「三神庫《さんじんこ》」という倉《くら》にほられたゾウの像《ぞう》の写真を、ミーヤに見せてもらいました。

言葉の問題にチャレンジ！

次の言葉の意味に合うものを選《えら》び、記号に○をつけましょう。

Ⓐ **だしぬけ**
- ㋐ いきなり。とつぜん。
- ㋑ 落ち着いてゆとりのある様子。
- ㋒ こっそりものごとを行《おこな》う様子。ぬけがけ。

Ⓑ **確立**《かくりつ》
- ㋐ 制度《せいど》、組織《そしき》などをしっかり決めること。
- ㋑ あることがらが起こる可能性《かのうせい》。
- ㋒ ひとりでものごとを決めたり生活したりすること。

Ⓒ **従順**《じゅうじゅん》
- ㋐ 生まれつきの性質《せいしつ》がよいこと。またその様子。
- ㋑ 性質《せいしつ》がおとなしく素直《すなお》で、人に逆《さか》らわないこと。またその様子。
- ㋒ 力が強く、役立つこと。またその様子。

こたえは92ページ

なぞ18

人のいない港町

空《そら》はミーヤとともに長崎《ながさき》につくられた人工の島、出島《でじま》の一角に降《お》り立《た》ちました。

背中《せなか》に背負《せお》っているかごには、じゃがいもが入っています。

ミーヤが説明《せつめい》しながら空の前を歩きます。

「この時代、出島に住んでいたオランダ人が食べるためのじゃがいもを長崎《ながさき》の人は栽培《さいばい》していたの。そのじゃがいもを、食料蔵《しょくりょうぐら》にいる現地《げんち》サポーターのジンさんにわたしにいきましょう。」

ふたりは大きな通りに出ましたが、人はおらず静《しず》まり返《かえ》っています。

「あれ？　ここが、江戸時代《えどじだい》にゆいいつ外国との貿易《ぼうえき》を行《おこな》っていた出島？　日本でもⒶ**有数**《ゆうすう》の港町でしょ。Ⓑ**へんぴ**な港ではないはずなのに、ちっともにぎわっていないね。」

ミーヤも首をかしげます。

「出島といえば、金や陶磁器《とうじき》を輸出《ゆしゅつ》していて、ゾウとかめずらしい動物もいたはず……。」

しかし、とてもにぎわっている様子はありません。

「**卑劣**《ひれつ》な窃盗団《せっとうだん》に品物をぬすまれたことで、出島の歴史《れきし》が変《か》わってしまったのかな。ミーヤ、どういうことか調べられる？」

学習日　／

1 出島《でじま》はどんな場所でしたか。□に当てはまる言葉を文章中から探《さが》して書きましょう。

長崎《ながさき》につくられた□の島で、江戸時代《えどじだい》にゆいいつ外国との□を行《おこな》っていた場所。

2 大きな通りに出たとき、ミーヤが首をかしげたのはなぜですか。合うものを選《えら》んで記号に○をつけましょう。

ア　出島がにぎわっていたから。

イ　にぎわっているはずの出島が静《しず》まり返《かえ》っていたから。

ウ　窃盗団《せっとうだん》に品物をぬすまれたから。

3 ミーヤがわかっているのはどんなことですか。□に当てはまる言葉を文章中から探《さが》して書きましょう。

□を出発するときにタイムマシンに入力された情報《じょうほう》。

ミーヤは申《もう》し訳《わけ》なさそうに言いました。

「ごめんなさい。私《わたし》は二十五世《せい》紀《き》を出発するときにタイムマシンに入力された情報《じょうほう》しかわからないの。何かあっても二十五世《せい》紀《き》からⒸ**逐一**《ちくいち》連絡《れんらく》があるわけではないし。」

「リアルタイムに情報《じょうほう》が更新《こうしん》されるわけじゃないってこと？　ミーヤも意外に不便《ふべん》なんだね。」

「私《わたし》の本当の役割《やくわり》は、空たちに情報《じょうほう》を伝《つた》えることじゃないの。」

「本当の役割《やくわり》って何？」

「あっ、空、見て！　あそこに人がいる！」

　出島の出入り口に、門番がいます。空が門番に近づくと、門番は空の背負《せお》っているじゃがいもを見て、声をかけてくれました。

「どうしたんだい？　食料蔵《しょくりょうぐら》がわからないのか？　この通りをまっすぐ行くといい。赤いとびらの建物《たてもの》の**筋向《すじむ》かい**が食料蔵《しょくりょうぐら》だよ。」

　空は門番にたずねました。

「あの、船は？　今日、オランダ船は来ないんですか？」

「うーん、オレは長崎《ながさき》に来て半年だが、オランダ船は見たことないな。」

言葉の問題にチャレンジ！

次の言葉の意味に合うものを選《えら》び、記号に○をつけましょう。

Ⓐ **有数**《ゆうすう》

ア 全体を代表するのに適《てき》していること。

イ 特《とく》ちょうがなく、ごく当たり前なこと。

ウ 取り上げて数えるほどに有名なこと。すぐれていること。

Ⓑ **へんぴ**

ア 都市ととなり合っていて便利《べんり》なこと。

イ 都会からはなれていて不便《ふべん》なこと。

ウ 都市ととなり合っていてのどかなこと。

Ⓒ **逐一**《ちくいち》

ア 毎日。定期的《ていきてき》に。

イ 何から何まですべて。いちいち。

ウ なんとなく。どことなく。

こたえは93ページ

空《そら》は不思議《ふしぎ》に思いながら、教えられた方向に向かって通りを歩きます。

「人気《ひとけ》がなくて、ゾンビでも出てきそうな雰囲気《ふんいき》だな。」

ミーヤがはげますように言いました。

「たとえ歴史《れきし》が変《か》わってしまっていたとしても、ゾンビは出現《しゅつげん》しないわ。」

「でも、このさびしげな通りを見てよ。いかにもゾンビがⒹ**のさばって**いそうな感じじゃない？　半年もオランダ船が来ていないなんて、貿易《ぼうえき》はどうなってしまったんだろう？　もう歴史《れきし》が変《か》わってしまったあとかもしれないよ。」

歩いても歩いてもⒺ**一向《いっこう》に**人は出てきません。

そのとき、強い風がふき、空はあわててミーヤをだきかかえました。

「すごい風だ。そういえば、授業《じゅぎょう》で習ったな。海と陸《りく》の空気の温度のちがいによって風が発生するって。」

「そうよ。海岸沿《かいがんぞ》いの小さな風もそうだし、季節風《きせつふう》などの大きな風も、基本的《きほんてき》には海と陸《りく》の温度差《おんどさ》が原因《げんいん》よ。夏と冬とで風の向きが変《か》わるの。」

通りの向こうで「おーい！」と、大きく手をふっている人がいます。

「あ、あれがジンさんかな？　ミーヤ、行こう。」

ジンさんは出島《でじま》に住むオランダ人のための料理人《りょうりにん》でした。

じゃがいもを無事《ぶじ》に返した空はジンさんに聞きました。

「オランダの船はどうしたんですか？」

「ああ。オランダ船を見るにはⒻ**間《ま》が悪《わる》かった**ね。今の風じゃ無理《むり》だ。」

4 海と陸《りく》の空気の温度の差《さ》によって生まれるものはなんですか。文章中から探《さが》して一文字で書きましょう。

［　］

5 出島《でじま》にオランダ船が来ていなかったのはなぜですか。□に当てはまる言葉を文章中から探《さが》して書きましょう。

オランダ船は［　］に乗ってやってくるため、出島に来るのは［　］の間だけだったから。

6 長崎《ながさき》の出島について、正しい説明《せつめい》はどれですか。合うものを選《えら》んで記号に○をつけましょう。

ア　オランダ船がやってくる時期だけオランダ人が住んでいる。

イ　オランダ船がやってこない時期にも住んでいるオランダ人がいる。

ウ　オランダ人は出島には住んでいない。

空は「風」と聞いてさっきのミーヤの言葉を思い出し、さけびました。

「そうか、風の向きがちがうんだ！　だから船が来ないんですね。」

「そうだよ。オランダ船は季節《きせつ》風《ふう》に乗ってやってくるからね。」

空は、以前《いぜん》図鑑《ずかん》で見た帆船《はんせん》を思い出しました。

「今は風が**推進**《すいしん》力《りょく》となる帆船《はんせん》の時代なんだね。」

「長崎《ながさき》にオランダ船が来るのは、七月から九月の間だけ。十月に出港するから、その時期以外《いがい》、出島に住んでいるオランダ人は二十人以下《いか》なんだ。」

空たちはタイムマシンにもどりました。空は初音《はつね》に言います。

「ミーヤには『本当の役割《やくわり》』があるんだって。それってなんだと思う？　初音はSF《エスエフ》にくわしいでしょ？　考えてみてよ。」

「ネコロボットの本当の役割《やくわり》？　そりゃ癒《い》やしじゃない？　古代から未来《みらい》まで、みんな**おしなべて**ネコが好《す》きでしょ。」

「オレは、犬のほうが好《す》きだなあ。」

空の言葉を聞いたミーヤが、不服《ふふく》そうにフンッと鼻を鳴らしました。

言葉の問題にチャレンジ！

次の言葉を正しい意味で使っている文を選《えら》び、記号に○をつけましょう。

D　のさばる

ア　悪者がのさばっている。

イ　パンの生地《きじ》をよくのさばる。

ウ　かぜを引いて、のさばった。

E　一向《いっこう》に

ア　山の一向《いっこう》に住んでいる。

イ　博士《はかせ》は一向《いっこう》に研究をした。

ウ　姉はヘアスタイルを一向《いっこう》に気にかけない。

F　間《ま》が悪《わる》い

ア　間《ま》が悪《わる》く、つまみ食いしているところを母に見つかった。

イ　建物《たてもの》と建物《たてもの》の間《ま》が悪《わる》い。

ウ　兄弟の間《ま》が悪《わる》く、けんかしてばかりだ。

← こたえは93ページ

なぞ19 重宝《ちょうほう》する魚

今回は北海道《ほっかいどう》に行き、方角を知る道具、羅針盤《らしんばん》を伊能忠敬《いのうただたか》に返します。タイムマシンを出たあと、歩く距離《きょり》が長いので、空《そら》の代わりにⓐカオルが初音《はつね》といっしょに外に出ました。

「カオルも出ようと思えば、外に出られるんじゃない。」

「そのぶん、ミーヤに負担《ふたん》がかかる。今回は地形データの入ったコンピュータを使うから、仕方なくぼくが来たけれど……。」

「でもミーヤってロボットでしょ。そんなに心配しなくてもいいんじゃない？　それにしてもカオル、アイヌ民族《みんぞく》の服装《ふくそう》、似合《にあ》っているよ。」

ふたりは、アイヌ民族《みんぞく》の子どものかっこうをしています。アイヌ民族《みんぞく》は北海道《ほっかいどう》やその周辺《しゅうへん》に住む人々《ひとびと》で、当時の江戸《えど》の人たちとはちがう言葉を話すなど、独自《どくじ》の文化を築《きず》いていました。

山の道がでこぼこしていることと、虫がたくさんいることに、初音はⒶ**うんざり**します。

「虫はだめ。こっちに来ないで。ああ、あそこに**むらがっている**。」

「自然《しぜん》がいっぱいのキャンプだと思って楽しめば？」

「虫よけスプレーがあればね。服も長そで長ズボンがいいのに……。」

「**郷《ごう》に入《い》っては郷《ごう》に従《したが》え**、だ。がまんしなよ。」

学習日　／

① 羅針盤《らしんばん》はなんのための道具ですか。□に当てはまる言葉を文章中から探《さが》して書きましょう。

□ための道具。

② ―ⓐ今回、初音《はつね》といっしょにカオルが外に出たのはなぜですか。合うほうを選《えら》んで記号に○をつけましょう。

ア　歩く距離《きょり》が長いので、ミーヤに負担《ふたん》がかかるため。

イ　歩く距離《きょり》が長いので、地形データの入ったコンピュータを使用するため。

③ アイヌ民族《みんぞく》はどんな人々《ひとびと》ですか。□に当てはまる言葉を文章中から探《さが》して書きましょう。

当時□やその周辺《しゅうへん》に住んでいて□を築《きず》いていた。

ふたりは海沿《うみぞ》いの道に出ました。

前方のみさきに、長い棒《ぼう》を持っている人や、紙に筆で何か書きつけている人たちがいます。カオルが目を細めました。

「あそこに、北海道を測量《そくりょう》しながら旅をしている伊能忠敬たちがいる。」

「すごいね、江戸からここまで歩いてきたなんて。信《しん》じられない。Ⓑ**現《げん》に**今も、測量《そくりょう》し続《つづ》けている。Ⓒ**信念《しんねん》**を持って取り組んでいるんだろう。」

ふたりは海沿《うみぞ》いの道を歩き、伊能忠敬の一行《いっこう》に追いつきました。

とつぜん話しかけてきた初音に一行《いっこう》はおどろいて、ふたりを見ます。

「あの、これを落としませんでしたか？」

カオルは続《つづ》けて言いました。

「さっき通ったあのみさきで見つけました。」

初音は羅針盤《らしんばん》を伊能忠敬にわたしました。

「ああ、これは方角を知る大切な道具なんだ。拾ってくれてありがとう。お礼にお菓子《かし》をあげよう。みんな、**憩《いこ》い**の時間としようか。」

一行《いっこう》は喜《よろこ》んで休けいに入りました。

言葉の問題にチャレンジ！

次の言葉の意味に合うものを選《えら》び、記号に○をつけましょう。

Ⓐ **うんざり**
- ア ひどく腹《はら》を立てる様子。
- イ することがなくて時間をもてあます様子。
- ウ あきて、すっかりいやになる様子。

Ⓑ **現《げん》に**
- ア 現代《げんだい》に。今の世に。
- イ 現実《げんじつ》に。実際《じっさい》に。
- ウ 力の限《かぎ》り、せいいっぱい。

Ⓒ **信念《しんねん》**
- ア 疑《うたが》わしく思う気持ち。疑《うたが》い。
- イ あたえられた任務《にんむ》を果《は》たそうとする気持ち。
- ウ 正しいと信《しん》じる自分の考え。

こたえは94ページ

伊能忠敬《いのうただたか》は昨夜《さくや》食べたアイヌ料理《りょうり》をほめます。

「特《とく》にサケはおいしかったな。昨日《きのう》のは干《ほ》しザケだけど、秋になってサケが川を上ってきたら生のサケを食べられるのだろう？　いいねえ。卵《たまご》もおいしいとか……。」

㋑初音《はつね》とカオルはよく知らないのでうなずくだけです。

続《つづ》けて、伊能忠敬のとなりにいた助手のおじいさんが言いました。

「サケは**万能**《ばんのう》だね。ほら、アイヌ語でいう冬の『ケリ』もサケでつくっているんだってね。」

初音は、おじいさんが言った「ケリ」がなんなのか、わかりませんでした。

初音はカオルの顔を見ますが、カオルは首をかしげています。

「自動通訳装置《じどうつうやくそうち》が言葉をうまく訳《やく》せなかったみたいだな。」

「話を合わせなきゃ、㋒あやしまれるかもしれない。どうしよう。」

おじいさんは、「ケリ」と言ったとき、初音のほうを見ていました。

初音とカオルは小声で話し合います。

「『サケでつくっている』って、なんのことかな？　今、こっちを見て話していたよね？」

「ぼくらの服装《ふくそう》に関係《かんけい》があるのかな。服、腰《こし》ひも、くつとか……。」

「サケの何を使っているんだろう、身はⒹ**足**《あし》**が早**《はや》**い**し、骨《ほね》かな？」

カオルはまゆを寄《よ》せて考えこみます。

「骨《ほね》なんか、布地《ぬのじ》に入っていたら危険《きけん》じゃないか。ささったらけがをするぞ。骨《ほね》でも身でもないとすると……皮だ。」

4 ―㋑初音《はつね》とカオルは、だれの話にうなずいていたのですか。名前を文章中から探《さが》して書きましょう。

□

5 ―㋒初音が「あやしまれるかもしれない」と言ったのは、どういうことですか。合うものを選《えら》んで記号に○をつけましょう。

ア　測量隊《そくりょうたい》の仲間《なかま》ではないとあやしまれるかもしれない。

イ　アイヌ民族《みんぞく》の子どもではないとあやしまれるかもしれない。

ウ　タイムマシンで来たとあやしまれるかもしれない。

6 助手のおじいさんが「サケは万能《ばんのう》だね」と言って例《れい》にあげて話していたのは、なんのことでしたか。初音たちの推理《すいり》の内容《ないよう》から探《さが》して、□に合うように書きましょう。

サケの□でつくった□

「皮を何に使うんだろう？　えっと……冬の、って言っていたね。」

「そっか。冬、冬。北海道《ほっかいどう》の冬といえば……寒い……雪が降《ふ》る……。」

初音は、ほとんどはだしに見えるわらじを見て、気がつきました。

「わらじや草履《ぞうり》じゃ、冬は寒すぎるよ。くつだ！」

初音の言葉を聞いてにこにこ笑《わら》うおじいさんを見て、初音は胸《むね》をなでおろしました。

初音たちは伊能忠敬と別《わか》れ、再《ふたた》び山の中に入ります。タイムマシンの出入りにはとびらが必要《ひつよう》なので、とびらのある村までまた山道を歩いてもどらなければなりません。

「ああ、いやだ虫！　虫！」

「無視《むし》しろ。」

「はぁ？　Ⓔ**ちせつ**なダジャレに、**二《に》の句《く》がつげない**わ。」

「ダジャレ？　ぼくはそんなものは言わない。」

タイムマシンにもどると、ミーヤが横たわっています。

「どうしたのミーヤ？」

「ちょっとエネルギーをⒻ**温存《おんぞん》**していただけ。さあ、次は琉球王国《りゅうきゅうおうこく》よ。」

ミーヤはすくっと立ち上がりました。

※アイヌ語と日本語の関係《かんけい》には諸説《しょせつ》ありますが、このお話では、ストーリーの都合上、登場人物が日本語を話しています。

言葉の問題にチャレンジ！

次の言葉を正しい意味で使っている文を選《えら》び、記号に○をつけましょう。

Ⓓ 足《あし》が早《はや》い

ア 車窓《しゃそう》からの景色《けしき》は足《あし》が早《はや》い。

イ 刺身《さしみ》は足《あし》が早《はや》いので、早く食べよう。

ウ みそは足《あし》が早《はや》いので保存《ほぞん》がきく。

Ⓔ ちせつ

ア ちせつな失敗《しっぱい》がはずかしい。

イ ちせつに練り上げた計画で、成功《せいこう》をつかんだ。

ウ 父からちせつに聞いた。

Ⓕ 温存《おんぞん》

ア ラストスパートのために体力を温《おん》存《ぞん》する。

イ 彼女《かのじょ》の温存《おんぞん》な人柄《ひとがら》にひかれた。

ウ コーチの意見に温存《おんぞん》はなかった。

こたえは94ページ

なぞ20

琉球《りゅうきゅう》の船

「え、沖縄《おきなわ》って昔は日本とは別《べつ》の王国だったの？」

今回、現在《げんざい》は沖縄県《おきなわけん》となっている琉球王国《りゅうきゅうおうこく》に品物を返しにいくのです。

初音《はつね》の質問《しつもん》にミーヤがこたえます。

「そうよ。琉球王国という**独立**《どくりつ》した国だったの。今回は、清《しん》という国へみつぎ物を運ぶ『進貢船《しんこうせん》』に、この赤い旗《はた》を返してきて。」

琉球王国の港町の一角にある町人の家のとびらがタイムマシンの出入り口になり、ふたりは折《お》りたたんだ旗《はた》を持って、港町に降《お》り立《た》ちました。

「船尾《せんび》の赤い旗《はた》が欠《か》けている船を探《さが》せばいいんだよね。あっ、初音！　馬だ、馬がいるよ。」

空《そら》が指さした方向を見ると、船員に連《つ》れられた馬たちが連《つら》なって歩いています。

初音が目で追うと、馬の列は船の中に続《つづ》いていました。

「馬が船に乗っている。どうしてだろう？　積《つ》み荷《に》を運ぶためかな？」

「初音、馬たちが乗りこんでいる船、赤い旗《はた》がひとつ足りないよ。オレ、旗《はた》を返しにいってくる！」

「待って、もうちょっと様子を見よう。」

学習日　／

① 琉球王国《りゅうきゅうおうこく》は、現在《げんざい》のどこにあった王国ですか。文章中から探《さが》して三文字で書きましょう。

② 空《そら》が船に乗りこんだのはなぜですか。合うものを選《えら》んで記号に○をつけましょう。

㋐ 清《しん》へみつぎ物を運ぶため。

㋑ 馬の列が船の中に続《つづ》いていたため。

㋒ 赤い旗《はた》を返すため。

③ ━あ 空の乗った船は「外国へ」向かっていると書かれていますが、具体的《ぐたいてき》にはどこへ向かっていましたか。文章中から探《さが》して漢字一文字で書きましょう。

「大丈夫《だいじょうぶ》だよ。馬の行列は向こうまで続《つづ》いているから、まだ出港しないよ。」

馬の行列がのんびりしている様子にⒶ高《たか》をくった空は、走って船に乗りこみました。初音は、空を心配します。

「もう……危機感《ききかん》がⒷ希薄《きはく》なんだから……。」

ところが、空が船に乗った直後、船は満杯《まんぱい》になったのか、馬の進行は止まり、馬たちは後ろにとまっている別《べつ》の船に連《つ》れられていきます。

「空っ！　早く旗《はた》を置《お》いてもどってきて！　船が出ちゃう！」

しかし、空の乗った船はあっという間に動き始めました。

空は真《ま》っ青《さお》な顔で甲板《かんぱん》からさけびました。

「初音！　どうしよう！　史上《しじょう》最大《さいだい》のピンチだ！」

町人の家のとびらにもどらなければ、タイムマシンに乗れません。そして、タイムマシンに乗らなくては、二十一世紀《せいき》にももどれません。しかも、(あ)船は外国へ向かっています。初音は空に向かって必死《ひっし》にさけびました。

「空、船の中でとびらを探《さが》して待っていて！」

初音の頭の中に、二百年も昔の、知らない国に取《と》り残《のこ》された空のⒸ悲惨《ひさん》な姿《すがた》がうかび、初音はぶんぶんと頭をふりました。

言葉の問題にチャレンジ！

次の言葉の意味に合うものを選《えら》び、記号に○をつけましょう。

Ⓐ 高《たか》をくくる

ア たいしたことはないと軽く考える。

イ 重要《じゅうよう》なものとして注目する。

ウ 心をうばわれて見入る。見とれる。

Ⓑ 希薄《きはく》

ア 力強く立ち向かう気持ち。

イ 気持ちや意識《いしき》がうすいこと。また、濃《こ》さや密度《みつど》がうすいこと。

ウ 人の意見に左右されること。

Ⓒ 悲惨《ひさん》

ア ものが飛《と》び散《ち》ること。

イ ひどく痛《いた》ましいこと。またその様子。

ウ ひとりぼっちになること。さみしいこと。

こたえは95ページ

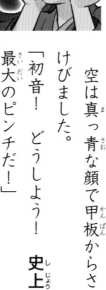

「きっとⒹ**起死回生**《きしかいせい》の機会《きかい》があるはず。タイムマシンを船のとびらにつなぐようカオルにたのもう。エネルギーを使っちゃうかもしれないけれど、緊急《きんきゅう》のⒺ**措置**《そち》だから許《ゆる》してくれるよね。」

「とびらはありませんか?」

なげいていても仕方がないとⒻ**腹をくった**《はら》空《そら》が船員にたずねると、船員は甲板《かんぱん》の奥《おく》を指さしました。

(い)そちらへ行ってみると、とびらはありましたが、かぎがかかっています。

空はあきらめず別《べつ》の船員にも、他にとびらがないか聞きました。

「船倉《ふなぐら》にある。行くなら、みつぎ物に傷《きず》をつけないように気をつけろ。」

空は船倉《ふなぐら》に行きましたが、水と食料《しょくりょう》、さっき見た馬たちしか見えません。

「みつぎ物があるところにとびらがあるんだよね。どこだ? 傷《きず》をつけないように、ということは、(う)みつぎ物は美術品《びじゅつひん》かな?」

しかし、美術品《びじゅつひん》は見当たりません。

そのとき、他の船員たちの話し声が聞こえてきました。

「船に乗っていて、馬たちは弱ったりしないんだろうか?」

「こいつらは、丈夫《じょうぶ》なのが売りなんだ。もちろん性格《せいかく》が温厚《おんこう》であつかいやすい点も重要《じゅうよう》だが、足腰《あしこし》が強くて病気になりにくいのがいいんだ。」

「清《しん》は領土《りょうど》も広いし、敵国《てきこく》とも陸続《りくつづ》きだから、農業《のうぎょう》や**日夜**《にちや》続《つづ》く国境警備《こっきょうけいび》に、このみつぎ物は役立つんだな。」

船員たちの話を聞いて、空は気がつきました。

4 ——(い)空《そら》がとびらを探《さが》して行った「そちら」とはどこのことですか。文章中から探《さが》して□に書きましょう。

[　　　　]

5 ——(う)空がみつぎ物を「美術品《びじゅつひん》」と考えたのはなぜですか。合うものを選《えら》んで記号に○をつけましょう。

ア とびらにかぎがかかっていたから。
イ 傷《きず》をつけないようにと注意されたから。
ウ 馬は丈夫《じょうぶ》だから。

6 ミーヤが動かなくなったのはなぜですか。□に当てはまる言葉を文章中から探《さが》して書きましょう。

ミーヤの本来の役割《やくわり》はタイムマシンの[　　　　]で、ミーヤの[　　　　]をタイムマシンに使ったから。

「広い土地の農業《のうぎょう》や警備《けいび》に欠《か》かせないみつぎ物って、丈夫《じょうぶ》な馬のことか。」

馬たちの間をぬって船倉《ふなぐら》の一番奥《おく》まで行くと、小さいとびらがあり、そこが青く光っていました。

「ああ、もどってこられてよかった。**九死《きゅうし》に一生《いっしょう》を得《え》た**気分だよ。」

空がタイムマシンにもどると、初音《はつね》が暗い顔をしています。

「空、ミーヤが動かなくなっちゃった……。」

「どうしてっ!?」

おどろく空に、カオルが言いました。

「ミーヤのエネルギーをタイムマシンに使ったんだ。」

「そんな……オレが、考えなしに船に飛《と》び乗《の》ったせいで?」

「空のせいじゃない。旗《はた》を返す前に船が動きだしていても結局《けっきょく》同じことになっていた。タイムマシンの予備《よび》のバッテリーというのがミーヤの本来の役割《やくわり》なんだ。」

空はミーヤが自分には本当の役割《やくわり》が別《べつ》にあると言っていたのを思い出しました。

言葉の問題にチャレンジ!

次の言葉を正しい意味で使っている文を選《えら》び、記号に○をつけましょう。

D 起死回生《きしかいせい》

ア 彼《かれ》は起死回生《きしかいせい》のシュートを決めた。
イ その計画は起死回生《きしかいせい》で、うまく進まなかった。
ウ 父はその朝、起死回生《きしかいせい》だった。

E 措置《そち》

ア 彼《かれ》の考えにはいつも措置《そち》がない。
イ 彼女《かのじょ》は完《かん》ぺきな措置《そち》を取った。
ウ 弟はまじめに措置《そち》を起こした。

F 腹《はら》をくくる

ア 相手の腹《はら》をくくりながら議論《ぎろん》した。
イ 食べ合わせが悪くて、ひどい腹《はら》をくくった。
ウ 腹《はら》をくくって、試験《しけん》にいどんだ。

こたえは95ページ

こたえと解説《かいせつ》

将軍《しょうぐん》の趣味《しゅみ》 76・77ページ
まだ見ぬ動物 78・79ページ

『76・77ページ』

① イ

解《かい》説《せつ》
76ページ3行目で「飼《か》いならした鷹《たか》を放って狩《か》りをする『鷹狩《たかが》り』」と説明《せつめい》されています。

② 一

解《かい》説《せつ》
76ページ9行目、初音《はつね》の「家康《いえやす》はもう将軍職《しょうぐんしょく》をリタイアしているよ。今は二代将軍《しょうぐん》、秀忠《ひでただ》の時代」という言葉がヒントになります。問題文に「漢数字」とあるので、一と書きましょう。また、「一代」は「初《しょ》代《だい》」とも表現《ひょうげん》できます。

③ 白鳥

解《かい》説《せつ》
77ページ10～16行目の男の人と初音のやりとりの中にこたえがあります。

言葉の問題にチャレンジ！

Ⓐ ア　Ⓑ ア　Ⓒ ア

（Ⓐ イ）

言葉の学習

お話に出てきた言葉の意味を確《たし》かめましょう。

リタイア……引退《いんたい》すること。また、競技《きょうぎ》などで、途中《とちゅう》で退場《たいじょう》したり権利《けんり》を捨《す》てたりすること。
鼻《はな》であしらう……相手が言っていることをまともに聞かずに冷《つめ》たくあつかう。

歴史《れきし》の解説《かいせつ》

徳川《とくがわ》家康は、豊臣秀吉《とよとみひでよし》の死後、石田三成《いしだみつなり》をたおして江戸幕府《えどばくふ》を開きました。戦《たたか》いをなくして、世の中を安定させたのです。
お話に出てきた「鷹狩《たかが》り」は、武士《ぶし》の間で流行していた狩《か》りのひとつです。飼《か》いならした鷹《たか》を放ち、ツルや白鳥、野うさぎなどのえものをとらえさせました。

『78・79ページ』

① 徳川家光《とくがわいえみつ》

② ウ

解《かい》説《せつ》
春日局《かすがのつぼね》がだれの乳母《うば》だったかは、お話の最初《さいしょ》の文でわかります。問題文に「名前を探《さが》して漢字四文字で」とあるので、「家光」だけではなく、「徳川家光」と書きましょう。

③ ゾウ

解《かい》説《せつ》
お話を最後《さいご》まで読むと、狩野探幽《かのうたんゆう》にかかせた生き物はゾウだとわかります。

言葉の問題にチャレンジ！

Ⓐ ア　Ⓑ ア　Ⓒ イ

言葉の学習

お話に出てきた言葉の意味を確《たし》かめましょう。

相応《そうおう》……つりあいが取れていること。ふさわしいこと。
度外視《どがいし》……考えに入れないこと。問題にしないこと。

歴史《れきし》の解説《かいせつ》

春日局は、徳川家光の乳母《うば》（母親にかわって子育てをする人）でした。
家光の父、徳川秀忠《とくがわひでただ》は、家光の弟の忠長《ただなが》を次の将軍《しょうぐん》にしようとしていました。そこで、春日局は家光の祖《そ》父《ふ》である徳川家康に直接《ちょくせつ》うったえ、家光を将軍《しょうぐん》とする約束《やくそく》を取りつけました。

なぞ18

こたえと解説《かいせつ》

人のいない港町 80〜83ページ

【80・81ページ】

① 人工・貿易《ぼうえき》

解説《かいせつ》
「出島《でじま》」という言葉に注意しながらお話を読み進め、□に合うように書きぬきましょう。

② イ

解説《かいせつ》
「ミーヤも首をかしげます」（80ページ12行目）の前後を注意深く読みましょう。出島がにぎわっていないことについて、不思議《ふしぎ》に思っていることがわかります。

③ 二十五世紀《せいき》

解説《かいせつ》
出島について、調べられるかとたずねた空《そら》に対して、ミーヤは「二十五世紀《せいき》を出発するときにタイムマシンに入力された情報《じょうほう》しかわからないの」（81ページ3〜6行目）とこたえています。

言葉の問題にチャレンジ！
Ⓐ ウ　Ⓑ イ　Ⓒ イ

言葉の学習
お話に出てきた言葉の意味を確《たし》かめましょう。
卑劣《ひれつ》……品性《ひんせい》や行動がいやしいこと。
筋向《すじむ》かい……ななめに向かい合っていること。ななめ向かい。

【82・83ページ】

④ 風

解説《かいせつ》
問題文にある「海と陸《りく》の空気の温度」という言葉に注目して読むと「海と陸《りく》の空気の温度のちがいによって風が発生する」（82ページ11・12行目）という文が見つかります。

⑤ 季節風《きせつふう》・七月から九月

解説《かいせつ》
出島にオランダ船が来ていなかった理由は、82ページ21行目〜83ページ13行目の、空とジンさんのやりとりの中で明らかになっています。

⑥ イ

解説《かいせつ》
83ページ12・13行目のジンさんの説明《せつめい》を読むと、オランダ船が来ない時期にも、出島には二十人以下《いか》のオランダ人が住んでいるとわかります。

言葉の問題にチャレンジ！
Ⓓ ア　Ⓔ ウ　Ⓕ ア

解説《かいせつ》
「のさばる」は「思いのままにのび広がる。いばった態度《たいど》を取る」、「一向《いっこう》に」は「少しも。まったく」、「間《ま》が悪い」は「運が悪い」という意味です。

言葉の学習
お話に出てきた言葉の意味を確《たし》かめましょう。
推進《すいしん》……ものを前に進めること。
おしなべて……だいたいにおいて。全体にわたって同じように。

歴史《れきし》の解説《かいせつ》
出島は、長崎《ながさき》につくられた人工の島です。徳川家光《とくがわいえみつ》は、キリスト教を厳《きび》しく取りしまり、ポルトガル人の出入りを禁止《きんし》しました。また、キリスト教を広める心配のないオランダ、中国とだけ貿易《ぼうえき》を行《おこな》い、貿易船《ぼうえきせん》の出入りを出島に限《かぎ》って許《ゆる》しました。これを「鎖国《さこく》」といいます。

こたえと解説《かいせつ》

重宝《ちょうほう》する魚　84〜87ページ

【84・85ページ】

①方角を知る

解説《かいせつ》
羅針盤《らしんばん》については、お話の最初《さいしょ》の文に「方角を知る道具、羅針盤《らしんばん》」と出てきます。

②イ

解説《かいせつ》
カオルが初音《はつね》についてきた理由は、84ページ2〜6行目を読むとわかります。ミーヤではなくカオルでなければならなかった点をおさえましょう。

③北海道《ほっかいどう》・独自《どくじ》の文化

解説《かいせつ》
「アイヌ民族《みんぞく》」について書かれているところを探《さが》しましょう。84ページ10・11行目にこたえが見つかります。

言葉の問題にチャレンジ！
Ⓐウ　Ⓑイ　Ⓒウ

言葉の学習
お話に出てきた言葉の意味を確《たし》かめましょう。

むらがる……たくさんのものが一か所に集まる。
郷《ごう》に入《い》っては郷《ごう》に従《したが》え……住むところの習慣《しゅうかん》や、しきたりに従《したが》うのがよい。
憩《いこ》い……気持ちを楽にして休むこと。休息。

【86・87ページ】

④伊能忠敬《いのうただたか》

解説《かいせつ》
ふたりがうなずいている場面の前を読むと、どんな言葉に対してうなずいているのか、そしてその言葉はだれが発したものなのかわかります。

⑤イ

解説《かいせつ》
伊能忠敬がアイヌ料理《りょうり》をほめたとき、カオルと初音が「よく知らないのでうなずくだけ」（86ページ5行目）だったことを思い出しましょう。ふたりのことをアイヌ民族《みんぞく》の子どもたちだと思っている伊能忠敬一行《いっこう》にあやしまれないように、「知らない」とは言えず、話を合わせているのです。

⑥皮・くつ

解説《かいせつ》
86ページ17行目〜87ページ4行目で、カオルと初音が話し合って導《みちび》き出《だ》したこたえを読み取りましょう。

言葉の問題にチャレンジ！
Ⓓイ　Ⓔア　Ⓕア

解説《かいせつ》
「足《あし》が早《はや》い」は「食べ物がくさりやすい」、「ちせつ」は「幼《おさな》く、考え方ややり方が未熟《みじゅく》なこと。またその様子」、「温存《おんぞん》」は「使わずに大切にしまっておくこと」という意味です。

言葉の学習
お話に出てきた言葉の意味を確《たし》かめましょう。

万能《ばんのう》……なんにでも役立つこと。すべてのことにすぐれていること。
二《に》の句《く》がつげない……あきれたりおどろいたりして、次の言葉が出てこない。

歴史《れきし》の解説《かいせつ》
伊能忠敬は、五十歳《さい》を過《す》ぎてから江戸《えど》に出て、天文学や測量術《そくりょうじゅつ》を学びました。日本全国、約《やく》三万五千キロメートルを歩いて測量《そくりょう》し、正確《せいかく》な日本地図をつくり上げました。

なぞ20

こたえと解説《かいせつ》

琉球《りゅうきゅう》の船

88〜91ページ

【88・89ページ】

①沖縄県《おきなわけん》

解説《かいせつ》

88ページ2行目に「現在《げんざい》は沖縄県となっている琉球《りゅうきゅう》王国《おうこく》」と書かれています。

②ウ

解説《かいせつ》

空《そら》が船に乗りこむ前の、初音《はつね》とのやりとりを注意深く読みましょう。

③清《しん》

解説《かいせつ》

空が乗りこんだ船がどういう船で、どこへ向かうことになっていたかは、お話の最初《さいしょ》に書かれています。「今回は、清という国へみつぎ物を運ぶ『進貢船《しんこうせん》』に、この赤い旗《はた》を返してきて」（88ページ4・5行目）というミーヤの言葉から、船は清（中国）へ行くとわかります。

言葉の問題にチャレンジ！

Ⓐア　Ⓑイ　Ⓒイ

言葉の学習

お話に出てきた言葉の意味を確《たし》かめましょう。

独立《どくりつ》……他からの助けや支配《しはい》を受けず、ひとり立ちしていること。

史上《しじょう》……歴史上《れきしじょう》。

【90・91ページ】

④甲板《かんぱん》の奥《おく》

解説《かいせつ》

「そちら」が何を指すか、その前を探《さが》すと「船員は甲《かん》板《ぱん》の奥《おく》を指さしました」（90ページ6・7行目）とあり、「甲板《かんぱん》の奥《おく》」のことだとわかります。

⑤イ

解説《かいせつ》

90ページ12・13行目で、空は「傷《きず》をつけないように、ということは、みつぎ物は美術品《びじゅつひん》かな？」と考えています。

⑥予備《よび》のバッテリー・エネルギー

解説《かいせつ》

空がタイムマシンにもどったときの、初音の「ミーヤが動かなくなっちゃった」（91ページ7行目）の言葉のあとをよく読みましょう。

言葉の問題にチャレンジ！

Ⓓア　Ⓔイ　Ⓕウ

解説《かいせつ》

「起死回生《きしかいせい》」は「今にもだめになりそうな状態《じょうたい》のものを立ち直らせること」、「措置《そち》」は「ものごとがうまく運ぶように取り計らうこと」、「腹《はら》をくくる」は「覚悟《かくご》を決める」という意味です。

言葉の学習

お話に出てきた言葉の意味を確《たし》かめましょう。

日夜《にちや》……昼も夜も。昼と夜。

九死《きゅうし》に一生《いっしょう》を得《え》る……ほとんど助かりそうもない状態《じょうたい》から、やっとのことで助かる。

歴史《れきし》の解説《かいせつ》

昔、沖縄県は「琉球王国」という、日本とは別《べつ》の国でした。十五世紀《せいき》の初《はじ》めに尚巴志《しょうはし》が、首里《しゅり》を都とする琉球王国を建《た》てました。琉球王国は、日本、中国、朝鮮《ちょうせん》、東南アジアなど、さまざまな国と貿易《ぼうえき》を行《おこな》い、栄《さか》えました。

もっと理解《りかい》を深めよう

なぞ16 徳川家康《とくがわいえやす》

76・77ページ

徳川家康は、**江戸幕府《えどばくふ》**を開き、豊臣家《とよとみけ》をほろぼした戦国大名《せんごくだいみょう》です。家康が開いた江戸幕《ばく》府《ふ》は、明治時代《めいじじだい》になるまで、二百六十年以上《いじょう》にわたって日本を治《おさ》めました。

一五四二年、三河国《みかわのくに》（今の愛知県《あいちけん》）に生まれた家康は、幼《おさな》いときに人質《ひとじち》として今川義元《いまがわよしもと》の元に送られました。桶狭間《おけはざま》の戦《たたか》いで義元が亡《な》くなると、敵《てき》だった織田信長《おだのぶなが》と同盟《どうめい》を結《むす》びました。

信長の死後、信長の家臣《かしん》だった武将《ぶしょう》たちの中で豊臣秀吉《ひでよし》が大きな力を持つようになります。すると、家康は秀吉に仕《つか》え、秀吉の天《てん》下統一《かとういつ》を助けながら出世の道を探《さぐ》りました。

秀吉が亡《な》くなると、家康は同じく秀吉の家臣《かしん》だった**石田三成《いしだみつなり》**と対立します。そして一六〇〇年、豊臣家を守ろうとする三成らの軍を**関ヶ原《せきがはら》の戦《たたか》い**でやぶり、江戸に幕府《ばくふ》を開きました。

その後、幕府《ばくふ》の政治《せいじ》の仕組みを整えた家康は、一六一五年の**大坂夏《おおさかなつ》の陣《じん》**で、豊臣家をほろぼしました。

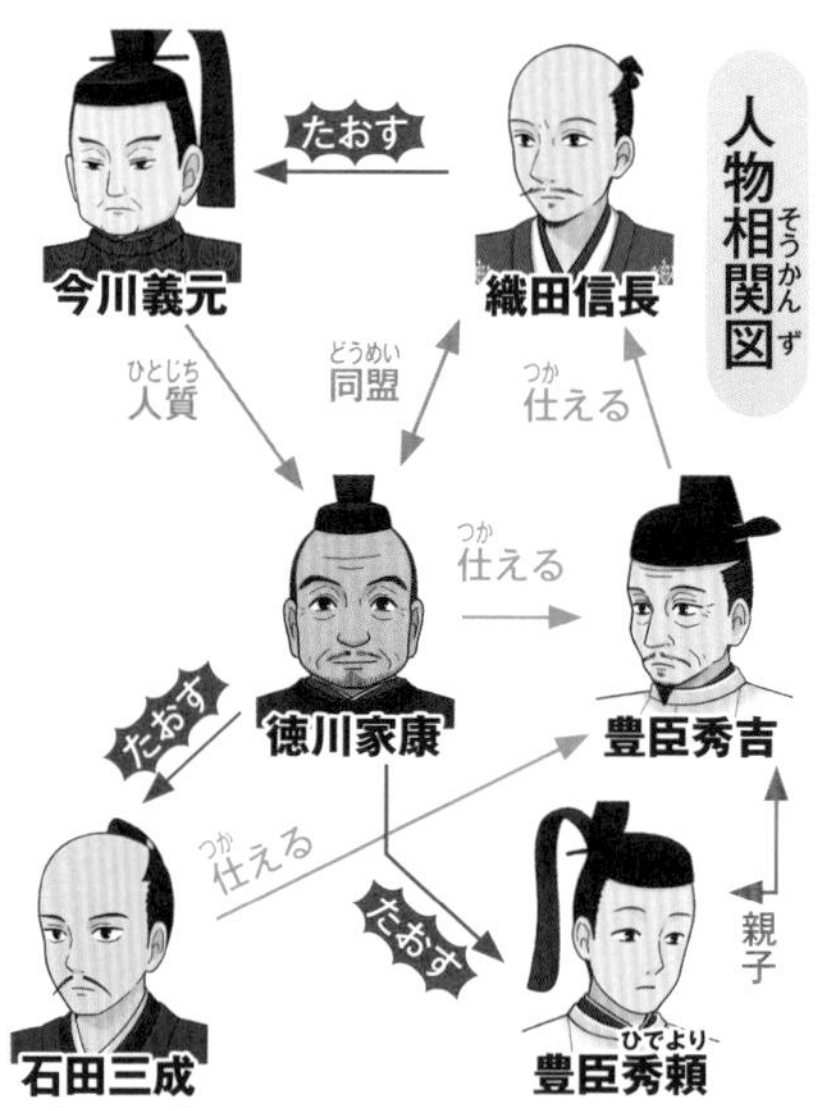

なぞ17 春日局《かすがのつぼね》

78・79ページ

春日局は、江戸幕府《ばくふ》の第三代将軍《しょうぐん》だった**徳川家光《いえみつ》**の乳母《うば》（子育て係）として、大きな力を持った女性《じょせい》です。

春日局は、二十代半《なか》ばで、第二代将軍《しょうぐん》徳川秀忠《ひでただ》の息子、竹千代《たけちよ》（のちの家光）の乳母《うば》となりました。当時、育てた子どもの出世は、乳母《うば》の出世にもつながりました。そのため、家光が将軍《しょうぐん》になると、春日局も大きな権力《けんりょく》を持つようになったのです。

そのころ、大名《だいみょう》や将軍《しょうぐん》など身分の高い人物は、多くの女中《じょちゅう》に身のまわりの世話をさせていました。春日局は、それらの女中や側室《そくしつ》（愛人《あいじん》）、正室《せいしつ》（正式な妻《つま》）をまとめ、江戸城《えどじょう》の中に**大奥《おおおく》**という特別《とくべつ》な場所をつくりました。大奥《おおおく》は、将軍《しょうぐん》がふだんの生活をする場で、基本的《きほんてき》に将軍以外《しょうぐんいがい》の男性《だんせい》は入れず、女性《じょせい》ばかりの場所でした。

春日局は、一六四三年に六十五歳《さい》で亡《な》くなりましたが、大奥《おおおく》は江戸時代が終わるまで続《つづ》きました。大奥《おおおく》の女性《じょせい》の数は、もっとも多いときには、数千人にもなったといわれています。

おさらい！歴史《れきし》クイズ

一六〇〇年に、徳川家康が石田三成の軍をやぶった戦《たたか》いをなんというでしょう？

1 **桶狭間《おけはざま》の戦《たたか》い**
2 **関《せき》ヶ原《がはら》の戦《たたか》い**
3 **大坂夏《おおさかなつ》の陣《じん》**

こたえは118ページ

74ページのこたえ 1

織田信長《おだのぶなが》は、本能寺《ほんのうじ》の変《へん》で明智光秀《あけちみつひで》に追いつめられ、自害《じがい》しました。

5章 暗号を解《と》け！

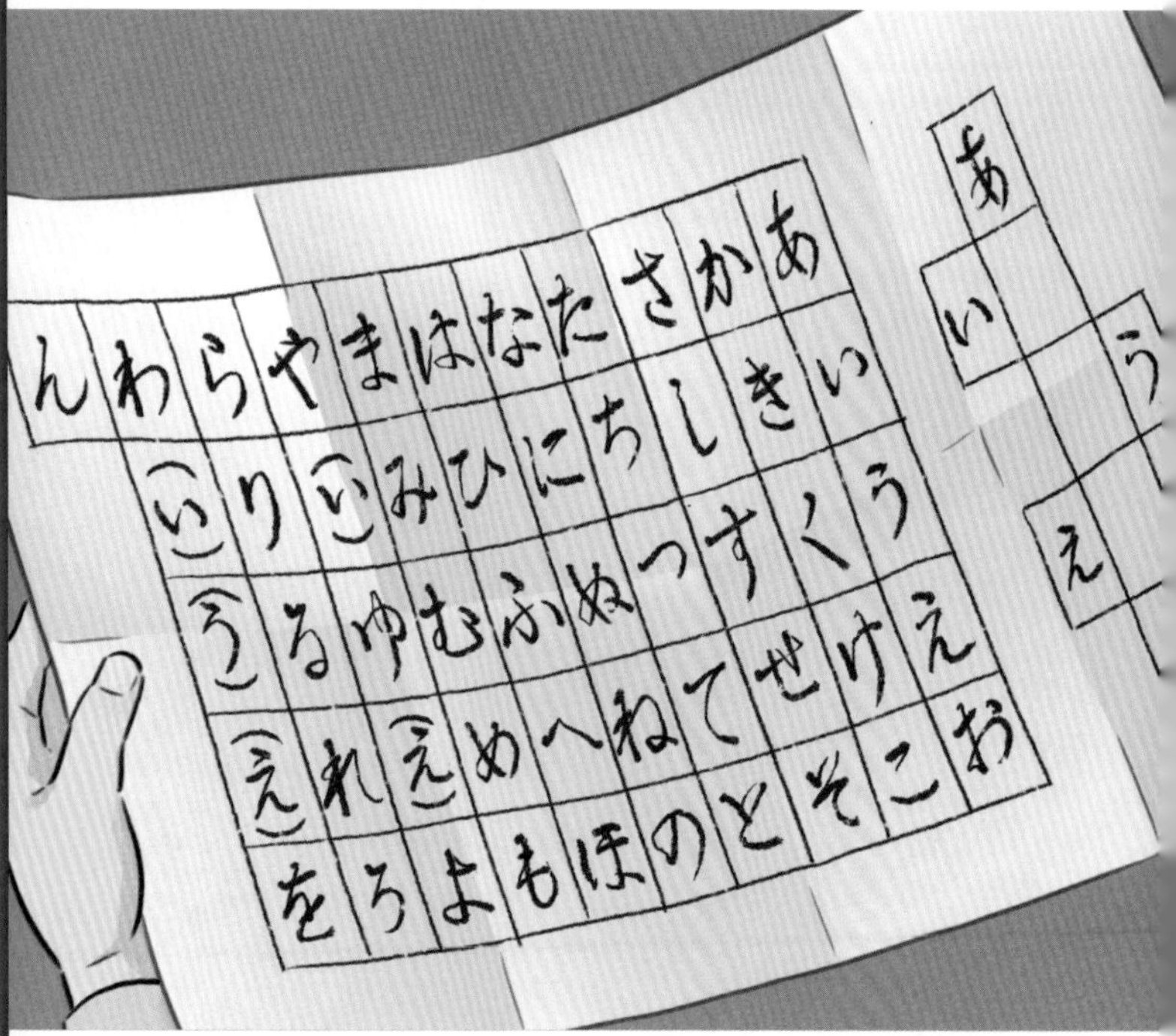

渋沢栄一《しぶさわえいいち》に書類《しょるい》を返そうと、パリへと向かう初音《はつね》と空《そら》。

しかし、返すべき書類《しょるい》は手元にありません。窃盗団《せっとうだん》が書類《しょるい》をどこかにかくしてしまったのです。

手がかりの暗号を元に、書類《しょるい》のありかを推理《すいり》しようとするふたり。

無事《ぶじ》に暗号を解《と》くことができるでしょうか。

なぞ

21 龍馬《りょうま》はどこだ？

　目を閉《と》じて動かなくなったミーヤを心配そうに見つめる初音《はつね》に、カオルが言いました。

「ミーヤは二十一世紀《せいき》の真木《まき》さんの元へもどれば充電《じゅうでん》することができる。返さないといけない品物はあと少しだから、作業を続《つづ》けてほしい。」

「わかった。ミーヤのためにもがんばるよ。」

　初音と空《そら》は幕末《ばくまつ》の京都《きょうと》にやってきました。坂本龍馬《さかもとりょうま》に羽織《はおり》のひもを返すためです。初音が言います。

「カオルがくれたメモによると、坂本龍馬は、お花畑にいるんだって。」

「お花畑？　なんでそんなところに？」

　初音は、カオルがくれたメモを見ました。今までミーヤが説明《せつめい》してくれていた重要《じゅうよう》な情報《じょうほう》を、カオ

学習日

／

1 カオルは初音《はつね》と空《そら》にどんなことをお願《ねが》いしましたか。合うものを選《えら》んで記号に○をつけましょう。

ア ミーヤを真木《まき》さんの元へもどすこと。

イ ミーヤを充電《じゅうでん》してから、作業を続《つづ》けること。

ウ ミーヤを充電《じゅうでん》する前に、品物を返す作業を続《つづ》けること。

2 今回、初音と空が京都《きょうと》ですべきことはなんですか。□に当てはまる言葉を文章中から探《さが》して書きましょう。

□に□を返す。

3 初音は坂本龍馬《さかもとりょうま》について、どんな話を聞いて知っていましたか。

□

ルが選《えら》んで印刷《いんさつ》してくれたものです。

「坂本龍馬は新しいものが好《す》きだった、とも書いてあるよ。そういえば、ピストルを持っていたって話を聞いたことがあるよね。」

空はミーヤが動かなくなって悲しんでいる初音を元気づけるため、冗《じょう》談《だん》めかして言いました。

「ここから、ピストルを持っている人は出てきてくださぁい、って言えば、すぐ坂本龍馬が見つかるのにね。」

「しっ！　Ⓐ**おおっぴら**にピストルの話なんてしたら、武士《ぶし》に**拘束**《こうそく》されちゃうかもよ。この時代、Ⓑ**理不尽**《りふじん》な理由でつかまった人もいるんだから。子どもだからって**手加減**《てかげん》してはもらえないよ、きっと……。」

ふたりは花畑を探《さが》しましたが、このⒸ**界**《かい》**わい**ではなかなか見つかりません。あたりがうす暗くなってきました。つかれて下を向いて歩いていたふたりは、いつの間にか、大きな屋敷《やしき》の中庭に迷《まよ》いこんでいました。

「初音見てよ、この花きれいだよ。」

「ここはお屋敷《やしき》の敷地内《しきちない》だよ、早く出なきゃつかまっちゃう。走るよ！」

「わ、わかった、待ってよ。」

初音が空のうでをつかみ勢《いきお》いよく走りだしたとき、屋敷《やしき》の障子《しょうじ》が開きました。

そして、部屋の中から出てきた背《せ》の高い男の人がふたりを呼《よ》び寄《よ》せます。

「おおっ、いいところに。そこの子どもたち、ちょっと来て。」

言葉の問題にチャレンジ！

次の言葉の意味に合うものを選《えら》び、記号に○をつけましょう。

Ⓐ **おおっぴら**

ア えんりょしたり、かくしたりしない様子。

イ 細かい部分まで注意が行《い》き届《とど》かず、雑《ざつ》な様子。

ウ 声が大きい様子。

Ⓑ **理不尽**《りふじん》

ア 道理にかなっていて正しいこと。またその様子。

イ ものごとの筋道《すじみち》が通らないこと。またその様子。

ウ 本当かどうか疑《うたが》わしいこと。またその様子。

Ⓒ **界**《かい》**わい**

ア そのあたり。近辺《きんぺん》。

イ 都市の近く。市街地《しがいち》のそば。

ウ 都会からはなれた地方。のどかなところ。

← こたえは114ページ

「は、はい。」

屋敷《やしき》の人に見つかってしまったのなら、素直《すなお》に言うことを聞くほうがよいと考えたふたりは、**神妙**《しんみょう》な面持《おもも》ちで縁側《えんがわ》へ近づきました。

部屋の行灯《あんどん》の光が明るく、光を背《せ》にした男の人の顔はよく見えません。

「君たちに、(あ)たとえ話をするから聞いてくれ。君たちふたりはとても仲《なか》が悪かったとする。」

「……はい。」

「で、ここのおかみさんから、ひとりはたっぷりのもち、もうひとりはたっぷりのあんこをもらったとする。さあ、どうする？」

「は？」

「仲《なか》が悪いからといって、もちだけ、あんこだけ食べる？　それとも仲《なか》が悪くても、もちとあんこを半分交換《こうかん》して、おいしいぼたもちをつくって食べる？」

ぼたもちと聞いて空《そら》は大きな声で即答《そくとう》しました。

「ぼたもちにします！」

「空ってば(D)**あさましい**。仲《なか》が悪いんでしょ、私《わたし》は交換《こうかん》したくないかな。」

男の人は真剣《しんけん》な声色でさ

4 屋敷《やしき》の中から話しかけてきた男の人の顔がよく見えなかったのはなぜですか。□に当てはまる言葉を文章中から探《さが》して書きましょう。

部屋の［　　　］が明るく、男の人は光を［　　］にしていたから。

5 ―(あ)初音《はつね》と空《そら》に、男の人がたとえ話をしたのはなぜですか。合うものを選《えら》んで記号に○をつけましょう。

ア　初音と空の仲《なか》のよさを確《たし》かめるため。
イ　薩摩《さつま》と長州《ちょうしゅう》は手を結《むす》ぶべきだと、部屋の中の人にわからせるため。
ウ　薩摩と長州は手を結《むす》ぶべきではないと、部屋の中の人に言うため。

6 初音と空に話しかけた男の人はだれだと考えられますか。□に名前を書きましょう。

［　　　　］

らに言いました。

「じゃあ、もちとあんこじゃなくて薬だったら？　ふたりが別々《べつべつ》にもらった薬をいっしょに飲まないと、病気が治《なお》らず死んでしまう家族がいるんだ。そんなふうに、人命が失《うしな》われることがⒺ**危惧**《きぐ》されるときはどうする？」

初音《はつね》はこたえました。

「交換《こうかん》します！」

「仲《なか》が悪くても？」

「人の命にまで**波及**《はきゅう》する話なら、仲《なか》の悪さなんて関係《かんけい》ありません。」

男の人は満足《まんぞく》そうにうなずいて、部屋の中の人に言いました。

「ほら、子どもでもわかる問題だ。たとえ仲《なか》が悪くても、日本のために争《あらそ》いはⒻ**回避**《かいひ》し、薩摩《さつま》と長州《ちょうしゅう》は手を結《むす》ばなければ。君たち、ありがとう。」

男の人が障子《しょうじ》を閉めたとたん、ふたりは顔を見合わせました。

「薩摩と長州って言った？　もしかして薩長同盟《さっちょうどうめい》？」

縁側《えんがわ》の下をのぞいてみると、ブーツがありました。

「この時代にブーツをはくなんて、新しいものが好《す》きな坂本龍馬《さかもとりょうま》にちがいないよ。」

「でも龍馬はお花畑にいるんじゃないの？」

初音がもう一度メモをよく見ると、「御花畑《おはなばたけ》」の文字の下に、小さく「屋《や》敷《しき》」と書いてありました。

「御花畑《おはなばたけ》って、お屋敷《やしき》の名前だったのか！」

初音はブーツの中に羽織《はおり》のひもをそっと入れました。

言葉の問題にチャレンジ！

次の言葉を正しい意味で使っている文を選《えら》び、記号に○をつけましょう。

Ⓓ あさましい

㋐ あさましいさわやかな目覚《めざ》めだ。

㋑ 手品師《てじなし》のあさましい手さばきに拍手《はくしゅ》した。

㋒ ぬけがけするなんてあさましい根性《こんじょう》だ。

Ⓔ 危惧《きぐ》

㋐ そのおもちゃは危惧《きぐ》だ。

㋑ 新たな危惧《きぐ》がせまっている。

㋒ 彼《かれ》はこれから先の人生を危惧《きぐ》していた。

Ⓕ 回避《かいひ》

㋐ 船長は危険《きけん》を回避《かいひ》することができた。

㋑ 参加者《さんかしゃ》から回避《かいひ》を集める。

㋒ 国境《こっきょう》で軍隊《ぐんたい》が回避《かいひ》して多数の死者が出た。

こたえは114ページ

なぞ22 パリの暗号

「パリにいる渋沢栄一《しぶさわえいいち》に書類《しょるい》を返してきてほしいんだが、その書類《しょるい》は今ここにない。窃盗団《せっとうだん》に**一杯食《いっぱいく》わされた**んだ。窃盗団《せっとうだん》が書類《しょるい》をぬすんでにげたと思った現地《げんち》サポーターがロンドンまで追ったんだけど、実は窃盗団《せっとうだん》は書《しょ》類《るい》をかくしていたんだ。手がかりとなる暗号が現地《げんち》にかくされている。」

カオルの説明《せつめい》に、空《そら》が言います。

「暗号を解《と》き、書類《しょるい》を見つけて渋沢栄一に返すんだね。」

「そうだ。渋沢栄一は、Ⓐ**見聞《けんぶん》**を広めるためパリに来ていた徳川昭武《とくがわあきたけ》のお供《とも》をしていて、帰国後、明治政府《めいじせいふ》で働《はたら》いたり、銀行をつくったり、日本の近代化にⒷ**多面的《ためんてき》**に貢献《こうけん》した人だよ。」

ふたりは、清掃員《せいそういん》として働《はたら》いていた現地《げんち》サポーターの後任《こうにん》として、徳川昭武が借《か》りている館へ行きました。館の庭には立派《りっぱ》ないちょうの木があります。渋沢栄一は笑顔《えがお》でむかえてくれました。

「おや、ずいぶん若《わか》い清掃員《せいそういん》さんだね。パリで日本人はめずらしいな。」

「昔、先祖《せんぞ》が船に乗ってヨーロッパに来たのです。」

空は、はきはきと返事をしました。

ふたりは館の中で、そうじをするふりをしながら手がかりとなる暗号

学習日 ／

① 渋沢栄一《しぶさわえいいち》に関《かん》する説明《せつめい》として正しいものはどれですか。合うものを選《えら》んで記号に○をつけましょう。

ア 徳川昭武《とくがわあきたけ》をお供《とも》にしていた。

イ 日本の近代化をおくらせた。

ウ 日本の近代化を進めた。

② 空《そら》は、自分がパリにいる理由を、渋沢栄一にどう説明《せつめい》しましたか。

③ 渋沢栄一は、書類《しょるい》がなくなっていたことを知っていましたか。はい、いいえのどちらか、合うものを選《えら》んで○をつけましょう。

はい・いいえ

を探《さが》します。すると空が、窓《まど》わくに小さく丸めた紙がはさまっているのを見つけました。ひらがなが九つ並《なら》んでいます。

「暗号だ！『りしろく　ほ　い　ほ　きた』？　初音《はつね》、これなんだろう。」

　初音はその紙をじっくり見て、裏返《うらがえ》しました。

「五十音表がある！　『あいうえお』と書かれたますもあるよ。」

「い段《だん》とえ段《だん》が左に、う段《だん》とお段《だん》が右にずれているね。」

　初音はポンと手を打ちました。

「名探偵《めいたんてい》にⓒ**匹敵**《ひってき》する推理《すいり》をしてみよう。五十音表の『りしろく　ほ　い　ほ　きた』の文字を、い・え段《だん》は左に、う・お段《だん》は右に、一文字ずらして読めば？」

　五十音表をずらした位置《いち》の音を初音が読み上げます。

「『いちようのきのした』？　いちょうの木の下だ！」

　ふたりがいちょうの木の下に行くと、土がほり返されたやわらかい場所があり、土の中から、書類《しょるい》が出てきました。渋沢栄一は喜《よろこ》びました。

「紛失《ふんしつ》した書類《しょるい》だ。小さな探偵《たんてい》さんたちには**舌**《した》**を巻**《ま》**く**ばかりだよ。ありがとう。」

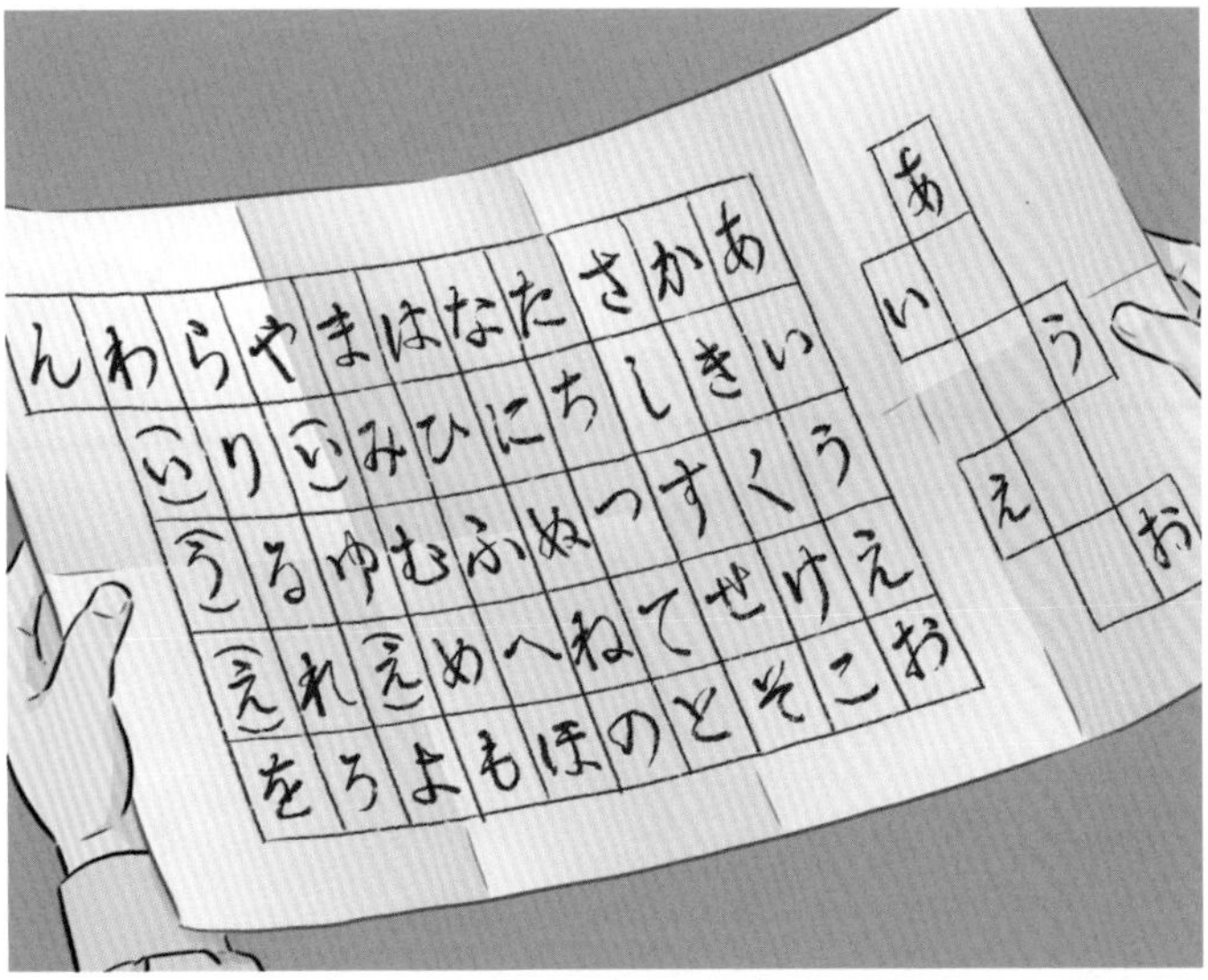

言葉の問題にチャレンジ！

次の言葉の意味に合うものを選《えら》び、記号に○をつけましょう。

Ⓐ **見聞**《けんぶん》

㋐ 社会のできごとや考えを知らせること。

㋑ あることに対する自分の考え。

㋒ 実際《じっさい》に見たり聞いたりすること。

Ⓑ **多面的**《ためんてき》

㋐ ものの見方がいろいろな方面にわたっている様子。

㋑ 意見や観察《かんさつ》などがあるひとつの面にかたよっている様子。

㋒ 数量《すうりょう》、規模《きぼ》などが非常《ひじょう》に大きいこと。

Ⓒ **匹敵**《ひってき》

㋐ 比《くら》べてみて能力《のうりょく》などが同じくらいであること。

㋑ 敵《てき》に対していかりの気持ちを持つこと。

㋒ 戦《たたか》いをいどむこと。挑戦《ちょうせん》すること。

こたえは115ページ

なぞ 23

江戸城《えどじょう》の明かり

「そこのあなた、明かりをつけてください。」

夕刻《ゆうこく》、うす暗い江戸城《えどじょう》の大奥《おおおく》で初音《はつね》は、江戸幕府第十三代将軍徳川家定《えどばくふだいじゅうさんだいしょうぐんとくがわいえさだ》と結婚《けっこん》した、篤姫《あつひめ》に声をかけられました。

今は、江戸幕府《ばくふ》が政権《せいけん》を天皇《てんのう》へ返してからしばらくたったころです。絹《きぬ》の着物を返し終えたばかりの初音のそばに行灯《あんどん》がありました。

(明かりって行灯《あんどん》のことか……どうやって火をつけるんだろう……。)

箱の中に、火打石《ひうちいし》、板のような金物、細い棒《ぼう》、そして黒いごみのようなものが入っています。

(これを全部使うのかな? えっと、火打石《ひうちいし》とこの板のような金物をぶつけるんだよね。)

初音は、カチカチと火打石《ひうちいし》と金物をぶつけてみます。しかし火花が出てもすぐに消え、火はつきそうにありません。

(この細い棒《ぼう》に火をつけるんだよね。でも火花はすぐに消えちゃうから間に合わないな。どうしよう。それにこの黒いご

学習日 ／

① 箱の中に入っていた「黒いごみのようなもの」はなんでしたか。合うものを選《えら》んで記号に○をつけましょう。

ア 行灯《あんどん》

イ 火打石《ひうちいし》

ウ 火口《ほくち》

② 行灯《あんどん》に火をつけたのはだれですか。名前を文章中から探《さが》して書きましょう。

③ 篤姫《あつひめ》が初音《はつね》に「ひとりにしてください」と言ったのはなぜですか。□に当てはまる言葉を文章中から探《さが》して書きましょう。

□に徳川家《とくがわけ》存続《そんぞく》を願《ねが》う□を書くため。

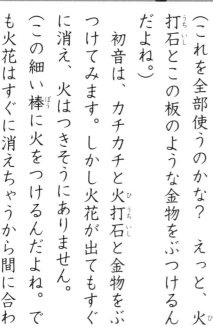

みみたいなものは何に使うんだろう？　ああ、こんなにⒶ**手《て》がかかる**なんて、**難儀《なんぎ》**だな。）

篤姫が初音を見て言いました。

「火口《ほくち》はどうしたの？」

（火口《ほくち》って何？　あ、これ以外《いがい》に道具が必要《ひつよう》なのかな。）

道具が足りなくては、火をつける努力《どりょく》をしても**徒労《とろう》**に終わります。

「すみません、火口《ほくち》が見当たらないのです。」

「火口《ほくち》、そこにあるじゃありませんか？」

（え？　じゃあ、この黒いごみのようなものが火口《ほくち》？）

黒いごみのようなものは、持ってみるとやわらかく、何かの燃《も》えかすのようです。使い方を考えたいと思いましたが、もたもたしてあやしまれてはいけません。初音は、Ⓑ**うそも方便《ほうべん》**、とばかりにごまかします。

「すみません、私《わたし》、指をけがしていて。うまくできません。」

「あら、そうだったの？」

篤姫は、箱の中の、黒いごみのようなものが入っている部分の上で火《ひ》打石《うちいし》を持ち、金物を当てました。火花が箱の中に落ちると火がつき、篤姫は細い棒《ぼう》にその火を燃《も》え移《うつ》らせました。

（火打石《ひうちいし》って、そうやって火をつけるのか。勉強になったな。）

篤姫がⒸ**毅然《きぜん》**とした声で言いました。

「私《わたし》は、これから西郷隆盛《さいごうたかもり》どのに徳川家存続《そんぞく》を願《ねが》う手紙を**したため**ます。少しの間、ひとりにしてください。」

言葉の問題にチャレンジ！

次の言葉の意味に合うものを選《えら》び、記号に○をつけましょう。

Ⓐ 手《て》がかかる

㋐ つくり方が難《むずか》しい。複雑《ふくざつ》である。

㋑ 多くの時間や労力《ろうりょく》を必要《ひつよう》とする。

㋒ 仕事などを、てきぱきと片《かた》づける。

Ⓑ うそも方便《ほうべん》

㋐ うそをついた人をせめること。

㋑ うそは便利《べんり》なものであるということ。

㋒ 目的《もくてき》を果《は》たすためには、うそが必要《ひつよう》なこともあるということ。

Ⓒ 毅然《きぜん》

㋐ がっかりして、ふきげんな様子。

㋑ 意志《いし》が強く、ものごとに動じない様子。

㋒ えらそうにいばっている様子。

こたえは115ページ

なぞ
24
蒸《じょう》気《き》機《き》関《かん》車《しゃ》の開通日

「明《めい》治《じ》時《じ》代《だい》の蒸《じょう》気《き》機《き》関《かん》車《しゃ》が見られるなんて、**千《せん》載《ざい》一《いち》遇《ぐう》**のチャンスだね。」

空《そら》は飛《と》びはねるように歩きます。

今回は、日本で初《はじ》めて開通した新橋《しんばし》・横浜《よこはま》間の鉄道のきっぷを駅員さんに返します。

初音《はつね》はメモを取り出し、読み始めました。

「日本初《はつ》の鉄道の開業は明治五年九月十二日、新橋駅から横浜駅までの区間。今は、一八七二年十月四日だから、開業して一か月くらいだね。」

ふたりは目的地《もくてきち》の新橋駅に着きました。

ところが駅は閉《し》まっています。駅員さんはⒶ**つれなく**言いました。

「鉄道の開業は九月十二日だから、まだだよ。今日は九月二日だ。」

空は首をひねります。

「えっ、今日は九月二日？　まちがえて、ちがう日に来ちゃったのか。」

「ううん、時計に表示《ひょうじ》された日付《ひづけ》はちゃんと一八七二年十月四日だよ。」

初音は右そでの時計を空の目の前にかざします。

「タイムマシンのエネルギー不足《ぶそく》で、時計までこわれちゃったのかな？」

「当分は、品物を返す作業に支障《ししょう》はないってカオルは言っていたよ。タイ

学習日　／

① 日本で初《はじ》めて鉄道が開業したのは何時代ですか。文章中から探《さが》して四文字で書きましょう。

□□□□

② 中国で旧正月《きゅうしょうがつ》を祝《いわ》う期間をなんといいますか。文章中から探《さが》して□に書きましょう。

□

③ 旧暦《きゅうれき》とはどんな暦《こよみ》ですか。□に当てはまる言葉を文章中から探《さが》して書きましょう。

□と□を基準《きじゅん》にした暦《こよみ》。

ムマシンは時間に関係《かんけい》する機械《きかい》だもん、時計がこわれたらタイムマシンのシステム自体が**崩壊**《ほうかい》しちゃうよ。だから、きっと時計はこわれていないはずだよ。」

「じゃあ別《べつ》の部分の故障《こしょう》かも。タイムマシンに十月四日って入力すると、九月二日……一か月ずれて到着《とうちゃく》するようになっているとか？」

「何よそれ！Ⓑ**秩序**《ちつじょ》がめちゃめちゃになっちゃう。そんなのⒸ**こじつけ**だよ。あれ、でも、一か月のずれ、か……。なんか聞いたことあるなあ。」

しばらくして初音は、クラスメイトのことを思い出しました。

「私《わたし》のクラスに李《り》さんって子がいるでしょ？　お父さんが中国出身なの。その李さんから聞いたんだけど、中国では『春節《しゅんせつ》』っていう旧正月《きゅうしょうがつ》を祝《いわ》う期間があるんだって。」

「旧正月《きゅうしょうがつ》？　旧《きゅう》って何？　正月に新も旧《きゅう》もないじゃん。」

「それがあるんだって。昔の中国や日本は、月の満《み》ち欠《か》けと太陽の動きを基準《きじゅん》にした暦《こよみ》を使っていて、明治時代に、西洋に合わせた今の暦《こよみ》に変《か》わったの。昔の暦《こよみ》を『旧暦《きゅうれき》』、今の暦《こよみ》を『新暦《しんれき》』っていうんだ。」

「それとこれとなんの関係《かんけい》が？」

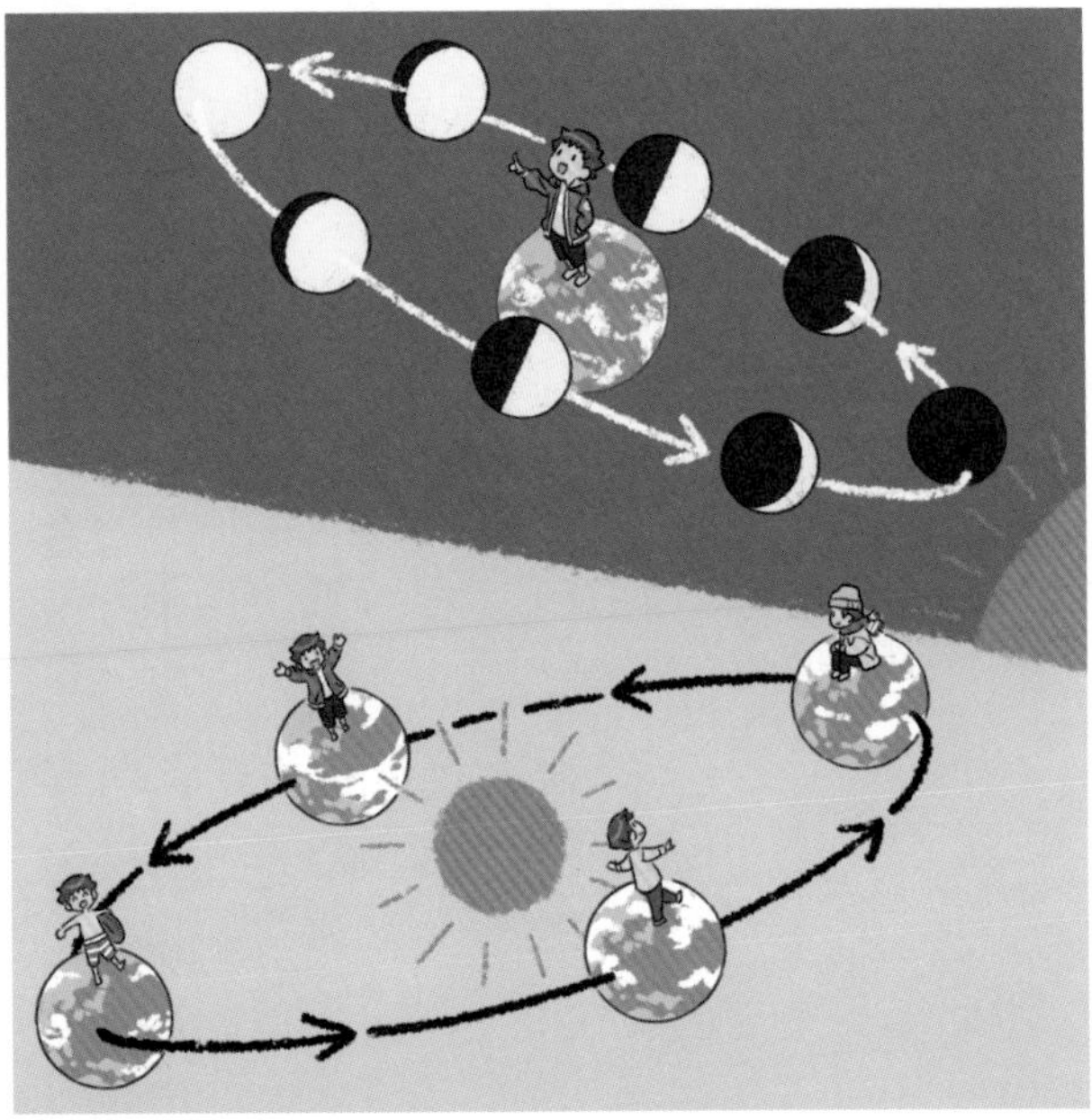

言葉の問題にチャレンジ！

次の言葉の意味に合うものを選《えら》び、記号に○をつけましょう。

Ⓐ **つれない**
- ア 思いやりがある。親密《しんみつ》である。
- イ いっしょに行動する人がいない。ひとりで。
- ウ 思いやりがない。よそよそしい。

Ⓑ **秩序**《ちつじょ》
- ア 社会が望《のぞ》ましい状態《じょうたい》を保《たも》つための決まり。
- イ 予定。日程《にってい》。スケジュール。
- ウ これから先。未来《みらい》。

Ⓒ **こじつけ**
- ア よい方法《ほうほう》や手段《しゅだん》。
- イ 関係《かんけい》のないことを、無理《むり》に理由をつけて関係《かんけい》があるように言うこと。
- ウ 話し合いで最後《さいご》にまとまった意見《いけん》。

⬅こたえは116ページ

「だから、旧暦《きゅうれき》の一月一日が、新暦《しんれき》では一月二十五日、というふうに、同じ日でも約《やく》一か月ずれるんだよ。それで新暦《しんれき》の一月末《まつ》から二月初《はじ》めが旧《きゅう》正月《しょうがつ》になるの。今の私《わたし》たちも、暦《こよみ》のせいで日付《ひづけ》がずれてしまったのかも。」

初音《はつね》は駅まで走ってもどり、駅員さんにたずねました。

「あの、最近《さいきん》、暦《こよみ》は変《か》わりましたか？」

「ああ、今はまだ変《か》わっていないけれど、十二月に変《か》わる予定だよ。明治《めいじ》五年の十二月三日が、明治六年の一月一日になるんだ。」

「じゃあ、明治五年の十二月四日から三十一日はどうなるの？」

「ないね。この世に存在《そんざい》しない日付《ひづけ》さ。(あ)明治五年はⒹ**いびつ**な一年になる。」

初音は頭の中で計算します。

「私《わたし》たちが来たのは、新暦《しんれき》で計算した十月四日だったんだ。実際《じっさい》にはまだ暦《こよみ》が変《か》わっていないから、旧暦《きゅうれき》で計算した十月四日に行かなくちゃいけなかったんだね。旧暦《きゅうれき》は新暦《しんれき》より約《やく》一か月おくれているから、今日は、まだ九月二日で、鉄道の開通前なんだよ。」

「でも、どうしよう。今回は蒸気機関車《じょうききかんしゃ》に乗るから、タイムマシンは横浜《よこはま》にむかえにきてくれる予定になっているよ。列車に乗れなかったらタイムマシンにもどれないじゃん。」

「大丈夫《だいじょうぶ》だよ。**おそかれ早《はや》かれ**むかえにきてくれるはず。でも、このせいでまたタイムマシンのエネルギーが減《へ》ったりしたら……。」

そのとき、駅舎《えきしゃ》のとびらが青く光りました。

4 ―(あ)駅員さんが「明治《めいじ》五年はいびつな一年になる」と言ったのはなぜですか。□に当てはまる日付《ひづけ》を文章中から探《さが》して書きましょう。

暦《こよみ》が変《か》わって［　　　］から［　　　］までの二十八日間が存在《そんざい》しなくなるから。

5 ―(い)カオルが気づいた「異変《いへん》」とは、どんなことですか。合うものを選《えら》んで記号に○をつけましょう。

ア　データがまちがっていたこと。

イ　初音《はつね》と空《そら》が蒸気機関車《じょうききかんしゃ》に乗ったこと。

ウ　タイムマシンのエネルギーが減《へ》ったこと。

6 タイムマシンのエネルギーについて心配している初音が、カオルに強く問いたださなかったのはなぜですか。

［　　　　］

Ⓘ異変《いへん》に気づいたカオルがむかえにきて、初音たちはタイムマシンにもどることができました。

「すまない。鉄道が初《はじ》めて走ったのと、暦《こよみ》が変《か》わったのが同じ年だったなんて。今回もデータがまちがっていたようだ。」

ふたりは明治《めいじ》五年十二月、新暦《しんれき》でも新橋《しんばし》・横浜間を蒸気機関車《じょうききかんしゃ》が走るようになってから、新橋駅にきっぷを返しにいきました。

「ひとつの品物を返すのに二度も移動《いどう》しちゃって、エネルギーは大丈夫《だいじょうぶ》?」

初音が心配そうにたずねると、カオルは言いました。

「エネルギー問題はⒺ**峠《とうげ》を越《こ》した**。君たちは余計《よけい》な心配はせず、品物を返してくれればいい。」

「そんな言い方しなくても。心配しているんだよ。」

「大丈夫《だいじょうぶ》だ。」

取《と》りつく島《しま》もありません。

しかしカオルの態度《たいど》はミーヤがたおれて以来《いらい》少しさびしそうに見えるので、初音はⒻ**おし問答《もんどう》**する気にもなりません。

「カオルのことが心配なのに……。」

初音は、操縦室《そうじゅうしつ》にもどるカオルの背中《せなか》を見つめました。

言葉の問題にチャレンジ!

次の言葉を正しい意味で使っている文を選《えら》び、記号に○をつけましょう。

Ⓓ いびつ

㋐ 彼《かれ》のつくった花びんはいびつな形をしていた。

㋑ 市役所にいびつにメールを出した。

㋒ いびつの予定を確認《かくにん》した。

Ⓔ 峠《とうげ》を越《こ》す

㋐ 峠《とうげ》を越《こ》す山火事が起きた。

㋑ 趣味《しゅみ》の峠《とうげ》を越《こ》して、職人《しょくにん》になった。

㋒ 祖父《そふ》は先週、病の峠《とうげ》を越《こ》した。

Ⓕ おし問答《もんどう》

㋐ 玄関《げんかん》で、父と母がおし問答《もんどう》をしていた。

㋑ クイズですばやくおし問答《もんどう》した。

㋒ わからないところがあればおし問答《もんどう》してください。

←こたえは116ページ

なぞ25 おいしい魚

「探検《たんけん》ごっこなんです。少しだけ、お部屋を見せてくれませんか？」

初音《はつね》と空《そら》は山口県《やまぐちけん》の下関《しものせき》にある旅館にやってきました。

今ここに、初代内閣総理大臣《しょだいないかくそうりだいじん》の伊藤博文《いとうひろぶみ》が滞在《たいざい》しています。

ふたりは、旅館に宿泊《しゅくはく》している子どもたちをさそって、伊藤博文に部屋を見せてほしいとお願《ねが》いすることにしました。小さい子を連《つ》れていれば、大人はⒶ**すげなく**断《ことわ》れないと考えたのです。

「少しだけだよ。」

伊藤博文は部屋の戸を大きく開けてくれ、さらに部屋の奥《おく》のカーテンも開けて外の景色《けしき》が見えるようにしてくれました。

「**寛大**《かんだい》なごⒷ**配慮**《はいりょ》ありがとうございます。これでこの旅館すべての部屋を探《たん》検《けん》できます。」

初音はそう言って部屋に入ると、窓《まど》から外を見るふりをしながら、返すべき伊藤博文の勲章《くんしょう》をそっとたたみのすみに置《お》きました。

伊藤博文の部屋を出ても、子どもたちはついてこようとします。初音たちを**意気投合**《いきとうごう》した仲間《なかま》だと思っているようです。

「お兄ちゃん、お姉ちゃん、もっと遊ぼう！」

「ごめん、お兄ちゃんたち、もう行かなくちゃいけないんだ。またね。」

学習日　／

1 初音《はつね》と空《そら》が、伊藤博文《いとうひろぶみ》に部屋を見せてもらったのはなぜですか。合うものを選《えら》んで記号に○をつけましょう。

ア 探検《たんけん》ごっこをしていたから。

イ 旅館のすべての部屋を見るため。

ウ 伊藤博文の勲章《くんしょう》を返すため。

2 初音と空が子どもたちといっしょに行動していたのはなぜですか。□に当てはまる言葉を文章中から探《さが》して書きましょう。

小さい子たちを連《つ》れていれば、部屋を見せてほしいという願《ねが》いを伊藤博文がすげなく［　　　　］と考えたから。

3 台所で、旅館の人があわてていたのはなぜですか。□に当てはまる言葉を文章中から探《さが》して書きましょう。

総理大臣《そうりだいじん》である［　　　　］がとまっているのに、出せる魚がないから。

ふたりは、タイムマシンの出入り口になっている、台所近くのふすまに向かいます。空が台所をのぞきました。

「うわ、魚がいっぱいだ。さすが山口、三方を海に囲《かこ》まれている県だけのことはあるね。あれはなんていう魚だろう？　よく見えないな。」

台所では、旅館の人たちがあわてています。

「Ⓒ**ぬきさしならない**事態《じたい》だぞ。せっかく総理大臣《そうりだいじん》がおとまりなのに、お出しする魚がないなんて。」

「何日も悪天候《あくてんこう》が続《つづ》いていたからなあ……。」

空は思わず口にしてしまいました。

「えっ、魚ならいっぱいあるのに。どうしてそんなこと言うんだろう？」

空の言葉を聞いた旅館の人が教えてくれました。

「あの魚は、食べられないんだよ。」

「じゃあどうして台所にあるの？」

「ああ、ええっと、旅館でお客さまに出すことができないって意味だよ。」

「どうして？　おいしくないの？」

言葉の問題にチャレンジ！

次の言葉の意味に合うものを選《えら》び、記号に○をつけましょう。

Ⓐ すげない

㋐ 思いやりがなく、そっけない。
㋑ かっこうがとても悪いこと。無様《ぶざま》。
㋒ きげんがよく、人当たりがいい。

Ⓑ 配慮《はいりょ》

㋐ 質問《しつもん》や要求《ようきゅう》にこたえること。返事。
㋑ 気持ちを落ち着かせる。
㋒ 心づかい。あれこれと気を配ること。

Ⓒ ぬきさしならない

㋐ 相手を追いこしたり、ぬかされたりする。
㋑ 動きが取れず、どうにもならない。さけることも退《しりぞ》くこともできない。
㋒ 足音を立てないようにそっと。静《しず》かに。

こたえは117ページ

「とってもおいしいさ。下関《しものせき》ではたくさんの魚がとれるけれど、この魚の味は**相対的**《そうたいてき》に見ても、かなり美味だよ。」

旅館の人は、その魚の味を思い出したのか、うれしそうな顔をします。

それを聞いた初音《はつね》は不思議《ふしぎ》に思い、質問《しつもん》しました。

「じゃあ、どうしてお客さまに出してはいけないんですか？」

「禁食令《きんしょくれい》が出ている魚なんだよ。」

「禁食令《きんしょくれい》？」

「食べてはいけないってこと。地元の人たちは、たくさんとれたときには食べているけれど、旅館でお客さまに出すのは**合法**《ごうほう》ではないんだ。」

空《そら》は魚の入ったたらいをのぞきこみながら言いました。

「どうして食べてはいけないんだろう？　……あ、こたえがわかったぞ。」

初音はびっくりしました。

「わかったの？　空が私《わたし》より先にこたえを出すなんて信《しん》じられない。」

「ちゃんと実物を観察《かんさつ》するのがⒹ**肝要**《かんよう》なのさ。」

初音もたらいに近づきます。

「あ、体が丸い。これはフグだね。毒《どく》があるから食べてはいけないんだ。」

ふたりはタイムマシンにもどりました。

「現代《げんだい》ではフグを食べるよね、禁食令《きんしょくれい》はいつ解《と》かれたんだろう？」

初音が考えながら操縦室《そうじゅうしつ》に近づくと、操縦室《そうじゅうしつ》の自動ドアが開きました。

「あれ？　いつもはかぎがかかっているのに……。」

4 禁食令《きんしょくれい》とはどんな命令《めいれい》ですか。□に当てはまる言葉を文章中から探《さが》して書きましょう。

□という命令《めいれい》。

5 フグはどんな魚ですか。合うものすべてに○をつけましょう。

□ 禁食令《きんしょくれい》の出ている魚だ。

□ 毒《どく》があり、地元の人も絶対《ぜったい》食べない。

□ 旅館で客に出すのは禁止《きんし》されている。

□ 他の魚と比《くら》べるとおいしくない。

6 カオルの正体はなんでしたか。文章中から探《さが》して二十三文字で書きましょう。

おいしい魚

「待て！　来るなっ！」

カオルの声がしたのと、初音が操縦室《そうじゅうしつ》に入って、部屋の奥《おく》を見たのは同時でした。厳《きび》しい声に初音は**足《あし》がすくみ**ましたが、後の祭りです。初音は操縦室《そうじゅうしつ》の中をすべて見てしまいました。

「カオル……それってまさか……。」

操縦室《そうじゅうしつ》には、ハンドルやボタンといった機械《きかい》を動かす道具のようなものは一切《いっさい》ありませんでした。

頭上からのびている黒いケーブルが、いすに座《すわ》っているカオルの頭と首にささっています。その接続《せつぞく》部分は、どう見ても人間の体ではありません。

「ぼくはタイムマシンを操作《そうさ》するためにつくられたロボットだ。今まではミーヤに見張《みは》りをたのんでいたんだけど……失敗《しっぱい》したな。」

人間でないことがⒺ**歴然《れきぜん》**としたカオルは、ケーブルにつながったまま言いました。

おどろいて声も出ないふたりに向かって、カオルは事態《じたい》をⒻ**棚上《たなあ》げ**にしたまま冷静《れいせい》に言葉を続《つづ》けます。

「伊藤博文《いとうひろぶみ》は、フグを食べて、禁食令《きんしょくれい》を解《と》いたんだよ。」

言葉の問題にチャレンジ！

次の言葉を正しい意味で使っている文を選《えら》び、記号に○をつけましょう。

Ⓓ **肝要《かんよう》**

ア 父は肝要《かんよう》を悪くした。

イ 女王は肝要《かんよう》な姿勢《しせい》を見せた。

ウ 意味を理解《りかい》することが肝要《かんよう》だ。

Ⓔ **歴然《れきぜん》**

ア とつぜんの事故《じこ》に、彼《かれ》は歴然《れきぜん》とした。

イ ふたりの実力の差《さ》は歴然《れきぜん》としていた。

ウ その城《しろ》の調査《ちょうさ》は歴然《れきぜん》だ。

Ⓕ **棚上《たなあ》げ**

ア 彼《かれ》の要求《ようきゅう》は長い間、棚上《たなあ》げされていた。

イ 読書が何よりの棚上《たなあ》げだ。

ウ 先生はわからないところをていねいに棚上《たなあ》げしてくれた。

← こたえは117ページ

なぞ 21

こたえと解説《かいせつ》

龍馬《りょうま》はどこだ？

98〜101ページ

【98・99ページ】

①ウ

解説《かいせつ》

98ページ3・4行目のカオルの発言からこたえを導《みちび》き出《だ》しましょう。

②坂本龍馬《さかもとりょうま》・羽織《はおり》のひも

解説《かいせつ》

98ページ8〜10行目に「初音《はつね》と空《そら》は幕末《ばくまつ》の京都《きょうと》にやってきました。坂本龍馬に羽織《はおり》のひもを返すためです」と書かれています。

③ピストルを持っている〈持っていた〉。

※内容《ないよう》が合っていれば正解《せいかい》です。

解説《かいせつ》

初音はカオルがくれたメモを見ながら、坂本龍馬について「そういえば、ピストルを持っていたって話を聞いたことがあるよね」(99ページ2・3行目)と、過去《かこ》に聞いた話を思い出しています。

言葉の問題にチャレンジ！

Ⓐア

Ⓑイ

Ⓒア

言葉の学習

お話に出てきた言葉の意味を確《たし》かめましょう。

拘束《こうそく》……行動の自由をうばうこと。

手加減《てかげん》……相手によって、厳《きび》しさをほどよく調節《ちょうせつ》すること。

【100・101ページ】

④行灯《あんどん》の光・背《せ》

解説《かいせつ》

初音と空が縁側《えんがわ》に近づいて、男の人と話している場面を整理してみましょう。

⑤イ

解説《かいせつ》

101ページ9行目「男の人は満足《まんぞく》そうにうなずいて、部屋の中の人に言いました」からあとを読みましょう。たとえ話をしたのは、部屋の中にいる人に聞かせるためだとわかります。

⑥坂本龍馬

解説《かいせつ》

縁側《えんがわ》に当時としてはめずらしいブーツがあったこと、カオルのメモの「御花畑《おはなばたけ》」が屋敷《やしき》の名前だったことから、初音と空は、男の人が坂本龍馬だと考えています。

言葉の問題にチャレンジ！

Ⓓウ

Ⓔウ

Ⓕア

解説《かいせつ》

「あさましい」は「いやしい。みっともない」、「危惧《きぐ》」は「悪いことになるのではと心配すること。おそれること」、「回避《かいひ》」は「ものごとが悪い状態《じょうたい》にならないようにさけること」という意味です。

言葉の学習

お話に出てきた言葉の意味を確《たし》かめましょう。

神妙《しんみょう》……素直《すなお》でおとなしい様子。

波及《はきゅう》……ものごとの影響《えいきょう》がだんだんと広い範囲《はんい》に広がっていくこと。

歴史《れきし》の解説《かいせつ》

大名《だいみょう》にあたえられた領地《りょうち》や、大名《だいみょう》が支配《しはい》した区域《くいき》のことを「藩《はん》」といいます。

土佐藩《とさはん》の坂本龍馬は、江戸幕府《えどばくふ》をたおすために、仲《なか》の悪かった薩摩藩《さつまはん》と長州藩《ちょうしゅうはん》の間に立ち、ふたつの藩《はん》に手を結《むす》ばせました。このときに結《むす》ばれた同盟《どうめい》を「薩長《さっちょう》同盟《どうめい》」といいます。また、龍馬は、江戸幕府《ばくふ》の将軍徳《しょうぐんとく》川慶喜《がわよしのぶ》に、政権《せいけん》を朝廷《ちょうてい》に返す「大政奉還《たいせいほうかん》」を提案《ていあん》します。この大政奉還によって江戸幕府《ばくふ》は終わり、新しい時代が誕生《たんじょう》したのです。

なぞ 22・23

こたえと解説《かいせつ》

パリの暗号 102・103ページ
江戸城《えどじょう》の明かり 104・105ページ

【102・103ページ】

① ウ

解説《かいせつ》
102ページ7～9行目をていねいに読みましょう。徳川昭武《とくがわあきたけ》のお供《とも》をしていたのが渋沢栄一《しぶさわえいいち》です。

② 先祖《せんぞ》が船に乗ってヨーロッパに来た。
※内容《ないよう》が合っていれば正解《せいかい》です。

解説《かいせつ》
渋沢栄一の「パリで日本人はめずらしいな」（102ページ13行目）という言葉に対して、空《そら》がこたえた内容《ないよう》を書きましょう。

③ はい

解説《かいせつ》
初音《はつね》と空が書類《しょるい》を見つけると、渋沢栄一が喜《よろこ》んで「紛失《ふんしつ》した書類《しょるい》だ」（103ページ20行目）と言っていたことから、書類《しょるい》がなくなっているのに気づいていたとわかります。もし気づいていなかったなら、土の中から書類《しょるい》が出てきたことにおどろくなど、別《べつ》の反応《はんのう》を見せたはずです。

言葉の問題にチャレンジ！
Ⓐ ウ
Ⓑ ア
Ⓒ ア

言葉の学習
お話に出てきた言葉の意味を確《たし》かめましょう。
一杯食《いっぱいく》わされる……うまくだまされる。
舌《した》を巻《ま》く……非常《ひじょう》におどろく。とても感心する。

歴史《れきし》の解説《かいせつ》
渋沢栄一は、「日本資本主義《にほんしほんしゅぎ》の父」といわれる人物です。「富岡製糸場《とみおかせいしじょう》」という糸をつくる工場や、第一国立銀行など、約《やく》五百の企業《きぎょう》の設立《せつりつ》に関《かか》わり、近代産業《きんだいさんぎょう》を発展《はってん》させました。

【104・105ページ】

① ウ

解説《かいせつ》
105ページ9行目で「じゃあ、この黒いごみのようなものが火口《ほくち》?」と、初音が考えています。

② 篤姫《あつひめ》

解説《かいせつ》
初音は篤姫に行灯《あんどん》の火をつけるようにたのまれますが、お話を最後《さいご》まで読むと、初音はつけることができず、篤姫がつけたとわかります。

③ 西郷隆盛《さいごうたかもり》・手紙

解説《かいせつ》
篤姫の「少しの間、ひとりにしてください」（105ページ21行目）という言葉の直前に、ひとりになりたい理由が述《の》べられています。

言葉の問題にチャレンジ！
Ⓐ イ
Ⓑ ウ
Ⓒ イ

言葉の学習
お話に出てきた言葉の意味を確《たし》かめましょう。
難儀《なんぎ》……難《むずか》しいこと。めんどうなこと。
徒労《とろう》……むだな苦労《くろう》。
したためる……（手紙などを）書く。

歴史《れきし》の解説《かいせつ》
篤姫は、将軍徳川家定《しょうぐんとくがわいえさだ》の妻《つま》です。結婚後《けっこんご》、約《やく》二年で夫《おっと》を亡《な》くしますが、その後も大奥《おおおく》で暮《く》らしました。旧幕府《きゅうばくふ》と新政府《しんせいふ》が戦《たたか》った戊辰戦争《ぼしんせんそう》のときには、幕府《ばくふ》をたおそうとする薩摩藩《さつまはん》の西郷隆盛に対して、徳川家存続《そんぞく》を願《ねが》う手紙を書き、徳川家を守るために力をつくしました。

なぞ24 こたえと解説《かいせつ》

蒸《じょう》気《き》機《き》関《かん》車《しゃ》の開通日

106～109ページ

【106・107ページ】

①明治時代《めいじじだい》

解説《かいせつ》

106ページ6行目の「日本初《はつ》の鉄道の開業は」から始まる、初音《はつね》が読んでいるメモの内容《ないよう》を確認《かくにん》しましょう。

②春節《しゅんせつ》

解説《かいせつ》

問題文にある「中国」「旧正月《きゅうしょうがつ》」というふたつの言葉に注意して本文を読むと、初音のクラスメイトの話が見つかります。

③月の満《み》ち欠《か》け・太陽の動き

解説《かいせつ》

107ページ19・20行目に「昔の暦《こよみ》を『旧暦《きゅうれき》』、今の暦《こよみ》を『新暦《しんれき》』っていうんだ」という初音の言葉があります。昔の暦《こよみ》である「旧暦《きゅうれき》」が具体的《ぐたいてき》にどんな暦《こよみ》なのかは、その前に書かれています。□に合うように書きぬきましょう。

言葉の問題にチャレンジ！

Ⓐ ウ
Ⓑ ア
Ⓒ イ

言葉の学習

お話に出てきた言葉の意味を確《たし》かめましょう。

千載一遇《せんざいいちぐう》……千年に一度しかめぐりあえないほどのチャンス。めったにないよい機会《きかい》。

崩壊《ほうかい》……こわれること。くずれること。

【108・109ページ】

④十二月四日・（十二月）三十一日

解説《かいせつ》

108ページ8・9行目のやりとりを読みましょう。暦《こよみ》が変《か》わることで「存在《そんざい》しない日付《ひづけ》」が出てくる明治《めいじ》五年を、駅員さんは「いびつな一年」と表現《ひょうげん》しています。

⑤ア

解説《かいせつ》

カオルは初音と空《そら》をむかえにきたあと「データがまちがっていたようだ」（109ページ4行目）と言ってふたりに謝《あやま》っています。

⑥ミーヤがたおれて以来《いらい》、カオルの態度《たいど》が少しさびしそうだから。

※内容《ないよう》が合っていれば正解《せいかい》です。

解説《かいせつ》

初音が強く問いたださなかった理由は109ページ15～18行目に書かれています。「なぜ」と理由を問われているので、こたえは「～から」の形で書きましょう。

言葉の問題にチャレンジ！

Ⓓ ア
Ⓔ ウ
Ⓕ ア

解説《かいせつ》

「いびつ」は「ものの形がゆがんでいること。ものごとが正常《せいじょう》でないこと」、「峠《とうげ》を越《こ》す」は「もっとも勢《いきお》いのある時期が過《す》ぎる。もっとも危険《きけん》な時期を過《す》ぎる」、「おし問答《もんどう》」は「たがいに自分の意見を通そうとして、あとにひかず言い合いを続《つづ》けること」という意味です。

言葉の学習

お話に出てきた言葉の意味を確《たし》かめましょう。

おそかれ早《はや》かれ……おそい早いのちがいはあっても。いつかは。

取《と》りつく島《しま》もない……相手の態度《たいど》が冷《つめ》たく、話を進めることができない。

歴史《れきし》の解説《かいせつ》

明治時代《めいじじだい》になると、西洋の文化が取り入れられ、人々《ひとびと》の服装《ふくそう》や食事、建物《たてもの》などが西洋式《せいようしき》のものに変《か》わっていきました。これを「文明開化《ぶんめいかいか》」といいます。

このころ、鉄道が開通したり、郵便制度《ゆうびんせいど》がつくられたり、暦《こよみ》が「太陽暦《たいようれき》」に変《か》わったりと、さまざまな分野が発達《はったつ》し、人々《ひとびと》の生活は大きく変《か》わりました。

なぞ25

こたえと解説《かいせつ》

おいしい魚

110〜113ページ

【110・111ページ】

①ウ

解説《かいせつ》

初音《はつね》たちが伊藤博文《いとうひろぶみ》の部屋を見せてもらったのは、探検《たんけん》ごっこをしているふりをして、勲章《くんしょう》を返すためです。

②断《ことわ》れない

解説《かいせつ》

110ページ4〜6行目に書かれている、初音と空《そら》の作戦《さくせん》を読み取って、□に合うように書きましょう。

③伊藤博文

解説《かいせつ》

111ページ6行目で旅館の人が話している「せっかく総理大臣《そうりだいじん》がおとまりなのに」の「総理大臣《そうりだいじん》」は伊藤博文のことです。

言葉の問題にチャレンジ！

Ⓐ ア
Ⓑ ウ
Ⓒ イ

言葉の学習

お話に出てきた言葉の意味を確《たし》かめましょう。

寛大《かんだい》……心が広く、思いやりがある様子。
意気投合《いきとうごう》……たがいの気持ちがぴったり合うこと。

【112・113ページ】

④食べてはいけない

解説《かいせつ》

112ページ6〜9行目のやりとりに注目しましょう。

⑤〇 禁食令《きんしょくれい》の出ている魚だ。
〇 旅館で客に出すのは禁止《きんし》されている。

解説《かいせつ》

112ページ1〜16行目を整理しながら読みましょう。フグはおいしく、地元の人は食べることもありますが、毒《どく》があるため禁食令《きんしょくれい》が出ていて客に出すことはできません。

⑥タイムマシンを操作《そうさ》するためにつくられたロボット

解説《かいせつ》

113ページ10行目で、カオルが自分のことを説明《せつめい》しています。問題文に「二十三文字で」とあるので、ちょうど二十三文字で書かれている部分を探《さが》しましょう。

言葉の問題にチャレンジ！

Ⓓ ウ
Ⓔ イ
Ⓕ ア

解説《かいせつ》

「肝要《かんよう》」は「とても大切なこと。またその様子」、「歴然《れきぜん》」は「はっきりしている様子。明らかな様子」、「棚上《たなあ》げ」は「問題をそのままにしておくこと」という意味です。

言葉の学習

お話に出てきた言葉の意味を確《たし》かめましょう。

相対的《そうたいてき》……他のものとの関係《かんけい》で成《な》り立《た》っている様子。他のものと比《くら》べたうえで成《な》り立《た》っている様子。
合法《ごうほう》……法律《ほうりつ》で許《ゆる》されていること。またその様子。
足《あし》がすくむ……おそろしさやきんちょうで、足が動かなくなる。

歴史《れきし》の解説《かいせつ》

明治新政府《めいじしんせいふ》の中心人物だった伊藤博文は、ヨーロッパに行き、ドイツの憲法《けんぽう》を学びました。帰国後は、「大日本帝国憲法《だいにっぽんていこくけんぽう》」をつくり上げ、初代内閣総理大臣《しょだいないかくそうりだいじん》となります。

また、お話に出てきたように、このころフグの毒《どく》により中毒死《ちゅうどくし》する人が多く出たため、フグを食べるのは禁止《きんし》されていました。しかし、伊藤博文が下関《しものせき》でフグを食べ、その味に感動し、フグ禁止令《きんしれい》を解《と》きました。

もっと理解《りかい》を深めよう

なぞ21 坂本龍馬《さかもとりょうま》

98〜101ページ

坂本龍馬は、幕末《ばくまつ》に活やくし、江戸幕府《えどばくふ》の終わりや明治政府《めいじせいふ》の誕生《たんじょう》に、大きな影響《えいきょう》をあたえた人物です。

土佐藩《とさはん》（今の高知県《こうちけん》）に生まれた龍馬は、天皇《てんのう》を敬《うやま》い外国を打ちはらう「尊王攘夷《そんのうじょうい》」の運動に加《くわ》わったのち、土佐藩《はん》を飛《と》び出《だ》します。そして江戸で**勝海舟《かつかいしゅう》**と出会い、開国の重要性《じゅうようせい》を知って弟子《でし》になりました。

その後、**亀山社中《かめやましゃちゅう》**（のちの**海援隊《かいえんたい》**）という組織《そしき》をつくった龍馬は、一八六六年、薩摩藩《さつまはん》（今の鹿児島県《かごしまけん》）の**西郷隆盛《さいごうたかもり》**と長州藩《ちょうしゅうはん》（今の山口県《やまぐちけん》）の**桂小五郎《かつらこごろう》**を引き合わせ、**薩長同盟《さっちょうどうめい》**を結《むす》ばせます。この同盟《どうめい》は、やがて幕府《ばくふ》がたおれ、明治政府《せいふ》が誕生《たんじょう》する大きなきっかけのひとつとなりました。

さらに龍馬は、**大政奉還《たいせいほうかん》**（政治《せいじ》の力を幕府《ばくふ》から朝廷《ちょうてい》に返すという宣言《せんげん》）をふくむ、新しい国づくりのための八つの方針《ほうしん》を考え出しました。この方針《ほうしん》を**船中八策《せんちゅうはっさく》**といいます。一八六七年に将軍《しょうぐん》である徳川慶喜《とくがわよしのぶ》は、船中八策の影響《えいきょう》を受けて大政奉還を決意し、江戸幕《ばく》府《ふ》は終わりをむかえました。

こうして、幕末《ばくまつ》の政治《せいじ》の動きに大きな影響《えいきょう》をあたえた龍馬でしたが、大政奉還の一か月後に、京都《きょうと》の近江屋《おうみや》で何者かによって暗殺《あんさつ》されました。

龍馬の持ち物

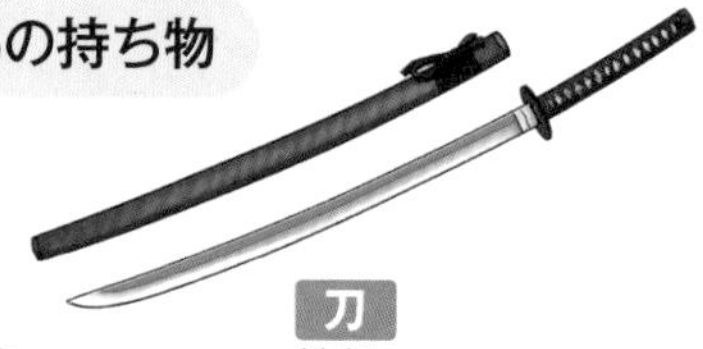

刀

暗殺《あんさつ》されたときに持《む》っていたのは、「陸奥守吉行《つのかみよしゆき》」という刀。

ピストル

寺田屋《てらだや》でおそわれたとき、反撃《はんげき》に使った。

ブーツ

龍馬が写っている写真を見ると、ブーツをはいていることがわかる。

なぞ23 篤姫《あつひめ》

104・105ページ

薩摩藩《はん》の大名《だいみょう》である島津家《しまづけ》の分家に生まれた**篤姫**は、一八五六年に将軍《しょうぐん》の**徳川家定《とくがわいえさだ》**と結婚《けっこん》しました。

篤姫は妻《つま》として将軍《しょうぐん》の家定を支《ささ》えましたが、家定は結婚《けっこん》してわずか二年ほどで亡《な》くなってしまいます。篤姫は島津家から薩摩藩《はん》に帰るよう言われましたが、幕府《ばくふ》を支《ささ》えるために江戸城《えどじょう》に残《のこ》りました。

家定の死から四年がたった一八六二年、将《しょう》軍《ぐん》となった徳川家茂《とくがわいえもち》の元に、皇室《こうしつ》から和宮《かずのみや》がとつぎます。はじめは和宮と仲《なか》がよくなかった篤姫でしたが、のちに協力《きょうりょく》し合って徳川家を支《ささ》えました。

明治時代になってからは、幕府《ばくふ》をたおす勢《せい》力《りょく》の中心だった薩摩藩《はん》とは距離《きょり》を置《お》きながら、徳川家のひとりとして東京でひっそりと暮《く》らし、一八八三年に亡《な》くなりました。

おさらい！歴史《れきし》クイズ

坂本龍馬が、西郷隆盛と桂小五郎に結《むす》ばせた同盟《どうめい》は、なんというものでしょう？

1. 薩長同盟《さっちょうどうめい》
2. 三国同盟《さんごくどうめい》
3. 清州同盟《きよすどうめい》

こたえは140ページ

96ページのこたえ 2

徳川家康《とくがわいえやす》は、関ヶ原《せきがはら》の戦《たたか》いで豊臣家《とよとみけ》に仕《つか》える石田三成《いしだみつなり》の軍《ぐん》をやぶりました。

6章

最後《さいご》の盗品《とうひん》

着々《ちゃくちゃく》と品物を返していく初音《はつね》と空《そら》は、ついに真《ま》木《き》さんの待つ元の時代へ。

窃盗団《せっとうだん》にぬすまれた最後《さいご》のひとつの品物とは、なんでしょうか。

そして、品物を返す仕事を初音と空がたのまれた理由とは？

この冒険《ぼうけん》の本当の目的《もくてき》が明らかになります。

なぞ 26

鹿鳴館《ろくめいかん》の部屋

「カオルがロボットだったなんて……どうしてだまっていたの？」

「現地《げんち》サポーター以外《いがい》の人に未来《みらい》のことを簡単《かんたん》に話すわけにはいかない。歴史《れきし》が変《か》わってしまうかもしれないからだ。今の君たちに想像《そうぞう》できるのは、ペットロボットくらいだろうから、ミーヤのことだけ話したんだよ。」

　初音《はつね》はしぶしぶうなずきます。

「それは、そうだけど……。でもかくしごとなんて、ショックだよ。」

「ぼくにはそういった複雑《ふくざつ》な人間の感情《かんじょう》はわからないんだ。」

　初音はこれまでのカオルの冷《つめ》たい態度《たいど》を思い出して、なんとなくですが納得《なっとく》しました。

　カオルが言います。

「今回は、鹿鳴館《ろくめいかん》へ行って、食堂《しょくどう》にフォークとナイフを返してきてほしい。これが資料《しりょう》だ。」

　鹿鳴館とは、一八八三年にできた、西洋の文化を取り入れた外交のための施設《しせつ》で、政治家《せいじか》やその家族たちが集まっていた社交場です。

　初音は数枚《すうまい》ある資料《しりょう》の写真の中から、一枚《まい》を取り上げました。

「わあ、きれいな女の人。」

「その人は『鹿鳴館の華《はな》』といわれた陸奥亮子《むつりょうこ》だよ。日本の治外法権《ちがいほうけん》をな

学習日 ／

① カオルは、何をおそれて自分がロボットであることをかくしていましたか。□に書きましょう。

□

② 陸奥亮子《むつりょうこ》とはどんな人物ですか。□に当てはまる言葉を文章中から探《さが》して書きましょう。

□の妻《つま》で、□の華《はな》と言われた。

③ 外国人が、他国の法律《ほうりつ》に従《したが》わなくてもいいという権利《けんり》をなんといいますか。文章中から探《さが》して四文字で書きましょう。

□□□□

くすことに成功《せいこう》した政治家《せいじか》、陸奥宗光《むつむねみつ》の奥《おく》さんだ。」

「治外法権《ちがいほうけん》って？」

「外国人は滞在先《たいざいさき》の国の法律《ほうりつ》に従《したが》わなくてもいい、というルールのことだ。外国人が日本で法《ほう》を**犯《おか》して**も日本で裁《さば》くことができなかったんだ。」

「そんなⒶ**横暴《おうぼう》**な……。」

「そのせいでⒷ**こうむった**日本の不利益《ふりえき》は**枚挙《まいきょ》にいとまがない**。それを陸奥宗光たちが無効《むこう》にしたんだ。」

初音と空《そら》がタイムマシンのとびらを開け、鹿鳴館のろうかへ出ると、初音の服は豪華《ごうか》なドレスに変《か》わりました。

「わ、見て見て、お姫《ひめ》さまみたい。」

「本当だ、きれいなドレス。**馬子《まご》にも衣装《いしょう》**だね。」

「失礼《しつれい》な！　私《わたし》もドレスもⒸ**さんぜんと**かがやいているでしょ。」

鹿鳴館の食堂《しょくどう》は、西洋の服装《ふくそう》をした多くの人でにぎわっており、ふたりは難《なん》なくフォークとナイフを返すことができました。

言葉の問題にチャレンジ！

次の言葉の意味に合うものを選び、記号に○をつけましょう。

Ⓐ **横暴《おうぼう》**

ア　近くにいる人がわがままで乱暴《らんぼう》なこと。またその様子。

イ　横なぐりの強い雨風のこと。

ウ　立場などを利用《りよう》してわがままで乱暴《らんぼう》にふるまうこと。またその様子。

Ⓑ **こうむる**

ア　被害《ひがい》などを受ける。また、親切などを受ける。

イ　世の中に出られないようにする。

ウ　目上の人がものをあたえる。

Ⓒ **さんぜんと**

ア　光りかがやく様子。きらめく様子。

イ　値段《ねだん》が高いこと。またその様子。

ウ　たがいに力が同じくらいの様子。優劣《ゆうれつ》がつけにくい様子。

こたえは136ページ

しかし、食堂《しょくどう》の出入り口は混雑《こんざつ》していてなかなか外に出られません。

「Ⓓ**人《ひと》いきれ**で苦しいよ。」

初音《はつね》がそう言ったとき、**見《み》るに見《み》かねた**のか、となりにいた男の人が初音のうでを取って、食堂《しょくどう》の外へ連《つ》れ出《だ》してくれました。初音は言いました。

「ありがとうございます。」

「いいえ、どういたしまして、Ⓔ**初々《ういうい》しい**おじょうさんとぼっちゃん。鹿鳴《ろくめい》館《かん》は初《はじ》めてだね。出口まで案内《あんない》してあげよう。」

男の人は歩きだしました。初音と空《そら》は続《つづ》きます。

空はふと、通りかかった部屋のプレートに目をとめました。

「この部屋、なんだろう？」

そのプレートには「撞球室」と書かれています。初音が言いました。

「球ってことは、球技《きゅうぎ》の部屋？　当然《とうぜん》西洋のものだよね？」

「部屋でやるの？　卓球《たっきゅう》かな？」

「卓球《たっきゅう》はそのまま卓球《たっきゅう》でいいじゃん。これはバレーボールを『排球《はいきゅう》』って書くみたいに、何かカタカナの球技《きゅうぎ》のことなんだよ。」

④ 初音《はつね》が男の人にお礼を言ったのは、初音たちをどこへ連《つ》れ出《だ》してくれたからですか。合うほうを選《えら》んで○をつけましょう。

食堂《しょくどう》の外・鹿鳴館《ろくめいかん》の外

⑤ 正しい組み合わせになるように、上下の言葉を線で結《むす》びましょう。

撞球《どうきゅう》　・　　・バレーボール

排球《はいきゅう》　・　　・ビリヤード

⑥ 初音と空《そら》を出口に案内《あんない》してくれたのはだれでしたか。名前を□に書きましょう。

空はとびらのかぎ穴《あな》から中をのぞいてみました。

「緑っぽい台のようなものが見える。」

「なんだろう？　現代《げんだい》ではⒻ**すたれて**いるスポーツかな？」

男の人がふり返りました。

「どうしたんだい？　その漢字が読めないの？　『どうきゅうしつ』さ。『撞《どう》』は、ものを『つく』という意味だよ。」

つく、という言葉と、緑色の台について初音は考えます。

「初音、小さい球が見える。いろんな色の……球に数字が書いてある。」

「いろんな色の球をつく……球に数字……わかった！　ビリヤードだ。球を棒《ぼう》でついて他の球に当てて穴《あな》に落とし、得点《とくてん》を競《きそ》うゲームだね。」

「あなた、ここにいたの？」

きれいな女の人がやってきました。男の人が言います。

「妻《つま》がむかえにきたようだ。ここで失礼《しつれい》するよ。出口はその先だ。」

仲《なか》**むつまじい**ふたりの姿《すがた》が遠ざかります。初音は気がつきました。

「あ、あの女の人、どこかで見たと思ったら、陸奥亮子《むつりょうこ》だ！」

「ということは、あの男の人が陸奥宗光《むつむねみつ》だったんだね。」

タイムマシンにもどると、初音のドレスは消えてしまいました。

「ドレスが消えちゃった。残念《ざんねん》だな。」

「本当だ。あのドレスは初音にとっても似合《にあ》っていたのにな。」

とつぜんのカオルのほめ言葉に、初音の顔は赤くなりました。

言葉の問題にチャレンジ！

次の言葉を正しい意味で使っている文を選《えら》び、記号に○をつけましょう。

Ⓓ 人《ひと》いきれ

ア　会場は人《ひと》いきれであせばむほどだ。
イ　その部屋にはもっと多くの人《ひと》いきれが入れる。
ウ　そばにいた人の人《ひと》いきれであざができた。

Ⓔ 初々《ういうい》しい

ア　新しいスマートフォンは初々《ういうい》しい。
イ　引《ひ》っ越《こ》しの準備《じゅんび》でみんな初々《ういうい》しい。
ウ　新入生たちはみんな初々《ういうい》しい。

Ⓕ すたれる

ア　彼女《かのじょ》は長い髪《かみ》をすたれた。
イ　地域《ちいき》の行事がすたれる。
ウ　すたれた都会は活気がある。

←こたえは136ページ

なぞ 27 アメリカ留学《りゅうがく》

カオルは初音《はつね》に英語《えいご》の本をわたしました。

「今回は、『女子英学塾《じょしえいがくじゅく》』をつくった津田梅子《つだうめこ》のところへ、この本を返してきてほしい。女性《じょせい》の学校だから初音がひとりで行くのがⒶ**無難**《ぶなん》だろう。」

「津田梅子？　どんな人？」

「幕末《ばくまつ》に江戸《えど》で生まれ、岩倉使節団《いわくらしせつだん》の一員としてアメリカ留学《りゅうがく》をⒷ**つつがなく**果《は》たした女性《じょせい》だ。ヘレン・ケラーやナイチンゲールといった、この当時の有名な女性《じょせい》とも会ったりしている。」

初音が女子英学塾に行くと、庭のあちこちで女性《じょせい》たちがおしゃべりしていました。

初音は、近くにいた女の人に声をかけました。

「すみません、ここは女子英学塾ですか？」

「そうデス。何カ、ご用？」

その人は、見た目は日本人女性《じょせい》そのものなのですが、発音と**イントネーション**が、外国人のようでした。

（英学塾だけあって、アメリカ生まれの日本人とかなのかな？　この時代ではめずらしいⒸ**素性**《すじょう》の人だなあ。）

初音は、その人に言いました。

学習日

／

① 今回、初音《はつね》がカオルにたのまれたのはどんな仕事ですか。

② 津田梅子《つだうめこ》がアメリカ留学《りゅうがく》をするときに加《くわ》わった団体《だんたい》はなんですか。文章中から探《さが》して五文字で書きましょう。

③ 津田梅子の話す日本語の発音が、外国人風だったのはなぜだと考えられますか。合うものを選《えら》んで記号に○をつけましょう。

ア 津田梅子はアメリカで生まれ育ったから。

イ 津田梅子は、アメリカで有名な女性《じょせい》に会ったから。

ウ 津田梅子はまだ小さかったころに、アメリカに留学《りゅうがく》したから。

「津田梅子さんにお会いしたいのですが……。」

「ハイ、私《わたし》デス。」

「えっ、本当に？」

初音は、カオルが、津田梅子は江戸で生まれて、アメリカへ留学《りゅうがく》したと言っていたことを思い出しました。

(留学《りゅうがく》するほど大きくなってからアメリカに行って、日本語のしゃべり方が外国風になることなんてあるのかな？)

そのとき初音は、ふと北条時宗《ほうじょうときむね》のことを思い出しました。初音より年下でしたが、成人《せいじん》の儀式《ぎしき》も結婚《けっこん》もしていました。もしかしたら、留学《りゅうがく》も小学生くらいから参加《さんか》できたのかもしれません。

初音はたずねました。

「あの、何歳《なんさい》のときに、アメリカに行ったのですか？」

「六歳《さい》デス。」

「六歳《さい》！ 小さかったんですね。さみしかったでしょうに……。」

「何歳《さい》デモ、**望郷**《ぼうきょう》の念《ねん》にはかられるものデスヨ。」

初音は、津田梅子に「知らない外国人から返すようたのまれた。」と言って英語《えいご》の本をわたし、タイムマシンにもどりました。

言葉の問題にチャレンジ！

次の言葉の意味に合うものを選《えら》び、記号に○をつけましょう。

Ⓐ 無難《ぶなん》

ア 一番よいこと。できる限《かぎ》りのこと。

イ もっとも悪い状態《じょうたい》であること。またその様子。

ウ 危険《きけん》のないこと。特《とく》にすぐれているわけではないが、悪くもないこと。

Ⓑ つつがない

ア 変《か》わったこともなく、無事《ぶじ》である。

イ 計画通り、立派《りっぱ》にできあがる。

ウ よい結果《けっか》が得《え》られない。しくじる。

Ⓒ 素性《すじょう》

ア 態度《たいど》に表れる、その人固有《こゆう》の特《とく》ちょう。

イ 生まれ。育ち。生まれ育った環境《かんきょう》。

ウ 法律《ほうりつ》で決められた、その国の国民《こくみん》であるという身分。国籍《こくせき》。

← こたえは137ページ

なぞ
28 地図の見方

カオルが困《こま》った顔をしながら操縦室《そうじゅうしつ》から出てきました。

「どうやら、またトラブルが発生したみたいだ。今回は四十五代内閣総理《ないかくそうり》大臣《だいじん》の吉田茂《よしだしげる》に万年筆を返すんだけれど、その場所が不明《ふめい》なんだ。地図には、何か字が書いてあるけれど読めない。」

空《そら》がタイムマシンのモニターに表示《ひょうじ》された地図を見ながら言いました。

「ここが細くなっている。北海道《ほっかいどう》じゃない？　下の部分。」

カオルが北海道の地図をモニターに表示《ひょうじ》して重ねます。

「ちがうみたい。」

空はⒶ**落胆《らくたん》**します。初音《はつね》は考えました。

「吉田茂の行きそうなところから推理《すいり》しようよ。カオル、吉田茂ってどんな人？」

「生まれは東京《とうきょう》、外務大臣《がいむだいじん》を経《へ》て、第二次世界大戦後《だいにじせかいたいせんご》の一九四六年に内閣総理大臣《ないかくそうりだいじん》になった。個性《こせい》

学習日

① トラブルが発生し、今回の仕事の何がわからなくなりましたか。合うものを選《えら》んで○をつけましょう。

だれに・どこで・何を

返すか、わからなくなった。

② モニターに表示《ひょうじ》された地図が、北海道《ほっかいどう》ではないとわかったのはなぜですか。合うものを選《えら》んで記号に○をつけましょう。

ア 地図の下のほうが細くなっていたから。

イ 北海道の地図を重ねたところ、形が合わなかったから。

ウ 吉田茂《よしだしげる》は北海道には行きそうになかったから。

③ 初音《はつね》と空《そら》が吉田茂に万年筆を返したとき、女性《じょせい》には選挙権《せんきょけん》がありましたか。合うほうを選《えら》んで○をつけましょう。

はい・いいえ

的《てき》な人物で、よくⒷ**風刺**《ふうし》まんがに取り上げられていたらしい。万年筆を返しにいくのは、ちょうど女性《じょせい》が選挙権《せんきょけん》を得《え》た最初《さいしょ》の選挙《せんきょ》の期間だよ。」

空は最初《さいしょ》の選挙《せんきょ》と聞いてもピンとこないようです。

「昔の選挙運動《せんきょうんどう》ってどんなことをしていたんだろう？　今はインターネットを利用《りよう》する人も多いし、いろんな方法《ほうほう》で選挙運動《せんきょうんどう》ができるけれど。自分の考えをⒸ**周知**《しゅうち》させるのも一苦労《ひとくろう》だよね。」

カオルは資料《しりょう》を見ながら言いました。

「選挙《せんきょ》は民主主義《みんしゅしゅぎ》の**根幹**《こんかん》だからね。選挙区《せんきょく》の有力者にあいさつしたり、人を集めて演説《えんぜつ》をしたり、**寸暇**《すんか》**を惜**《お》**しんで**活動していたはずだ。」

初音は選挙活動《せんきょかつどう》を頭に思いうかべます。やがてひらめきました。

「選挙区《せんきょく》ってどこ？　政治家《せいじか》は選挙区《せんきょく》で活動するものでしょ。この地図、東京には見えないから、きっと家族の故郷《こきょう》とかゆかりのある場所だよ。」

カオルがデータベースを調べると、吉田茂のお父さんが、高知県宿毛《こうちけんすくも》出身だということがわかりました。

しかし、高知県の地図と一致《いっち》しません。初音は地図を見つめます。

「あっ。もしかして……。カオル、地図を逆《さか》さまにしてみて。」

地図を上下逆《さか》さにすると、高知県宿毛市付近《ふきん》の地図と一致《いっち》しました。

タイムマシンは高知県宿毛市に向かいました。

「ああ、私《わたし》の万年筆だ、ありがとう。」

初音と空は、無事《ぶじ》吉田茂に万年筆を返すことができました。

言葉の問題にチャレンジ！

次の言葉の意味に合うものを選《えら》び、記号に○をつけましょう。

Ⓐ **落胆**《らくたん》
- ア ものごとに熱中《ねっちゅう》して夢中《むちゅう》になること。
- イ 期待通りにならず、がっかりすること。
- ウ 喜《よろこ》んで、すっかり得意《とくい》になること。

Ⓑ **風刺**《ふうし》
- ア 社会や人物の欠点《けってん》を遠回しに批判《ひはん》すること。
- イ 人を笑《わら》わせる冗談《じょうだん》。ギャグ。
- ウ 現実《げんじつ》にはありえないようなことを想像《そうぞう》すること。

Ⓒ **周知**《しゅうち》
- ア たくさんの人の知恵《ちえ》。
- イ 世の中に広く知れわたっていること。
- ウ ものごとの意味がよくわかること。

←こたえは137ページ

なぞ 29

世界へスピーチ

空《そら》はタイムマシンのとびらの前に立っています。

今回は現地《げんち》サポーターのコウキさんとともに英文《えいぶん》の書かれた紙を返します。人気《ひとけ》のないところにタイムマシンで行こうとすると、目的地《もくてきち》から遠い場所になってしまい、到着後《とうちゃくご》、走りださなくてはいけません。

「初音《はつね》もいっしょに行こうよ。」

「いやだよ。到着《とうちゃく》したらすぐに走らなきゃいけないんでしょ。絶対《ぜったい》いや!」

「そんなにいやがらなくても。初音の運動ぎらいはⒶ**筋金入《すじがねい》り**だな。」

空は返す品物の紙を見ます。

「初音、この英文《えいぶん》、なんて書いてあるの? 英語得意《えいごとくい》でしょ?」

「空だって同じ塾《じゅく》に行っているのに……。ちょっと見せて。」

英語《えいご》が好《す》きな初音ですが、書かれている英文《えいぶん》は長く、知らない単語《たんご》もたくさんあります。

「うーん……。"The people of Japan today desire peace for all time……" 日本の人たちは平和がずっと続《つづ》くのを……望《のぞ》んでいます……かな? ここしかわからないや。」

「日本人は平和を望《のぞ》んでいます、か。**尊《とうと》い**言葉だね。でもそれをわざわざ書く必要《ひつよう》がある?(あ) この紙が使われる場所って、どこだろう?」

学習日 ／

① 今回、初音《はつね》はどうして現地《げんち》に行きたくなかったのですか。

② ──(あ) 空《そら》が「日本人は平和を望《のぞ》んでいます」という言葉に対し、「わざわざ書く必要《ひつよう》がある?」と考えたのはなぜですか。空の考えを想像《そうぞう》し、合うものを選《えら》んで記号に○をつけましょう。

ア 尊《とうと》い言葉だから。

イ 当たり前のことだから。

ウ 英語《えいご》で書かれているから。

③ ──(い) 現地《げんち》に着いた空が「ここ、日本じゃない」と思った理由はなんですか。

世界へスピーチ

「さあ、到着《とうちゃく》だ。空、たのんだよ！」

カオルの言葉に、空はⒷ発奮《はっぷん》してタイムマシンを飛《と》び出《だ》しました。

とびらの向こうは、重厚《じゅうこう》そうな建物《たてもの》の中でした。

「うわあ、国会かな？　政治関係《せいじかんけい》のところみたい。」

ところが、しばらく走って人が増《ふ》えてくると、周《まわ》りの人々《ひとびと》はみな外国人でした。しかもいろいろな国の人が集まっているようです。

（い）（ここ、日本じゃないよね。コウキさんは日本人のはずだけど……。）

約束《やくそく》していた場所まで走っていくと、男の人が立っていました。

「はじめまして……ぼくは竹河空《たけかわそら》です。コウキさんですか？」

「そうだよ。急いで！　Ⓒ悠長《ゆうちょう》に自己紹介《じこしょうかい》をしている時間はないんだ。品物を返すことが先決《せんけつ》だ。もう会議《かいぎ》が始まっているんだ。」

コウキさんは走りながら言いました。

「その紙がないと外務大臣《がいむだいじん》がスピーチできない。」

空は自分の持ってきた紙を見ます。

「これ、スピーチ原稿《げんこう》なのか……。ここはどこなんだろう……。」

言葉の問題にチャレンジ！

次の言葉の意味に合うものを選《えら》び、記号に○をつけましょう。

Ⓐ 筋金入《すじがねい》り

ア 体がかたいこと。柔軟性《じゅうなんせい》にとぼしいこと。

イ 考え方がきたえられていて、しっかりしていること。

ウ 物語の骨組《ほねぐ》み。あらすじ。

Ⓑ 発奮《はっぷん》

ア とつぜんのことにおどろくこと。

イ 無理《むり》におしつけられること。強制《きょうせい》されること。

ウ 何かに刺激《しげき》を受けて心をふるい起こすこと。

Ⓒ 悠長《ゆうちょう》

ア 落ち着いて、のんびりしている様子。

イ あわただしく、落ち着きがない様子。

ウ その場ですぐする様子。即席《そくせき》。

← こたえは138ページ

空はすれちがう人たちが持っている書類《しょるい》に目をやりました。みな同じマークのついた書類《しょるい》を持っています。

そのマークは、地球儀《ちきゅうぎ》を上から見たような丸い地図を、小さい葉が並《なら》んだ植物が囲《かこ》んでいるものです。

「あのマーク、どこかで見たな……。たしか外国に関係《かんけい》のあるものだ。コウキさん、ここはどこですか？」

「ここはニューヨークだよ。」

「ニューヨークで日本の外務大臣《がいむだいじん》がスピーチ？　ここはアメリカの外務省《がいむしょう》なのかな。」

走りながらコウキさんは笑《わら》いました。

「アメリカでは外務省《がいむしょう》とはいわない。外交はアメリカの国務省《こくむしょう》が取り仕切っているし、その本部があるのは首都のワシントンD.C.《ディーシー》だよ。」

「そうなんだ……オレひとりだと推理《すいり》もⒹ**はかばかしく**ないな。」

「ここがどこかわからないのかい？　見てごらん、ほらっ。」

コウキさんは目の前の大きなとびらを開けました。そこは舞台《ぶたい》そでのように前方が明るく手前が暗くなっています。

明るいほうに大きな演台《えんだい》があり、その背後《はいご》に先ほどのマークがあります。その光景《こうけい》はテレビで見たことがあるものでした。

「あ、国際連合《こくさいれんごう》の会議場《かいぎじょう》だ。ここで、日本人がスピーチするのか……。」

「今日は、一九五六年十二月十八日、日本の国際連合加盟《こくさいれんごうかめい》が認《みと》められて外務大臣《がいむだいじん》の重光葵《しげみつまもる》が加盟受諾演説《かめいじゅだくえんぜつ》をする日だよ。」

④ 空《そら》が目にとめた、世界地図と植物がえがかれたマークは、なんのマークだとわかりましたか。文章中から探《さが》して四文字で書きましょう。

□□□□

⑤ アメリカの首都はどちらですか。合うほうを選《えら》んで○をつけましょう。

ニューヨーク　・　ワシントンD.C.《ディーシー》

⑥ 空が持っていた紙は、なんでしたか。□に当てはまる言葉を文章中から探《さが》して書きましょう。

日本が□に加盟《かめい》するにあたって、□が国際連合《こくさいれんごう》の会議場《かいぎじょう》で演説《えんぜつ》したときの□

空《そら》は演台《えんだい》のわきに立っている、ちょうネクタイをつけた重光葵外務大臣《がいむだいじん》にこっそりスピーチ原稿《げんこう》をわたします。

「あの、こんなふうに言うのはⒺ**おこがましい**かもしれませんが、**崇高**《すうこう》なスピーチだと思います。がんばってください。」

「ありがとう。行ってくるよ。」

空は、大臣《だいじん》が演説《えんぜつ》を始めるのを見届《みとど》けて、出口に向かいました。

空はタイムマシンにもどると、今回のできごとを初音《はつね》に話しました。

初音はふと不思議《ふしぎ》に思い、言いました。

「現地《げんち》サポーターはそれぞれの時代の重要《じゅうよう》ポイントにいて、歴史《れきし》を守っているんだよね。歴史館《れきしかん》の館長、真木《まき》さんも何かを守っているのかな?」

「そうだなあ。オレたちの近所に、歴史的重要人物《れきしてきじゅうようじんぶつ》が住んでいるとか、事件《じけん》が起こるとか……。」

「近所で**取《と》りざたされる**ような事件《じけん》なんてあったっけ?」

「もしかしたら今後起こるかも。将来《しょうらい》、政治家《せいじか》になりそうな子と今から仲良《なかよ》くしておこうかな。」

「そんな計算高い友情《ゆうじょう》なんて、Ⓕ**嫌悪**《けんお》されるよ。」

言葉の問題にチャレンジ!

次の言葉を正しい意味で使っている文を選《えら》び、記号に○をつけましょう。

Ⓓ はかばかしい
- ア 勉強の進み具合ははかばかしくない。
- イ 彼《かれ》がそんなことを言ったなんてはかばかしい。
- ウ その選手《せんしゅ》は、はかばかしくインタビューにこたえた。

Ⓔ おこがましい
- ア 自分が発言するのはおこがましいと思いつつも意見を述《の》べた。
- イ 彼女《かのじょ》は先輩《せんぱい》におこがましくて、手本にしている。
- ウ その展覧会《てんらんかい》はおこがましかった。

Ⓕ 嫌悪《けんお》
- ア 小さいころ野菜《やさい》が嫌悪《けんお》だった。
- イ 少年は、彼女《かのじょ》に対する嫌悪感《けんおかん》をむき出しにした。
- ウ 仲間外《なかまはず》れにするのは嫌悪《けんお》だ。

こたえは138ページ

なぞ 30

新幹線《しんかんせん》開通《かいつう》～そして現代《げんだい》へ

学習日 ／

「これが君たちの最後《さいご》の仕事だ。」

そう言ってカオルに送り出された初音《はつね》と空《そら》は、東海道新幹線《とうかいどうしんかんせん》が停車《ていしゃ》する東京駅《とうきょうえき》のホームを歩いています。

料理《りょうり》の名前が書かれたメニュー表を返せば、仕事はすべて終了《しゅうりょう》です。

「これが最後《さいご》の仕事か、いろいろあったなあ。でも楽しかったね。」

しみじみ話す空に、初音はⒶ**さとす**ように言いました。

「そういうことは今回の仕事が無事《ぶじ》終わってから言うべきだよ。見て、メニューがあるようなレストランなんて、見当たらないよ。」

ホームのはしからはしまで歩いてみますが、売店しかありません。

新幹線《しんかんせん》が入ってきて、ホームに停車《ていしゃ》しました。ドアが開き、降《お》りてきた乗客たちは**三々五々**《さんさんごご》に散《ち》っていきます。

「空、これが国民《こくみん》Ⓑ**待望**《たいぼう》の超特急列車《ちょうとっきゅうれっしゃ》、0系新幹線《ゼロけいしんかんせん》なんだね。顔が丸いね。」

空は新幹線《しんかんせん》の窓《まど》から中をのぞきます。

「新幹線《しんかんせん》って、来週から始まる一九六四年の東京オリンピックの観客《かんきゃく》のために整備《せいび》されたんだよね。移動時間《いどうじかん》が縮《ちぢ》まると地域**振興**《ちいきしんこう》にも役立つよね。」

初音はカオルからもらったメモを見ました。

「東京・大阪《おおさか》間の移動《いどう》にかかった時間の**変遷**《へんせん》がおもしろいよ。戦前《せんぜん》は八時

①初音《はつね》たちの最後《さいご》の仕事は、どこに何を返す仕事でしたか。

どこ [　　　]

何 [　　　]

②新幹線《しんかんせん》について、正しい説明《せつめい》はどれですか。合うものを選《えら》んで記号に○をつけましょう。

ア 東京《とうきょう》から大阪《おおさか》まで八時間近くかかった。

イ オリンピック開催後《かいさいご》に整備《せいび》された。

ウ 時代が進むにつれ、スピードが速くなった。

③空《そら》が、冬のお弁当《べんとう》が苦手なのはなぜですか。空の発言から考えて、□に書きましょう。

[　　　]

間近くかかっている。それが戦後《せんご》に六時間半くらいになって、この新幹《しんかん》線《せん》の登場で四時間になったんだって。」

「オレたちの時代じゃ二時間半くらいだから、新幹線《しんかんせん》はどんどん速くなっているんだね。この時代では新幹線《しんかんせん》でも四時間かかるのか……。朝の八時に乗っても着くのはお昼の十二時……おなかすいちゃうね。」

「みんな駅弁《えきべん》を買っていたのかな。」

「でもオレ、冬のお弁当《べんとう》は苦手だな。新幹線《しんかんせん》の中で温かいものが食べられたらいいのに。」

「あ、もしかしたら、あるんじゃない？　探《さが》してみよう。」

新幹線《しんかんせん》の中に入り、一両ずつ見ていると、「ビュッフェ車」という車両がありました。軽食をつくっており、乗客は車内で食事ができるようです。

「ここだ、ここのメニューだよ。」

ふたりは©**和《なご》やか**なビュッフェ車のテーブルに、メニューを置《お》きました。

品物をすべて返し終え、タイムマシンは再《ふたた》び現代《げんだい》の歴史館《れきしかん》にもどってきました。

「真木《まき》さん、ただいま！」

「初音ちゃん、空くん、お帰りなさい。よくがんばってくれたわね。」

言葉の問題にチャレンジ！

次の言葉の意味に合うものを選《えら》び、記号に○をつけましょう。

Ⓐ さとす
- ア はっきりと理解《りかい》する。
- イ 目下の人にわかるように言い聞かせる。
- ウ 言いたいことを言う。本心を話す。

Ⓑ 待望《たいぼう》
- ア 待《ま》ち望《のぞ》むこと。
- イ ものがとぼしい状態《じょうたい》をがまんすること。
- ウ 元からの望《のぞ》み。望《のぞ》みを達成《たっせい》して満足《まんぞく》であること。

Ⓒ 和《なご》やか
- ア 静《しず》かでひっそりしている様子。
- イ おだやかな様子。ものやわらかな様子。
- ウ さわがしい様子。

← こたえは139ページ

「すごい大ぼうけんだったよ！　そうだ！　ミーヤを充電《じゅうでん》しなきゃ。」

真木《まき》さんは充電器《じゅうでんき》といっしょに、一冊《さつ》のノートを持ってきました。

「初音《はつね》ちゃん、あなたのノートが落ちていたわよ。」

「あ、私《わたし》のSF《エスエフ》アイディアノート！　落としていたなんてはずかしい。」

空《そら》がノートを横取りします。

「初音の考えたSF小説《エスエフしょうせつ》の**独創的**《どくそうてき》な（D）**構想**《こうそう》が書いてあるんでしょ。見せて。」

初音と空がノートを取り合っているのを見ながら、真木さんは小声でカオルに言いました。

「（あ）最後《さいご》のひとつも無事《ぶじ》返したわよ。これで三十個《こ》すべて終了《しゅうりょう》ね。」

「ありがとう。あのノートは、タイムマシン理論《りろん》の基礎《きそ》となるアイディアが書かれている、重要《じゅうよう》な品物ですからね。」

「初音ちゃんに歴史《れきし》とタイムワープの体験《たいけん》をさせて、かつSF《エスエフ》アイディアノートを返す、難《むずか》しい仕事だったわね。」

「ぼくがロボットだとばれてしまったし、いろいろトラブルもあって（E）**四苦**《しく》**八苦**《はっく》しましたよ。」

充電器《じゅうでんき》につながれたミーヤが動きだしました。

「初音、空、無事《ぶじ》帰ってこられたのね。ふたりとも、ありがとう。」

初音と空は再《ふたた》びミーヤが元気になったので、大喜《おおよろこ》びしました。

空がミーヤの背中《せなか》をなでながら言いました。

「今回、歴史《れきし》を**身をもって**体験《たいけん》して、日本《にほん》の歴史《れきし》に興味《きょうみ》がわいてきたよ。

4 ―（あ）真木《まき》さんがカオルに言った「最《さい》後《ご》のひとつ」とはなんのことですか。

□

5 初音《はつね》と空《そら》が、いろいろなものを元の時代にもどす仕事をたのまれた本当の理由はなんですか。カオルと真木さんの会話から読み取って、合うものを選《えら》んで記号に○をつけましょう。

ア　初音に歴史《れきし》とタイムワープの体験《たいけん》をさせるため。

イ　空に歴史《れきし》とタイムワープの体験《たいけん》をさせるため。

ウ　初音のノートを探《さが》すため。

6 のちにタイムマシン理論《りろん》の基礎《きそ》となるアイディアを考え出したのはだれですか。□に書きましょう。

□

オレ将来《しょうらい》は歴史学者《れきしがくしゃ》になろうかな。」

「そうだね、私《わたし》はタイムマシンに乗れたことがうれしかったな。タイムマシン、私《わたし》が生きている間に開発されるといいな。」

カオルがほほえんで言いました。

「自分でつくれば？」

「そんなの無理《むり》だよ。」

「無理《むり》じゃない。初音ならできるよ。」

「どうして最後《さいご》だけ優《やさ》しいこと言うの？Ⓕ**首尾一貫《しゅびいっかん》**していないよ。」

「そうかな。ぼくはロボットだから、人の気持ちはよくわからないな。じゃあね、初音、空。また未来《みらい》のどこかで会おう。」

カオルはミーヤをだいて、歴史館《れきしかん》のとびらの向こうへ消えました。

初音と空が再《ふたた》びとびらを開けたとき、そこはもう歴《れき》史館《しかん》のろうかが続《つづ》いてるだけでした。

「私《わたし》、タイムマシンをつくる人になる。カオルやミーヤとまた会えるように。」

初音は、そう心にちかいました。

言葉の問題にチャレンジ！

次の言葉を正しい意味で使っている文を選《えら》び、記号に○をつけましょう。

Ⓓ **構想《こうそう》**

ア 彼《かれ》の家は構想《こうそう》マンションの最上階《さいじょうかい》にある。

イ 新しい街づくりの構想《こうそう》を発表した。

ウ 荷物は郵便《ゆうびん》で構想《こうそう》してください。

Ⓔ **四苦八苦《しくはっく》**

ア 語学の習得《しゅうとく》に四苦八苦《しくはっく》した。

イ 四苦八苦《しくはっく》な試験《しけん》を受けた。

ウ 弟は算数が四苦八苦《しくはっく》だ。

Ⓕ **首尾一貫《しゅびいっかん》**

ア 彼《かれ》は首尾一貫《しゅびいっかん》した説明《せつめい》で、みんなを安心させた。

イ その夏の日差《ひざ》しは首尾一貫《しゅびいっかん》が強かった。

ウ 味方の城《しろ》を首尾一貫《しゅびいっかん》した。

← こたえは139ページ

【120・121ページ】

①（初音《はつね》たちに未来《みらい》のことを話して、）歴《れき》史《し》が変《か》わってしまうこと。

※内容《ないよう》が合っていれば正解《せいかい》です。

解《かい》説《せつ》

カオルは、120ページ2・3行目で「未来《みらい》のことを簡単《かんたん》に話すわけにはいかない。歴《れき》史《し》が変《か》わってしまうかもしれないからだ」と言っています。カオルは歴《れき》史《し》が変《か》わるのをおそれて、初音たちにとって未《み》来《らい》のこと（＝自分がロボットであること）をかくそうとしていたのです。

②陸《む》奥《つ》宗《むね》光《みつ》・鹿《ろく》鳴《めい》館《かん》

③治《ち》外《がい》法《ほう》権《けん》

解《かい》説《せつ》

問題文の「外国人が、他国の法律《ほうりつ》に従《したが》わなくてもいいという権利《けんり》」と似《に》た文を探《さが》しながら読むと、121ページ3行目に「外国人は滞在先《たいざいさき》の国の法律《ほうりつ》に従《したが》わなくてもいい、というルールのことだ」という文が見つかります。このルールとは、直前に書いてある「治《ち》外《がい》法《ほう》権《けん》」のことで、指定された文字数とぴったり合います。

言葉の問題にチャレンジ！

Ⓐ ウ

Ⓑ ア

Ⓒ ア

言葉の学習

お話に出てきた言葉の意味を確《たし》かめましょう。

犯《おか》す……してはいけないことをする。

枚《まい》挙《きょ》にいとまがない……たくさんあって数えきれない。

馬《ま》子《ご》にも衣《い》装《しょう》……服装《ふくそう》や外見を整えると、どんな人でも立派《りっぱ》に見えることのたとえ。

【122・123ページ】

④食堂《しょくどう》の外

解《かい》説《せつ》

122ページ7~9行目に「男の人が初音のうでを取って、食堂《しょくどう》の外へ連《つ》れ出《だ》してくれました」とあります。

⑤撞球《どうきゅう》……ビリヤード
排球《はいきゅう》……バレーボール

解《かい》説《せつ》

ふたつともスポーツの名前を漢字で表記したものです。本文を注意深く読んで、どれがどのスポーツを表したものか確《たし》かめましょう。

⑥陸奥宗光

解《かい》説《せつ》

「あなた、ここにいたの?」（123ページ12行目）と、女の人が登場したことで、男の人の名前もわかります。

言葉の問題にチャレンジ！

Ⓓ ア

Ⓔ ウ

Ⓕ イ

解《かい》説《せつ》

「人《ひと》いきれ」は「人が多く集まっていて熱気《ねっき》やにおいでむんむんすること」、「初々《ういうい》しい」は「世の中に慣《な》れておらず幼《おさな》い感じがする」、「すたれる」は「行《おこな》われなくなる。使われなくなる」という意味です。

言葉の学習

お話に出てきた言葉の意味を確《たし》かめましょう。

見《み》るに見《み》かねる……そばで見ていられない。安心して見ていられない。

むつまじい……親しく、仲《なか》のよいこと。またその様子。

歴《れき》史《し》の解《かい》説《せつ》

江《え》戸《ど》時《じ》代《だい》の終わりに、日本は欧米《おうべい》と条約《じょうやく》を結《むす》びます。この「修好通商条約《しゅうこうつうしょうじょうやく》」は、外国からの輸入品《ゆにゅうひん》にかける税金《ぜいきん》を自由に決める権利《けんり》（関税自主権《かんぜいじしゅけん》）が認《みと》められず、外国人が日本で罪《つみ》を犯《おか》しても日本の法律《ほうりつ》でさばくことができない（治外法権《ちがいほうけん》）など、日本に不利《ふり》な内容《ないよう》でした。

この条約改正《じょうやくかいせい》に力をつくしたのが、陸奥宗光と小村《こむら》寿太郎《じゅたろう》という人物です。陸奥宗光は、治外法権《ちがいほうけん》をなくし、小村寿太郎は関税自主権《かんぜいじしゅけん》を回復《かいふく》させました。

なぞ 27・28

こたえと解説《かいせつ》

アメリカ留学《りゅうがく》 124・125ページ
地図の見方 126・127ページ

『124・125ページ』

① 津田梅子《つだうめこ》に英語《えいご》の本を返す仕事。

※内容《ないよう》が合っていれば正解《せいかい》です。

解説《かいせつ》

だれに、何を返すか、という二点をおさえて、こたえを書きましょう。

② 岩倉使節団《いわくらしせつだん》

解説《かいせつ》

カオルは、津田梅子のことを「岩倉使節団《いわくらしせつだん》の一員としてアメリカ留学《りゅうがく》をつつがなく果《は》たした女性《じょせい》」（124ページ5・6行目）と説明《せつめい》しています。

③ ウ

解説《かいせつ》

初音《はつね》が「何歳《なんさい》のときに、アメリカに行ったのですか？」（125ページ16行目）と聞いたのに対して、津田梅子は「六歳《さい》デス」（125ページ17行目）とこたえています。

言葉の問題にチャレンジ！

Ⓐ ウ
Ⓑ ア
Ⓒ イ

言葉の学習

お話に出てきた言葉の意味を確《たし》かめましょう。

イントネーション……言葉を話すときの、声の上がり下がり。

望郷《ぼうきょう》……故郷《こきょう》をなつかしく思うこと。

歴史《れきし》の解説《かいせつ》

津田梅子は、外国の視察《しさつ》を目的《もくてき》とした岩倉使節団《いわくらしせつだん》とともに、六歳《さい》のときにアメリカに留学《りゅうがく》しました。

帰国後、女子英学塾《じょしえいがくじゅく》（現在《げんざい》の津田塾大学《つだじゅくだいがく》）をつくり、女性《じょせい》が活やくできるようにと、新しい女子教育を行《おこな》いました。

『126・127ページ』

① どこで

② イ

解説《かいせつ》

126ページ6～9行目のカオルと空《そら》のやりとりから、空は北海道《ほっかいどう》だと思ったが、そうではなかったことがわかります。

③ はい

解説《かいせつ》

「万年筆を返しにいくのは、ちょうど女性《じょせい》が選挙権《せんきょけん》を得《え》た最初《さいしょ》の選挙《せんきょ》の期間」（127ページ1・2行目）とあり、ふたりが現地《げんち》に行ったときは、女性《じょせい》に選挙《せんきょ》権《けん》があったことがわかります。

言葉の問題にチャレンジ！

Ⓐ イ
Ⓑ ア
Ⓒ イ

言葉の学習

お話に出てきた言葉の意味を確《たし》かめましょう。

根幹《こんかん》……ものごとの一番大切な部分や中心となるもの。

寸暇《すんか》を惜《お》しむ……わずかな時間も大切にする。

歴史《れきし》の解説《かいせつ》

吉田茂《よしだしげる》は、戦後《せんご》に日本の内閣総理大臣《ないかくそうりだいじん》となった人物です。日本国憲法《にほんこくけんぽう》をつくり、戦後《せんご》の日本の復興《ふっこう》に力を注ぎました。アメリカと対等《たいとう》に話し合いを行《おこな》って、「サンフランシスコ平和条約《へいわじょうやく》」「日米安全保障条約《にちべいあんぜんほしょうじょうやく》」を結《むす》び、日本は再《ふた》び独立国《どくりつこく》となりました。

【128・129ページ】

① 走りたくなかったから。
〈現地《げんち》に着いたら走らなければならないから。〉
※内容《ないよう》が合っていれば正解《せいかい》です。

解説《かいせつ》
128ページ5～7行目の初音《はつね》と空《そら》の会話からこたえを導《みちび》き出《だ》しましょう。

② イ

解説《かいせつ》
空の「わざわざ書く必要《ひつよう》がある?」（128ページ16・17行目）という言葉からは、本心では「書く必要《ひつよう》はない」と思っていることがうかがえます。「尊《とうと》い言葉」なのになぜ書く必要《ひつよう》がないかといえば、空が、書くまでもない当たり前のことだと感じていたと考えると自然《しぜん》です。

③ 周《まわ》りの人々《ひとびと》がみんな外国人だったから。
※内容《ないよう》が合っていれば正解《せいかい》です。

解説《かいせつ》
空の「ここ、日本じゃないよね」（129ページ8行目）という言葉の前を読んで、空がそう感じた理由を見つけましょう。

言葉の問題にチャレンジ!

Ⓐ イ

Ⓑ ウ

Ⓒ ア

言葉の学習

お話に出てきた言葉の意味を確《たし》かめましょう。

尊《とうと》い……きわめて価値《かち》が高く、大切にあつかうべきである様子。

先決《せんけつ》……先に決めること。先に解決《かいけつ》すべきこと。

【130・131ページ】

④ 国際連合《こくさいれんごう》

解説《かいせつ》
文章を読み進めると、空が来たのは国際連合の会議《かいぎ》場《じょう》だとわかります。その演台《えんだい》の背後《はいご》にかかげられているのは国際連合のマークです。

⑤ ワシントンD《ディー》.C《シー》.

解説《かいせつ》
ニューヨークは日本でも有名なアメリカの都市ですが、首都ではありません。首都のワシントンD《ディー》.C《シー》.があるのは「（国務省《こくむしょう》の）本部がワシントンD《ディー》.C《シー》.だよ」（130ページ12行目）というコウキさんの言葉に注目して、こたえを選《えら》びましょう。

⑥ 国際連合《こくさいれんごう》・重光葵《しげみつまもる》・スピーチ原稿《げんこう》

解説《かいせつ》
空が持っていた英文の書かれた紙が何であったかは、130ページ20行目～131ページ3行目で明らかになっています。

言葉の問題にチャレンジ!

Ⓓ ア

Ⓔ ア

Ⓕ イ

解説《かいせつ》
「はかばかしい」は「ものごとがよい方向に進んでいる様子」、「おこがましい」は「身《み》の程《ほど》をわきまえない様子。生意気な様子」、「嫌悪《けんお》」は「ひどくきらうこと」という意味です。

言葉の学習

お話に出てきた言葉の意味を確《たし》かめましょう。

崇高《すうこう》……気高くて尊《とうと》いこと。またその様子。

取《と》りざたされる……世間の人にうわさされる。

歴《れき》史《し》の解《かい》説《せつ》

国際連合《こくさいれんごう》とは、世界の平和と安全を守るための組織《そしき》です。日本は、一九五六年に国際連合に加盟《かめい》しました。このとき、ニューヨークにある国際連合の会議場《かいぎじょう》でスピーチを行《おこな》ったのが、外務大臣《がいむだいじん》を務《つと》めていた重光葵でした。重光は、世界に向けて、日本が平和を望《のぞ》んでいることを伝《つた》えました。

なぞ30

こたえと解説《かいせつ》

新幹線《しんかんせん》開通～そして現代《げんだい》へ

132～135ページ

【132・133ページ】

①新幹線《しんかんせん》のビュッフェ車 メニュー（表）

解説《かいせつ》

「メニュー表を返せば、仕事はすべて終了《しゅうりょう》」（132ページ4行目）とあります。ふたりがどこへ返したかは、文章を読み進めて探《さが》しましょう。

②ウ

解説《かいせつ》

㋐の「東京《とうきょう》から大阪《おおさか》まで八時間近く」かかっていたのは戦前《せんぜん》、新幹線《しんかんせん》の登場前のことです。「（新幹線《しんかんせん》は）オリンピックの観客《かんきゃく》のために整備《せいび》された」（132ページ14・15行目）とあり、選択肢《せんたくし》㋑も誤《あやま》りです。

③冬のお弁当《べんとう》は冷《つめ》たいから（冷《つめ》たいものを食べたくないから）。

※内容《ないよう》が合っていれば正解《せいかい》です。

解説《かいせつ》

「新幹線《しんかんせん》の中で温かいものが食べられたらいいのに」（133ページ7・8行目）という発言に注目しましょう。空は、冬の冷《つめ》たいお弁当《べんとう》が苦手だと考えられます。

言葉の問題にチャレンジ！

Ⓐイ　Ⓑア　Ⓒイ

言葉の学習

お話に出てきた言葉の意味を確《たし》かめましょう。

三々五々《さんさんごご》……人がばらばらにちらばって、それぞれ行動する様子。

振興《しんこう》……ものごとがさかんになること。ものごとをにぎわせること。

変遷《へんせん》……時の流れとともに移《うつ》り変《か》わること。

【134・135ページ】

④（初音《はつね》の）SF《エスエフ》アイディアノート

解説《かいせつ》

真木《まき》さんの「最後《さいご》のひとつも無事《ぶじ》返したわよ」（134ページ9行目）という言葉の前を読むと、真木さんがさりげなく初音にノートをわたす場面があります。

⑤ア

⑥初音

解説《かいせつ》

カオルは真木さんとの会話の中で、初音のSF《エスエフ》アイディアノートには「タイムマシン理論《りろん》の基礎《きそ》となるアイディアが書かれている」（134ページ10・11行目）と述べています。この物語で初音たちが各時代《かくじだい》へタイムワープするために利用《りよう》してきたタイムマシンの理論《りろん》は、実は初音自身が考え出したことが明らかになる場面です。

言葉の問題にチャレンジ！

Ⓓイ　Ⓔア　Ⓕア

解説《かいせつ》

「構想《こうそう》」は「考えや計画を組み立ててまとめること。またその考えや案《あん》」、「四苦八苦《しくはっく》」は「とても苦しむこと。とても苦労《くろう》すること」、「首尾一貫《しゅびいっかん》」は「行《おこな》いや考えの筋《すじ》が通っていて、最初《さいしょ》から最後《さいご》まで変《か》わらないこと」という意味です。

言葉の学習

お話に出てきた言葉の意味を確《たし》かめましょう。

独創的《どくそうてき》……人の真似《まね》ではなく自分で新しいものをつくり出す力がある様子。またその力によってつくられたものの様子。

身《み》をもって……自分の体で。実際《じっさい》に体験《たいけん》して。

歴史《れきし》の解説《かいせつ》

一九六四年、東京オリンピックが開かれました。アジアでオリンピックが開かれたのは、このときが初《はじ》めてでした。

東京オリンピックのために、多くの建物《たてもの》が建《た》てられ、道路やトイレ、ガス風呂《ぶろ》などの設備《せつび》が整えられました。東京・新大阪間には東海道新幹線《とうかいどうしんかんせん》が開通し、移動時間《いどうじかん》が短くなりました。

もっと理解《り》《かい》を深めよう

なぞ26 陸奥宗光《むつむねみつ》

120〜123ページ

陸奥宗光は、日本が外国との間で結《むす》ばされていた**不平等条約**《ふびょうどうじょうやく》をやめさせ、平等な条約《じょうやく》を結《むす》ぶことに成功《せいこう》した、明治時代《めいじじだい》の外務大臣《がいむだいじん》です。

一八八四年、宗光は、のちに総理大臣《そうりだいじん》となる**伊藤博文**《いとうひろぶみ》のすすめでヨーロッパに留学《りゅうがく》します。ヨーロッパで進んだ文化や政治《せいじ》の仕組みについて学んだ宗光は、外務省《がいむしょう》の外交官《がいこうかん》となりました。

当時、日本が外国と結《むす》んでいた条約《じょうやく》は、日本にとって不利《ふり》な不平等条約《ふびょうどうじょうやく》ばかりでした。

そんな中、一八八八年に宗光がメキシコと結《むす》んだ条約《じょうやく》は、日本にとって初《はじ》めての平等条約《びょうどうじょうやく》でした。

その後、外務大臣《がいむだいじん》となった宗光は、外国との間で結《むす》んでいた不平等条約《ふびょうどうじょうやく》をやめさせ、新しく平等条約《びょうどうじょうやく》を結《むす》ばせることに力を入れます。そして、一八九四年にイギリスとの条約《じょうやく》の一部を改正《かいせい》し、**治外法権**《ちがいほうけん》をなくすことに成功《せいこう》しました。その後も宗光はさまざまな国と平等条約《びょうどうじょうやく》を結《むす》んでいきます。こうして宗光の活やくで、日本は世界の国々《くにぐに》と平等な立場で付《つ》き合《あ》えるようになったのです。

なぞ27 津田梅子《つだうめこ》

124・125ページ

津田梅子は、日本で初《はじ》めての本格的《ほんかくてき》な女子《じょし》教育機関《きょういくきかん》である**女子英学塾**《じょしえいがくじゅく》（のちの津田塾大学《つだじゅくだいがく》）をつくり、日本の女子教育の先がけといわれるようになった人物です。

梅子は、わずか六歳《さい》のときに、海外を視察《しさつ》する岩倉使節団《いわくらしせつだん》とともに、アメリカに留学《りゅうがく》しました。

アメリカにわたった梅子は、外国の新しい文化やキリスト教などについて学び、十一年後に帰国します。その後、再《ふたた》びアメリカに留《りゅう》学《がく》して帰国した梅子は、日本で女子の教育が軽んじられていることを残念《ざんねん》に思い、女子のための本格的《ほんかくてき》な学校をつくることを決意します。そして、多くの人々《ひとびと》の協力《きょうりょく》を得《え》て、一九〇〇年に女子英学塾をつくりました。

梅子は、女子教育に対する功績《こうせき》により、二〇二四年につくられる新しいお札《さつ》に、肖像《しょうぞう》が使われることが決まっています。

おさらい！歴史《れき》《し》クイズ

一方の国にとって不利《ふり》な条約《じょうやく》のことをなんというでしょう？

1 **和親条約**《わしんじょうやく》
2 **修好通商条約**《しゅうこうつうしょうじょうやく》
3 **不平等条約**《ふびょうどうじょうやく》

こたえは30ページ

118ページのこたえ 1

坂本龍馬《さかもとりょうま》は、薩摩藩《さつまはん》の西郷隆盛《さいごうたかもり》と長州藩《ちょうしゅうはん》の桂小《かつらこ》五郎《ろう》に薩長同盟《さっちょうどうめい》を結《むす》ばせました。

物語には、
さまざまな文化が
登場しました。
その中には、
現代《げんだい》に
受けつがれている
文化も多くあります。
くわしく
見てみましょう。

なぞ11 小《こ》笠懸《かさがけ》

54～57ページ

武士《ぶし》たちの間では、走っている馬の上から矢を放ち、的《まと》を射《い》る**笠懸**が、武術《ぶじゅつ》のけいことしてさかんに行《おこな》われていました。笠懸は、左右にある三つの笠《かさ》や革製《かわせい》の的《まと》を射《い》るのが特《とく》ちょうです。鎌倉時代《かまくらじだい》には特《とく》にさかんになり、犬に矢を当てる**犬追物**《いぬおいもの》、片側《かたがわ》にある板の的《まと》に矢を当てる**流鏑馬**《やぶさめ》とともに「**騎射三物**《きしゃみつもの》」と呼《よ》ばれました。

なぞ12 雅楽《ががく》

58～61ページ

雅楽は、大陸《たいりく》から伝《つた》わった日本の古典音楽《こてんおんがく》です。いつごろ伝《つた》わったのかはわかっていませんが、平安時代《へいあんじだい》には、すでに宮廷《きゅうてい》の儀式《ぎしき》のときや貴族《きぞく》の集まりなどで、さかんに演奏《えんそう》されるようになっていました。現在《げんざい》は、主に宮《く》内庁《ないちょう》の式部職楽部《しきぶしょくがくぶ》で演奏《えんそう》されています。笙《しょう》や竜笛《りゅうてき》、ひちりきなどの笛《ふえ》の他、楽琵琶《がくびわ》や箏《そう》などの弦楽器《げんがっき》、たいこなどの打楽器《だがっき》が使われるのが特《とく》ちょうで、楽器演奏《がっきえんそう》のみの「管弦《かんげん》」と、いっしょに舞《まい》が行《おこな》われる「舞楽《ぶがく》」があります。

なぞ15 お茶

66～69ページ

お茶を楽しむ習慣《しゅうかん》は、平安時代に始まりました。その後、鎌倉時代には、飲んだ茶の銘《めい》柄《がら》を当てる「闘茶《とうちゃ》」が流行し、室町時代半《むろまちじだいなか》ばになると、質素《しっそ》さを大切にする**わび茶**《ちゃ》が始まりました。安土桃山時代《あづちももやまじだい》に千利休《せんのりきゅう》がわび茶《ちゃ》をさらに発展《はってん》させ、茶道を完成《かんせい》させました。

なぞ16 動物の肉

76・77ページ

仏教《ぶっきょう》が広《ひろ》く信《しん》じられていた日本では、戦国《せんごく》時代《じだい》から江戸時代《えどじだい》まで、動物の肉を食べることがたびたび禁止《きんし》されてきました。しかし、商人たちは肉を流通させるために別《べつ》の名前で呼《よ》び、肉とばれないようにしてこっそり売り出していました。馬の肉はさくら、シカの肉はもみじ、イノシシの肉はぼたんなど、植物の名前で呼《よ》んでいました。

年号の覚《おぼ》え方《かた》

何年にどんなできごとが起こったか、ごろ合わせ（数字を言葉で表すこと）で覚《おぼ》えることができます。

794年　都が平安京《へいあんきょう》に移《うつ》る。

▼鳴く《な》よ（7《な》9《く》4《よ》）ウグイス平安京

894年　遣唐使《けんとうし》が廃止《はいし》される。

▼白紙（8《は》9《く》4《し》）にもどす遣唐使

1549年　キリスト教が伝来《でんらい》する。

▼以後《いご》よく（1《い》5《ご》4《よ》9《く》）来るよ宣教師《せんきょうし》

さくいん

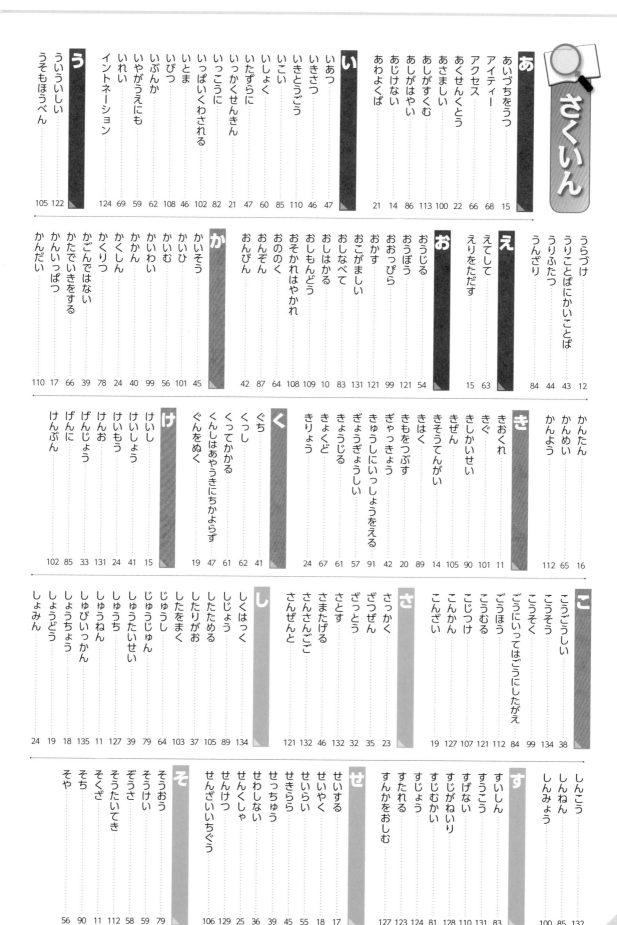

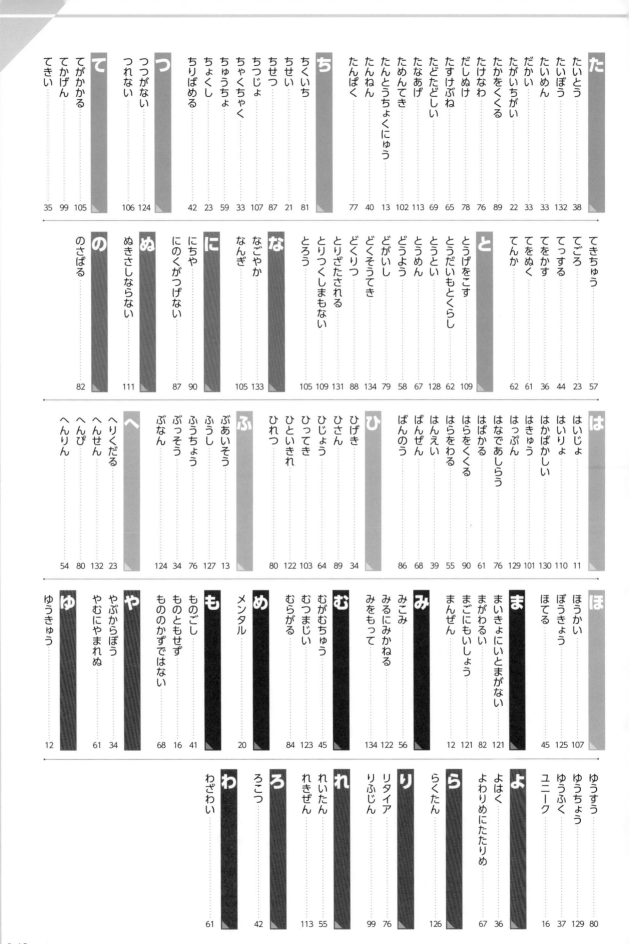

監修者

陰山 英男（かげやま ひでお）

1958年、兵庫県生まれ。小学校教員時代、反復学習や規則正しい生活習慣の定着で基礎学力の向上を目指す「陰山メソッド」を確立し、脚光を浴びる。百ます計算や漢字練習の反復学習、そろばん指導やICT機器の活用など、新旧を問わずさまざまな学習法を積極的に導入し、子どもたちの学力向上を実現している。
現在、教育クリエイターとして講演会などで活躍するほか、全国各地で教育アドバイザーなどにも就任。子どもたちの学力向上のための指導を精力的に行っている。
著書に『陰山メソッド　たったこれだけプリント』(小学館)、『早ね早おき朝5分ドリル』シリーズ(学研プラス)他多数。

本郷 和人（ほんごう かずと）

1960年、東京都生まれ。1979年、東京大学入学。歴史の研究者になろうと思い立つ。1983年、東京大学文学部を卒業し、大学院へ。1988年、東京大学の史料編纂所に助手として入所。現在も史料編纂所に所属、教授として指導を行っている。鎌倉時代の細かな資料の分析を仕事とする。1996年に『中世朝廷訴訟の研究』という本を出して博士（文学）になる。最近は、みんなに歴史を楽しんでもらいたいと願い、テレビ出演や講演もこなしている。本を書くかたわら、歴史マンガやアニメ、ドラマなどにも関わっている。著書に『日本史のツボ』（文藝春秋）、監修書に『日本の歴史大事典 人物＆エピソード』（ナツメ社）他多数。

物語

萩原 弓佳（はぎわら ゆか）

大阪府出身。2014年、第16回創作コンクールつばさ賞童話部門優秀賞受賞。2016年、受賞作品『せなかのともだち』(PHP研究所)でデビュー。同作で第28回ひろすけ童話賞受賞。他著書に『しんぶんのタバー』『リバース　逆転、裏切り、予想外の「もうひとつの物語」』(PHP研究所)がある。日本児童文芸家協会会員。

挿絵

十々夜（ととや）

京都府出身のイラストレーター。表情豊かな、あたたかみのあるタッチで、児童書の装画や挿絵を数多く手がけている。代表作に、『アンティークFUGA』シリーズ（岩崎書店）、『妖怪道中三国志』シリーズ（あかね書房）、近作に『ストーリーで楽しむ伝記』シリーズ内『空海』『土方歳三』（岩崎書店）、『キセキのスパゲッティー』（フレーベル館）などがある。

歴史解説イラスト　小咲さと
本文デザイン・DTP　白石 友（Red Section）
校正　村井みちよ
編集協力　株式会社童夢、菊池麻祐、漆原泉、加藤千鶴、嵩瀬ひろし、山内ススム
編集担当　小髙真梨（ナツメ出版企画株式会社）

読解力《どっかいりょく》と語彙力《ごいりょく》を鍛《きた》える！

なぞ解《と》きストーリードリル　小学歴史《しょうがくれきし》

2020年8月4日　初版発行

監修者　陰山英男《かげやまひでお》、本郷和人《ほんごうかずと》
物　語　萩原弓佳《はぎわらゆか》
発行者　田村正隆

発行所　株式会社ナツメ社
東京都千代田区神田神保町1-52　ナツメ社ビル1F（〒101-0051）
電話 03-3291-1257（代表）　FAX 03-3291-5761
振替 00130-1-58661

制　作　ナツメ出版企画株式会社
東京都千代田区神田神保町1-52　ナツメ社ビル3F（〒101-0051）
電話 03-3295-3921（代表）

印刷所　図書印刷株式会社

ISBN978-4-8163-6877-6　Printed in Japan
本書に関するお問い合わせは、上記、ナツメ出版企画株式会社までお願いいたします。
〈定価はカバーに表示してあります〉
〈乱丁・落丁本はお取り替えします〉

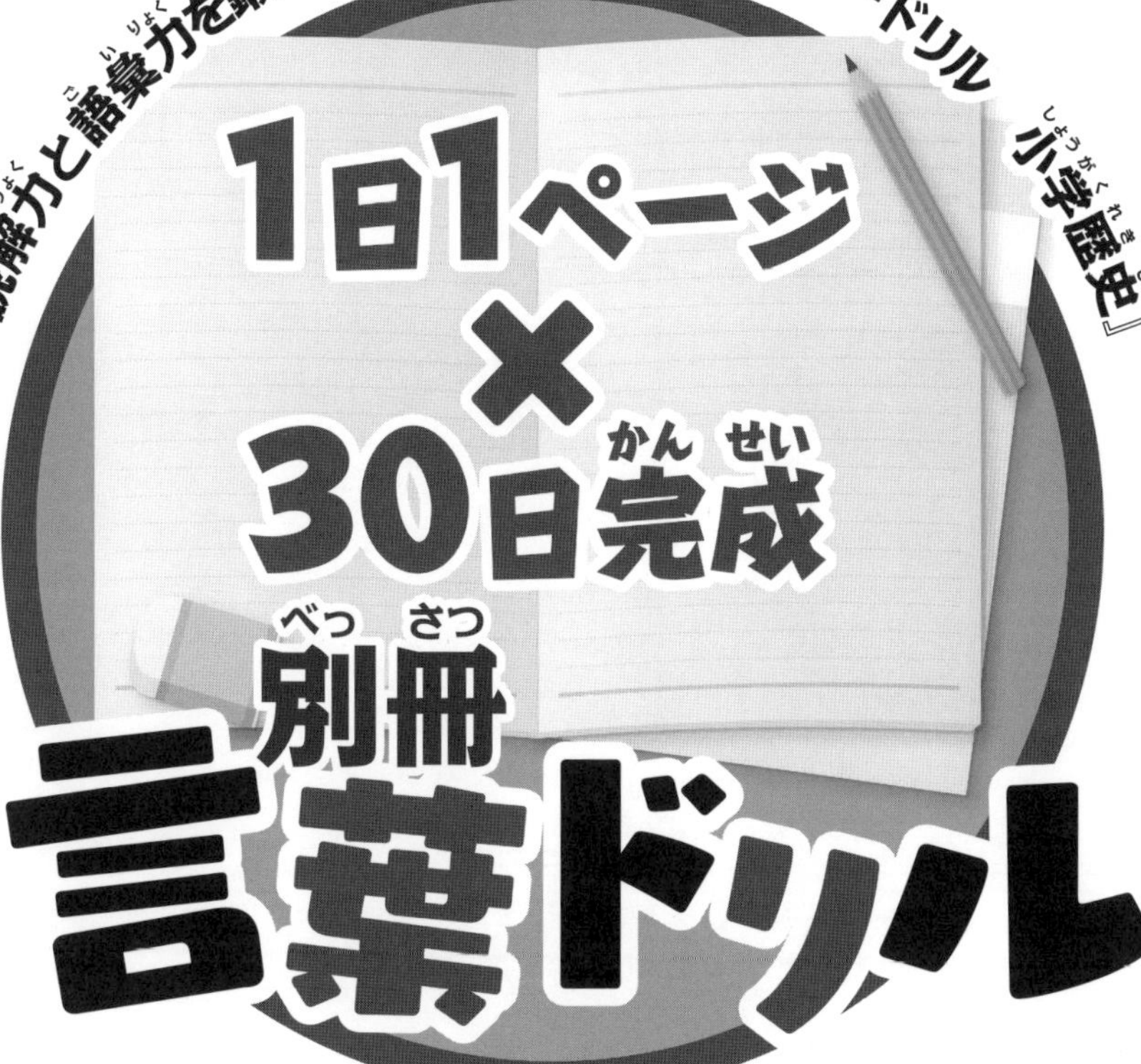

『読解力《どっかいりょく》と語彙力《ごいりょく》を鍛《きた》える！　なぞ解《と》きストーリードリル　小学歴史《しょうがくれきし》』

1日1ページ × 30日完成《かんせい》

別冊《べっさつ》 言葉ドリル

『なぞ解《と》きストーリードリル』を解《と》き終《お》えたら、
次はこのドリルに挑戦《ちょうせん》しよう！
1日1ページ取り組むことを目標《もくひょう》にしてね。
問題のこたえは、次のページの下にのせているので、
解《と》いたらこたえ合わせをしよう。

1 10～13ページの復習《ふくしゅう》
新しい語句《ごく》を覚《おぼ》えよう①

学習日

復習《ふくしゅう》 **1** □に当てはまる言葉を□から選《えら》び、記号を書きましょう。

(1) 彼《かれ》のお金に対する□は異常《いじょう》で、見ていておそろしい。

(2) □に言って、君のうそはみんなにばれているよ。

(3) □の時をかけてつくり出された風景《ふうけい》に感動した。

(4) 母に理由をたずねられたけれど、□にはこたえられなかった。

(5) ただ□と本を読んでいても、身にならないと思う。

(6) 友だちの家が大きく立派《りっぱ》で、私《わたし》は少し□してしまった。

㋐ **気《き》おくれ** ㋑ **単刀直入《たんとうちょくにゅう》** ㋒ **執念《しゅうねん》**
㋓ **漫然《まんぜん》** ㋔ **即座《そくざ》** ㋕ **悠久《ゆうきゅう》**

新しい語句《ごく》① **2** 次の意味に合う言葉を選《えら》び、記号に○をつけましょう。

(1) 感情《かんじょう》が高ぶって、正しい判断力《はんだんりょく》を失《うしな》う。
㋐ **血迷《ちまよ》う** ㋑ **血《ち》がさわぐ**

(2) 相手に気に入られようと、きげんを取る。
㋐ **目《め》くじらを立《た》てる** ㋑ **こびる**

(3) いい加減《かげん》な返事。はっきりしない返事。
㋐ **生返事《なまへんじ》** ㋑ **二《ふた》つ返事《へんじ》**

(4) 階段《かいだん》の途中《とちゅう》にある、他の段《だん》より少し広く場所を取った平らなところ。
㋐ **床《とこ》の間《ま》** ㋑ **おどり場《ば》**

(5) 木の枝《えだ》に実などが豊《ゆた》かに実り、重みでしなる様子。
㋐ **しんなり** ㋑ **たわわ**

(6) まるで目の前に見えるかのように、はっきりと思いうかべる様子。
㋐ **まざまざ** ㋑ **夢《ゆめ》うつつ**

(7) 過《す》ぎ去《さ》ったことや、遠くはなれている人、場所をなつかしい気持ちで思い出す。
㋐ **しのぶ** ㋑ **目星《めぼし》をつける**

30 **31ページのこたえ**

1 (1) ㋑ (2) ㋖ (3) ㋓ (4) ㋔ (5) ㋐ (6) ㋕ (7) ㋒

2 (1) ㋓ (2) ㋕ (3) ㋐ (4) ㋒ (5) ㋔ (6) ㋑

2 14～17ページの復習《ふくしゅう》 新しい語句《ごく》を覚《おぼ》えよう②

学習日 ／

復習《ふくしゅう》 **1** 文に合う言葉を選《えら》び、記号に○をつけましょう。

(1) 父がまじめな顔で話しだしたので、思わず［㋐ **うでをみがいて** ㋑ **えりを正《ただ》して**］聞いた。

(2) 小テストを［㋐ **軽視《けいし》** ㋑ **後押《あとお》し**］して、成績《せいせき》が下がってしまった。

(3) 犯人《はんにん》がにげようとしているところを［㋐ **間一髪《かんいっぱつ》** ㋑ **手持《ても》ちぶさた**］でつかまえることができた。

(4) こみ上げてくるいかりを［㋐ **煙《けむ》に巻《ま》く** ㋑ **制《せい》する**］ことができなかった。

(5) 野菜《やさい》ばかり食べるのは［㋐ **味気《あじけ》ない** ㋑ **よそよそしい**］。

(6) 弟は足のけがを［㋐ **つぶさに** ㋑ **物《もの》ともせず**］一等賞《いっとうしょう》を取った。

新しい語句《ごく》② **2** (1)～(8)の言葉の意味に合うものを㋐～㋗から選《えら》び、線でつなぎましょう。

(1) **毛《け》ぎらい** •　　• ㋐ お金や行動で、過《あやま》ちや罪《つみ》をうめ合わせること。

(2) **理詰《りづ》め** •　　• ㋑ 足の裏《うら》のくぼみ。

(3) **つぐない** •　　• ㋒ きれいに着かざる。また、それらしくふるまう。

(4) **興《きょう》ざめ** •　　• ㋓ はっきりした理由もなく、感情的《かんじょうてき》にきらうこと。

(5) **めかす** •　　• ㋔ 楽しい気分やおもしろみ、興味《きょうみ》がなくなること。

(6) **うらぶれる** •　　• ㋕ 落ちぶれて、みじめな状態《じょうたい》になる。

(7) **見《み》せしめ** •　　• ㋖ 理屈《りくつ》をおし通して議論《ぎろん》を進めていくこと。

(8) **土《つち》ふまず** •　　• ㋗ 厳《きび》しく罰《ばっ》する様子を人に見せ、本人や他の人を戒《いまし》めること。

1 2ページのこたえ

1 (1) ㋒ (2) ㋑ (3) ㋕ (4) ㋔ (5) ㋓ (6) ㋐

2 (1) ㋐ (2) ㋑ (3) ㋐ (4) ㋑ (5) ㋑ (6) ㋐ (7) ㋐

3 18〜21ページの復習《ふくしゅう》
新しい語句《ごく》を覚《おぼ》えよう③

学習日 ／

復習《ふくしゅう》 **1** □に当てはまる言葉を選《えら》び、記号を書きましょう。

(1) かき氷は、夏という季節《きせつ》を□する食べ物のひとつだ。

ア **創造《そうぞう》**　イ **象徴《しょうちょう》**　ウ **調合《ちょうごう》**

(2) 新しいデータと古いデータが□して、整理がつかない。

ア **混在《こんざい》**　イ **立《た》ち往生《おうじょう》**　ウ **物別《ものわか》れ**

(3) 試験《しけん》の前は、決まってきんちょうでおなかが痛《いた》くなるから、□をきたえる必要《ひつよう》がある。

ア **インスピレーション**　イ **モチベーション**　ウ **メンタル**

(4) まんがをかいて出版社《しゅっぱんしゃ》に送れば、□まんが家になれるかもしれないと思ったが、期待通りにはいかなかった。

ア **けんもほろろ**　イ **まことしやか**　ウ **あわよくば**

(5) 母は□を夢見《ゆめみ》て、宝《たから》くじを買った。

ア **大義名分《たいぎめいぶん》**　イ **一攫千金《いっかくせんきん》**　ウ **一日千秋《いちじつせんしゅう》**

新しい語句《ごく》③ **2** (1)〜(7)は□の中のどの言葉の説明《せつめい》ですか。選《えら》んで□に記号を書きましょう。

(1) ものごとが終わったあとに、心の中に残《のこ》る心配や不安《ふあん》。 □

(2) ものごとを別《べつ》の面からより確《たし》かにすること。 □

(3) 意見が合わないことについて、たがいに歩《あゆ》み寄《よ》って解決《かいけつ》すること。 □

(4) まずいものなどを食べたあとに、その味を消すために別《べつ》のものを食べたり飲んだりすること。 □

(5) あたえられた役目が、実力に比《くら》べて軽すぎること。 □

(6) 手品などのしかけを明らかにして、説明《せつめい》すること。また、かくされた裏《うら》の事情《じじょう》を説明《せつめい》すること。 □

(7) 前もって知らせないで、とつぜん行《おこな》うこと。 □

ア **妥協《だきょう》**　イ **種明《たねあ》かし**
ウ **口直《くちなお》し**　エ **ぬき打《う》ち**
オ **しこり**　カ **役不足《やくぶそく》**
キ **裏打《うらう》ち**

2 3ページのこたえ

1 (1) イ (2) ア (3) ア (4) イ (5) ア (6) イ

2 (1) エ (2) キ (3) ア (4) オ (5) ウ (6) カ (7) ク (8) イ

4 22・23ページの復習《ふくしゅう》 新しい語句《ごく》を覚《おぼ》えよう④

学習日 ／

復習《ふくしゅう》 **1** 次の言葉を正しい意味で使っている文を選《えら》び、記号に○をつけましょう。

(1) **手《て》ごろ**
㋐ この参考書《さんこうしょ》は、わかりやすいうえに、手《て》ごろな値段《ねだん》だ。
㋑ 今回は負けたが、次回への手《て》ごろを感じた。

(2) **たがいちがい**
㋐ たがいちがいな言《い》い訳《わけ》にあきれてしまった。
㋑ ケーキの上に、いちごとぶどうをたがいちがいにのせる。

(3) **錯覚《さっかく》**
㋐ 今日は日曜日なのに、土曜日だと錯覚《さっかく》していた。
㋑ 彼《かれ》は気があらいので、周《まわ》りから錯覚《さっかく》されている。

(4) **悪戦苦闘《あくせんくとう》**
㋐ 体力の限界《げんかい》を感じ、悪戦苦闘《あくせんくとう》を決意する。
㋑ 悪戦苦闘《あくせんくとう》したが、弟はすばらしい作品を完成《かんせい》させた。

(5) **直視《ちょくし》**
㋐ 彼女《かのじょ》は愛犬《あいけん》が死んだという事実を直視《ちょくし》できなかった。
㋑ くまがにげたというニュースは直視《ちょくし》だった。

新しい語句《ごく》④ **2** 次の㋐・㋑は、同じ読みの言葉です。(1)〜(6)の文に合うように、どちらかの言葉を選《えら》んで□に記号を書きましょう。

意味
㋐ **変《か》わる** ➡ 変化《へんか》する。見た目や様子が前とちがった状態《じょうたい》になる。
㋑ **代《か》わる** ➡ 交代する。地位《ちい》や役目を別《べつ》の人に移《うつ》す。

(1) 選挙《せんきょ》が行《おこな》われて、市長が□。

(2) 秋になると、木の葉が紅葉《こうよう》して色が□。

(3) リトマス紙が赤から青に□。

(4) 石油に□エネルギーが必要《ひつよう》だ。

(5) 時代とともに、流行は□。

(6) ピンチの場面でエースの投手に□。

---

3 4ページのこたえ

1 (1) ㋑ (2) ㋐ (3) ㋒ (4) ㋒ (5) ㋑

2 (1) ㋔ (2) ㋖ (3) ㋐ (4) ㋒ (5) ㋕ (6) ㋑ (7) ㋓

5 24・25ページの復習《ふくしゅう》 新しい語句《ごく》を覚《おぼ》えよう⑤

学習日 ／

復習《ふくしゅう》 1

ヒントの意味に合う言葉を[ ]から選《えら》び、□にひらがなで書きましょう。

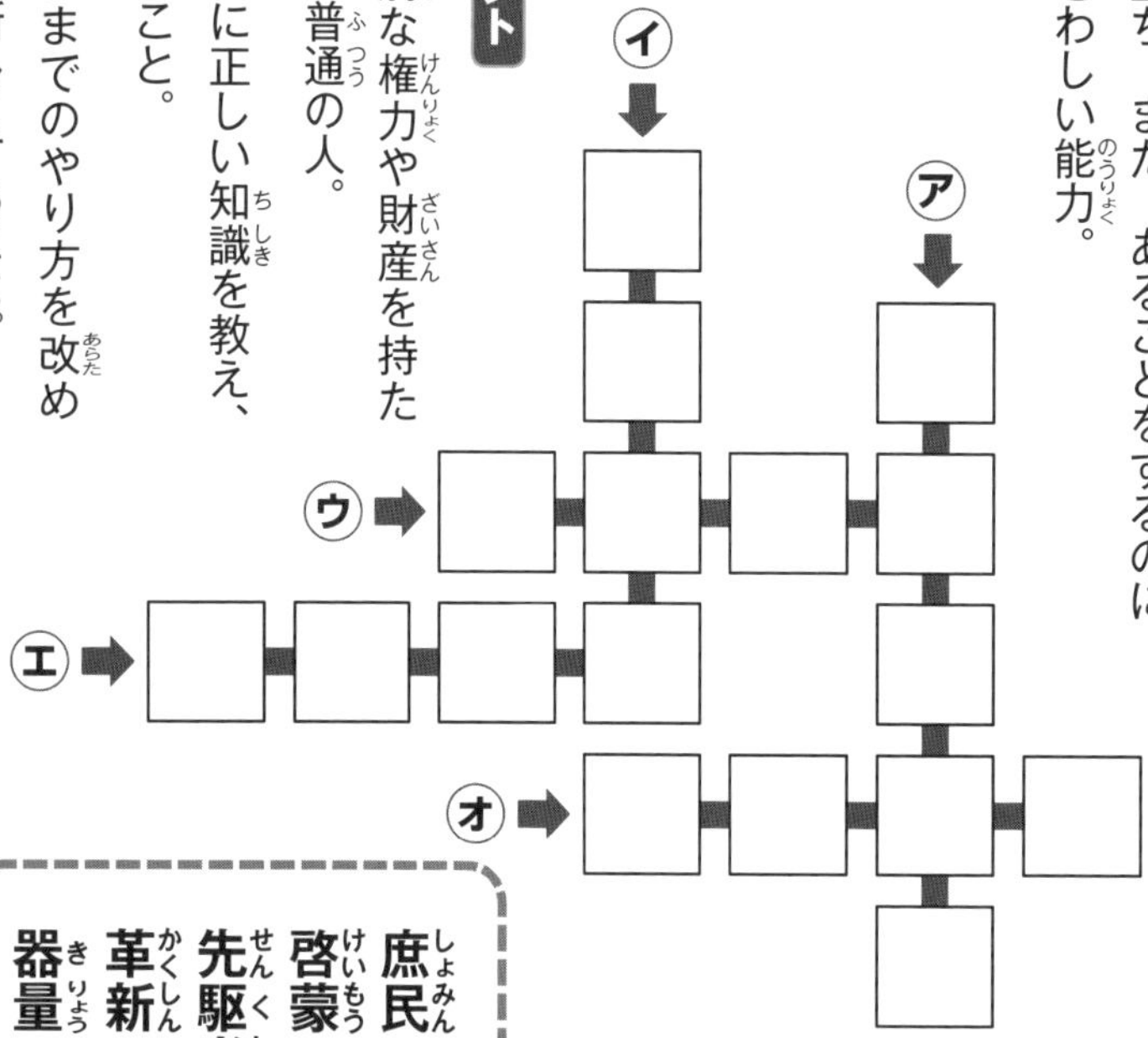

縦《たて》のヒント

ア 他人に先立って、新しいことを始める人。

イ 顔立ち。また、あることをするのにふさわしい能力《のうりょく》。

横のヒント

ウ 特別《とくべつ》な権力《けんりょく》や財産《ざいさん》を持たない普通《ふつう》の人。

エ 人々《ひとびと》に正しい知識《ちしき》を教え、導《みちび》くこと。

オ これまでのやり方を改《あらた》めて、新しくすること。

庶民《しょみん》　啓蒙《けいもう》　革新《かくしん》　先駆者《せんくしゃ》　器量《きりょう》

新しい語句《ごく》⑤ 2

(1)〜(7)の意味に合う言葉をア〜キから選《えら》び、線でつなぎましょう。

(1) 計画を立て、目標《もくひょう》を実現《じつげん》するための方法《ほうほう》を考える。 ・　・ ア おごる

(2) ふさわしい人やものごとを推薦《すいせん》する。 ・　・ イ 推《お》す

(3) かげで人をあやつって使うこと。 ・　・ ウ 説《と》きふせる

(4) 心や行《おこな》いが正しくないこと。 ・　・ エ 図《はか》る

(5) 地位《ちい》や権力《けんりょく》、才能《さいのう》などをほこり、人を見下してわがままなふるまいをする。 ・　・ オ 差《さ》し金《がね》

(6) かざり気《け》がなく、口数が少ないこと。 ・　・ カ ぼくとつ

(7) 相手にしっかり説明《せつめい》して、自分の考えに従《したが》わせる。 ・　・ キ よこしま

4 5ページのこたえ

1 (1) ア (2) イ (3) ア (4) イ (5) ア

2 (1) イ (2) ア (3) ア (4) イ (5) ア (6) イ

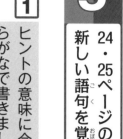

6 32～35ページの復習《ふくしゅう》 新しい語句《ごく》を覚《おぼ》えよう⑥

学習日 ／

復習《ふくしゅう》

1 表の中の漢字を使って、意味に合う二字熟語《にじじゅくご》をつくりましょう。また、残《のこ》った漢字とひらがなを組み合わせて、言葉をつくりましょう。

(例《れい》) よくないことが起こりそうな危険《きけん》な様子。 → 物《ぶっ》騒《そう》

(1) 現在《げんざい》の状態《じょうたい》。 → ［　　］

(2) 多くの人でこみ合《あ》うこと。 → ［　　］

(3) 困《こま》った状況《じょうきょう》を解決《かいけつ》に導《みちび》くこと。 → ［　　］

(4) 悲しい、つらいできごと。 → ［　　］

騒《そう》	現《げん》	ぶ
か	打《だ》	棒《ぼう》
劇《げき》	物《ぶつ》	雑《ざつ》
開《かい》	や	状《じょう》
踏《とう》	悲《ひ》	ら

残《のこ》りを組み合わせてできる言葉 ［　　］

新しい語句⑥

2 次の四字熟語《よじじゅくご》の意味に合うものを選《えら》び、記号に○をつけましょう。

(1) **一世一代《いっせいちだい》**
- ア 永遠《えいえん》に家族に伝《つた》わっていくもの。
- イ 一生に一度だけであること。

(2) **七転八倒《しちてんばっとう》**
- ア 何度失敗《しっぱい》してもくじけず、ふるい立つこと。
- イ 転げまわって苦しむこと。

(3) **公明正大《こうめいせいだい》**
- ア 公平で、正しくものごとが行《おこな》われること。
- イ 明るく心の広い人。

(4) **晴耕雨読《せいこううどく》**
- ア 世間のわずらわしさからはなれ、自由気ままにのんびり暮《く》らすこと。
- イ 晴れた日も雨の日もよく働《はたら》くこと。

(5) **栄枯盛衰《えいこせいすい》**
- ア 謙虚《けんきょ》さを忘《わす》れて足をすくわれる様子。
- イ 栄《さか》えたりおとろえたりすること。

(6) **古今東西《ここんとうざい》**
- ア 広く知られている様子。
- イ いつでも、どこでも。昔から今まで。

---

5 6ページのこたえ

1 ア せんくしゃ イ きりょう ウ しょみん エ けいもう オ かくしん

2 (1) エ (2) イ (3) オ (4) キ (5) ア (6) カ (7) ウ

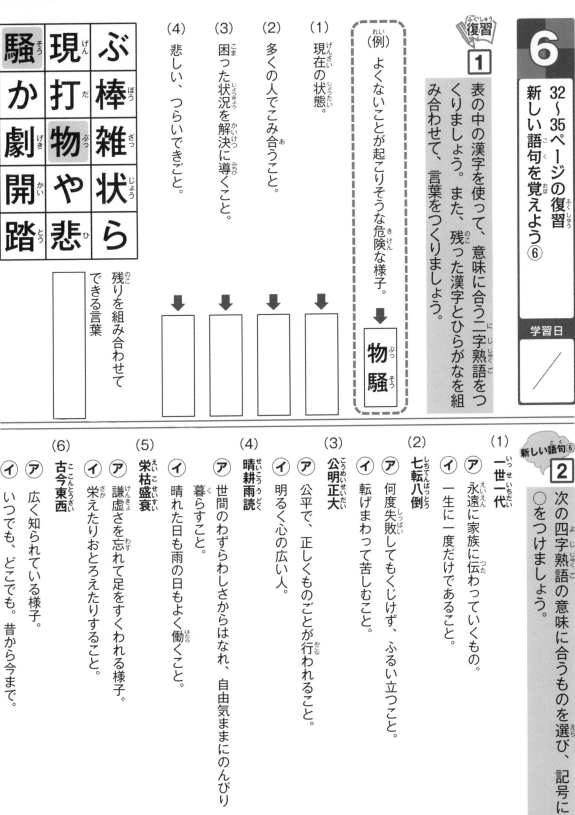

7 36・37ページの復習《ふくしゅう》 新しい語句《ごく》を覚《おぼ》えよう⑦

学習日

復習《ふくしゅう》 1

(1)～(5)の意味に合う言葉を選《えら》びながら、迷路《めいろ》を進みましょう。

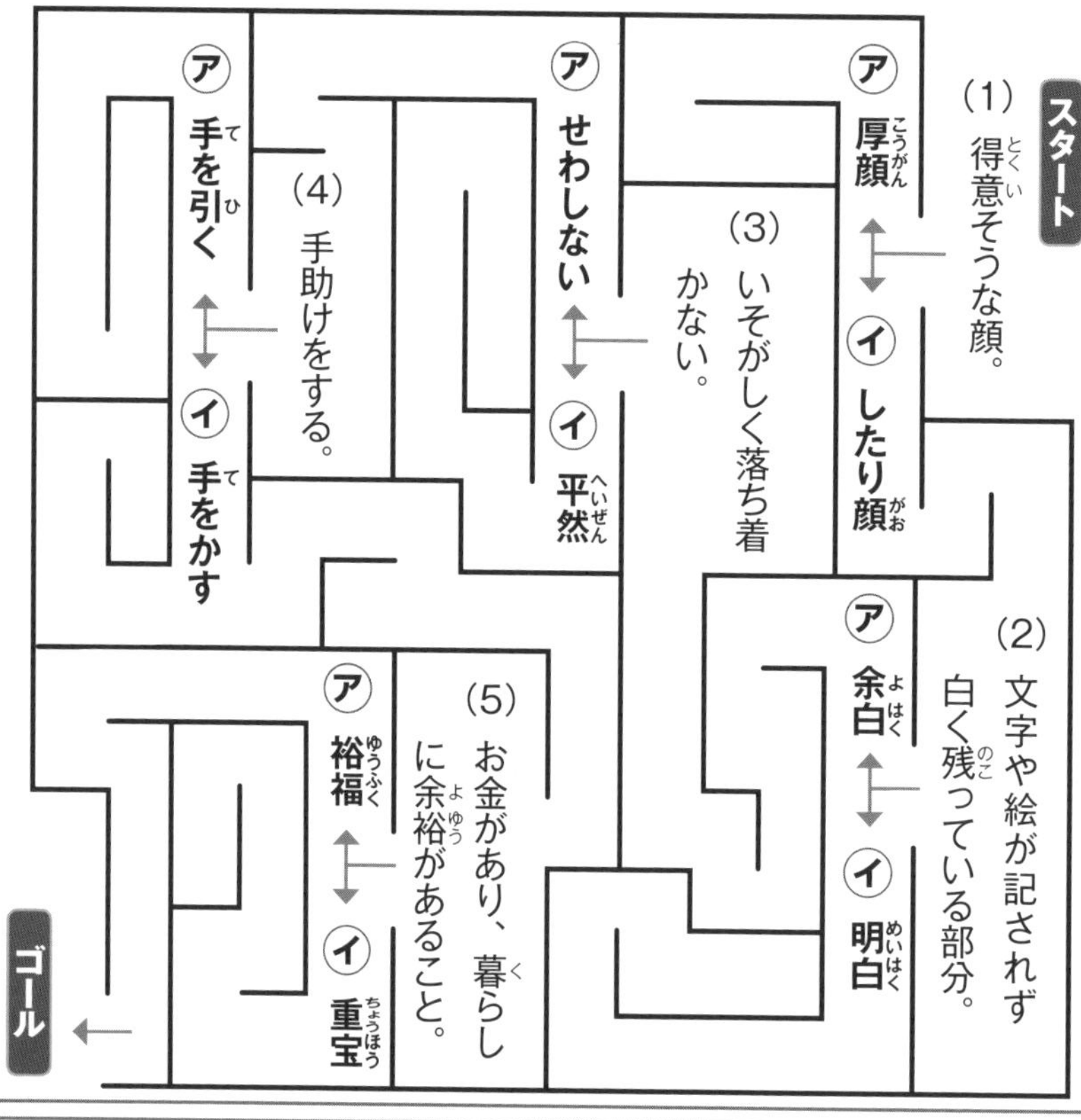

新しい語句《ごく》⑦ 2

次の意味に合う言葉を選《えら》び、記号に○をつけましょう。

(1) 考えや態度《たいど》がはっきりしない。
ア **つむじを曲《ま》げる**　イ **煮《に》え切《き》らない**

(2) 人をばかにして、悪口を言ったり笑《わら》ったりする。
ア **あざける**　イ **うそぶく**

(3) 細かな差《さ》は気にしないで、全部同じようにあつかう様子。
ア **一概《いちがい》に**　イ **一糸乱《いっしみだ》れず**

(4) ねばり強く、手ごわい様子。
ア **歯《は》に衣着《きぬき》せぬ**　イ **したたか**

(5) 本心ではないことが見えすいている様子。
ア **よそよそしい**　イ **しらじらしい**

(6) 気がふさいで何をするのもめんどうに感じられること。
ア **物憂《ものう》い**　イ **せっぱつまる**

(7) 行動や言葉にうそがあることが見えすいている様子。
ア **そらぞらしい**　イ **たどたどしい**

6 7ページのこたえ

1 (1) 現状《げんじょう》 (2) 雑踏《ざっとう》 (3) 打開《だかい》 (4) 悲劇《ひげき》　できる言葉：やぶから棒《ぼう》

2 (1) イ (2) イ (3) ア (4) ア (5) イ (6) イ

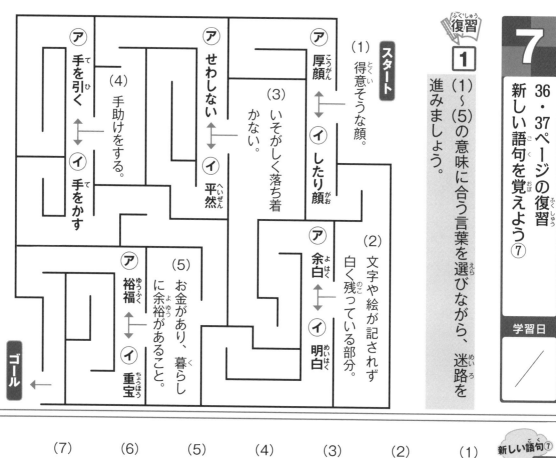

8 38・39ページの復習《ふくしゅう》 新しい語句《ごく》を覚《おぼ》えよう⑧

学習日 ／

復習《ふくしゅう》 1 文に合う言葉を選《えら》び、記号に○をつけましょう。

(1) 和風と洋風を［㋐ 折衷《せっちゅう》 ㋑ 相殺《そうさい》］したすばらしい建物《たてもの》だ。

(2) 彼《かれ》の一言がトラブルをまねいたと言っても［㋐ 過不足《かふそく》ない ㋑ 過言《かごん》ではない］。

(3) 生徒《せいと》の意見を［㋐ 感化《かんか》 ㋑ 反映《はんえい》］させて、制服《せいふく》が新しくなった。

(4) 雪をいただく美しい富士山《ふじさん》は［㋐ 神々《こうごう》しい ㋑ かまびすしい］。

(5) 長年の恐竜《きょうりゅう》の研究を［㋐ 集大成《しゅうたいせい》 ㋑ 分断《ぶんだん》］して、一冊《さつ》の本にまとめた。

新しい語句《ごく》⑧ 2 次の言葉と反対の意味の言葉を［　］から選《えら》び、記号を書きましょう。

(1) 自分ひとりの考え方や感じ方に基《もと》づく様子。 **主観的《しゅかんてき》** ⇔ □ 自分の考えにとらわれずに、ものごとを考える様子。

(2) 十分に成長《せいちょう》すること。 **成熟《せいじゅく》** ⇔ □ 成長《せいちょう》が足りていないこと。

(3) ものごとが早く進むように働《はたら》きかけること。 **促進《そくしん》** ⇔ □ おさえてとどめること。

(4) 報酬《ほうしゅう》をはらわないこと。無料《むりょう》。 **無償《むしょう》** ⇔ □ 受けた利益《りえき》に報《むく》いること。有料《ゆうりょう》。

(5) 自分が他人よりもおとっているという感情《かんじょう》。 **劣等感《れっとうかん》** ⇔ □ 自分が他人よりすぐれているという感情《かんじょう》。

［㋐ 優越感《ゆうえつかん》 ㋑ 抑制《よくせい》 ㋒ 客観的《きゃっかんてき》 ㋓ 有償《ゆうしょう》 ㋔ 未熟《みじゅく》］

7 8ページのこたえ

1 (1) ㋑ (2) ㋐ (3) ㋐ (4) ㋑ (5) ㋐

2 (1) ㋑ (2) ㋐ (3) ㋐ (4) ㋑ (5) ㋑ (6) ㋐ (7) ㋐

9 40～43ページの復習《ふくしゅう》 新しい語句《ごく》を覚《おぼ》えよう⑨

学習日 ／

復習《ふくしゅう》 1

――線部の言葉の意味と同じ文を選《えら》び、記号に○をつけましょう。

(1) **売《う》り言葉《ことば》に買《か》い言葉《ことば》**で話にならない。

㋐ 相手の話を聞かずに話《はな》し続《つづ》ける
㋑ 相手のひどい言葉に対して、同じような調子で言い返す
㋒ うそばかりつく

(2) 宝石《ほうせき》を**ちりばめた**ような美しい星空。

㋐ あちこちに散《ち》らしてはめこんだ
㋑ 細かくくだいた
㋒ 規則《きそく》正しく並《なら》べた

(3) 姉は**物腰《ものごし》**がやわらかいが、しっかり者だ。

㋐ 人に対する態度《たいど》や話し方
㋑ 持っている雰囲気《ふんいき》
㋒ 相手への気配り

(4) 昔から伝《つた》わる祭りの伝統《でんとう》を**継承《けいしょう》**していきたい。

㋐ くり返す
㋑ 文章に残《のこ》す
㋒ 受けつぐ

(5) 資料《しりょう》をひとつひとつ**丹念《たんねん》**に調べた。

㋐ 急ぎ足で
㋑ 細かいところまで気を配って
㋒ こっそりと

新しい語句《ごく》⑨ 2

(1)～(8)の言葉の意味に合うものを㋐～㋗から選《えら》び、線でつなぎましょう。

(1) **弱肉強食《じゃくにくきょうしょく》**
(2) **主客転倒《しゅかくてんとう》**
(3) **私利私欲《しりしよく》**
(4) **四面楚歌《しめんそか》**
(5) **三寒四温《さんかんしおん》**
(6) **天変地異《てんぺんちい》**
(7) **大義名分《たいぎめいぶん》**
(8) **付和雷同《ふわらいどう》**

㋐ 周《まわ》りが敵《てき》ばかりで、味方がいないこと。
㋑ 自然界《しぜんかい》に起こる異変《いへん》や災害《さいがい》。
㋒ 何かを行《おこな》うにあたっての、はっきりとした理由。
㋓ 弱い者の犠牲《ぎせい》によって強い者が栄《さか》えること。
㋔ 冬に三日寒い日が続《つづ》くと、その後四日あたたかい日が続《つづ》き、これをくり返すこと。
㋕ ものごとの順序《じゅんじょ》や立場が逆《ぎゃく》になること。
㋖ 自分にしっかりした考えがなく、すぐ他人の意見に従《したが》うこと。
㋗ 自分の利益《りえき》だけを追求《ついきゅう》する身勝手な気持ち。また、その気持ちを満《み》たすための行動。

8 9ページのこたえ

1 (1) ㋐ (2) ㋑ (3) ㋑ (4) ㋐ (5) ㋐
2 (1) ㋒ (2) ㋔ (3) ㋑ (4) ㋓ (5) ㋐

10 44～47ページの復習
新しい語句《ごく》を覚《おぼ》えよう⑩

学習日 ／

復習《ふくしゅう》

1 □に当てはまる言葉を□から選《えら》び、記号を書きましょう。

(1) 文化祭では裏方《うらかた》に□ことにした。

(2) 人前で話すと、はずかしさで顔が□。

(3) リードにつながれた犬が、□するようになっている。

(4) 彼《かれ》は、彼女《かのじょ》のきげんが悪そうなので、話しかけるのをやめたようだ。□だ。

(5) 本を読んで感じたことを、□に書いた。

(6) 友だちに□を告《つ》げる。

ア 赤裸々《せきらら》　イ ほてる　ウ いとま
エ 威圧《いあつ》　オ 徹《てっ》する
カ 君子《くんし》は危《あや》うきに近寄《ちかよ》らず

新しい語句《ごく》⑩

2 (1)～(7)の意味に合う言葉をア～コから選《えら》んで□に記号を書き、ブロックに色をぬりましょう。全部ぬると、どんなアルファベットが現《あらわ》れますか。

(1) 大勢《おおぜい》で特定《とくてい》の人を厳《きび》しく責《せ》める。

(2) それ以上《いじょう》、その場にとどまっていられない。

(3) 相手の弱点やすきをとらえて、たくみに利用《りよう》する。

(4) 相手が寛大《かんだい》なのをいいことに、わがままな言動をする。

(5) うそを言ったり、ごまかしたりして人をだます。

(6) 得意《とくい》そうに見せびらかす。じまんする。

(7) よく燃《も》えず、けむりがたくさん出る。また、表に出てこないで、内側《うちがわ》にこもっている。

イ つけいる
ア たぶらかす
ウ つるしあげる
オ 無下《むげ》にする
ケ めでる
キ いたたまれない
カ ひけらかす
ク そねむ
エ くすぶる
コ つけあがる

(1)□ (2)□ (3)□ (4)□ (5)□ (6)□ (7)□

アルファベット□

9 10ページのこたえ

1 (1) イ (2) ア (3) ア (4) ウ (5) イ

2 (1) エ (2) カ (3) ク (4) ア (5) オ (6) イ (7) ウ (8) キ

11 54～57ページの復習《ふくしゅう》 新しい語句《ごく》を覚《おぼ》えよう⑪

学習日 ／

復習《ふくしゅう》 **1** ――線部の言葉と似《に》た意味の言葉を［　］から選《えら》び、□に記号を書きましょう。

(1) 明日の朝には、雨は上がる**見通《みとお》し**だ。 □

(2) 予想が**当《あ》たり**、雨が上がった。 □

(3) 彼《かれ》は見た目は素敵《すてき》なのに、**下品《げひん》**な話し方をする。 □

(4) さわいでいたら、**冷《ひ》ややか**な目で見られてしまった。 □

(5) 観客《かんきゃく》の声援《せいえん》に、手をふって**こたえる**。 □

(6) ちょっとした集まりのわりに、ずいぶん**大《おお》げさな**かざりつけだ。 □

(7) ぼくは、**生《う》まれつき**あわてんぼうだ。 □

> ㋐ **粗野《そや》**　㋑ **応《おう》じる**　㋒ **冷淡《れいたん》**　㋓ **見《み》こみ**
> ㋔ **生来《せいらい》**　㋕ **的中《てきちゅう》**　㋖ **仰々《ぎょうぎょう》しい**

新しい語句《ごく》⑪ **2** 意味に合う言葉になるように、□に入る生き物を選《えら》んで記号を書きましょう。

(1) 子どもは、親と似《に》たようになるものだ。
かえるの子《こ》は□　㋐ かえる　㋑ おたまじゃくし

(2) その道にすぐれた人でも、時には失敗《しっぱい》することがある。
□**も木《き》から落《お》ちる**　㋐ 鳥　㋑ さる

(3) 場所がとてもせまいこと。
□**の額《ひたい》**　㋐ ねこ　㋑ 犬

(4) まだ確《たし》かでないものをあてにして、計画を立てること。
取《と》らぬ□**の皮算用《かわざんよう》**　㋐ きつね　㋑ たぬき

(5) 手に入れそこなったものは、実際《じっさい》よりも立派《りっぱ》なものに思える。
にがした□**は大《おお》きい**　㋐ うさぎ　㋑ 魚

(6) 風呂《ふろ》に入っても、あっという間に出てきてしまうこと。
□**の行水《ぎょうずい》**　㋐ からす　㋑ すずめ

(7) 少しの元手や、少しの力で、大《おお》きな利益《りえき》を得《え》ること。
□**で**□**をつる**　㋐ えび　㋑ 貝　㋒ さば　㋓ たい

10 11ページのこたえ

1 (1) ㋔ (2) ㋑ (3) ㋓ (4) ㋕ (5) ㋐ (6) ㋒

2 (1) ㋒ (2) ㋖ (3) ㋑ (4) ㋙ (5) ㋐ (6) ㋕ (7) ㋓　アルファベット：E

復習《ふくしゅう》

12 58～61ページの復習《ふくしゅう》 新しい語句《ごく》を覚《おぼ》えよう⑫

学習日　／

1

ヒントの□に合う言葉になるように、A～Gにひらがなを書きましょう。

縦《たて》のヒント

(2) □気持ちが高まる。

(5) 今までと比《くら》べると□の作品だ。

(6) 周《まわ》りの人の目を□ように小声で話す。

(1)わ	ざ	A	(2) B							
			(3) C	む	に	や	D	れ	ぬ	
			が							
		(4)そ	E	け	(5)い					
			え		し			(6)は		
			に		ょ			ば		
			も		(7) F	っ	て	G	か	る
								る		

横のヒント

(1) □が起こらないように、おいのりする。

(3) □理由で出かけなければいけない。

(4) そんなふうに決めてしまうのは□だ。

(7) 納得《なっとく》できなくて□。

新しい語句《ごく》⑫ 2

(1)～(7)の言葉の意味に合うものを㋐～㋖から選《えら》び、線でつなぎましょう。

(1) **地獄《じごく》で仏《ほとけ》に会ったよう** ・

(2) **親《おや》の心《こころ》子《こ》知《し》らず** ・

(3) **勝《か》ってかぶとの緒《お》をしめよ** ・

(4) **枯《か》れ木《き》も山《やま》のにぎわい** ・

(5) **漁夫《ぎょふ》の利《り》** ・

(6) **多勢《たぜい》に無勢《ぶぜい》** ・

(7) **覆水盆《ふくすいぼん》に返《かえ》らず** ・

・㋐ 戦《たたか》いに勝っても油断《ゆだん》せず、気を引きしめよ。

・㋑ 争《あらそ》っている人たちのすきを見て、第三者が苦労《くろう》せずに利益《りえき》を得《え》ること。

・㋒ 一度してしまったことは取り返しがつかないということ。

・㋓ 少人数で大勢《おおぜい》に立ち向かってもかなわないということ。

・㋔ 苦しいときに、思いがけず助けにあった喜《よろこ》びのたとえ。

・㋕ たとえつまらないものでも、ないよりはいいということ。

・㋖ 親がいくら思っても、子は気づかず好《す》き勝手《かって》にするものだということ。

11 12ページのこたえ

1 (1) ㋓ (2) ㋕ (3) ㋐ (4) ㋒ (5) ㋑ (6) ㋖ (7) ㋔

2 (1) ㋐ (2) ㋑ (3) ㋐ (4) ㋑ (5) ㋑ (6) ㋐ (7) ㋐、㋓

13 62・63ページの復習　新しい語句《ごく》を覚《おぼ》えよう⑬

学習日　／

復習《ふくしゅう》 1 文に合う言葉を選《えら》び、記号に○をつけましょう。

(1) 海外旅行をして［ア 敵意《てきい》　イ 奇想天外《きそうてんがい》　ウ 異文化《いぶんか》］にふれたい。

(2) 探《さが》し物《もの》がこんなところにあったなんて、［ア 馬子《まご》にも衣装《いしょう》　イ 弱《よわ》り目《め》にたたり目《め》　ウ 灯台下暗《とうだいもとくら》し］だ。

(3) 他の人に責任《せきにん》を［ア 啓蒙《けいもう》　イ 転嫁《てんか》　ウ 波及《はきゅう》］するなんて、ひどい。

(4) 大人は［ア えてして　イ 身《み》をもって　ウ あわよくば］、頭がかたいものだ。

(5) このあたりでは、［ア 悲劇《ひげき》　イ 屈指《くっし》　ウ 憩《いこ》い］の強いチームだ。

新しい語句《ごく》⑬ 2 次の言葉の意味に合うものを選《えら》び、記号に○をつけましょう。

(1) **折悪《おりあ》しく**
ア たたみ方が悪いことに。
イ タイミングが悪いことに。あいにく。

(2) **至難《しなん》のわざ**
ア きわめて難《むずか》しいこと。
イ 最高《さいこう》の技術《ぎじゅつ》。

(3) **一筋縄《ひとすじなわ》ではいかない**
ア ひとりでは計画が実行できない。
イ 普通《ふつう》の方法《ほうほう》ではうまくいかない。

(4) **板《いた》ばさみ**
ア ふたつの立場の間で、どちらにも味方できずになやむこと。
イ ふたつの立場の間で、仲《なか》をとりもつこと。

(5) **ごぼうぬき**
ア 多くの中から順《じゅん》に引きぬくこと。また、一気に追いぬくこと。
イ ゆっくり時間をかけて追いぬくこと。

(6) **虎《とら》の子《こ》**
ア たくさんの人に見せびらかしたいもの。
イ 大切にして手放さないもの。

12 13ページのこたえ

1 Aわ　Bい　Cや　Dま　Eう　Fく　Gか

2 (1) オ　(2) キ　(3) ア　(4) カ　(5) イ　(6) エ　(7) ウ

14 64・65ページの復習《ふくしゅう》
新しい語句《ごく》を覚《おぼ》えよう⑭

学習日　／

復習《ふくしゅう》

1 (1)〜(4)の文に合うように言葉をつくりながら、表の中を縦《たて》、横に進みましょう。できた言葉を□にひらがなで書きましょう。

ゴール ←　　　← スタート

か	ん	ぶ	(3)じ	い	め	し	い	じ	例《れい》ひ
い	す	(4)た	ゅ	れ	ん	ろ	そ	ょ	さ
ぶ	け	し	う	ば	(2)か	く	(1)お	う	し
ね	ね	さ	が	ん	さ	の	の	り	ぶ

(例《れい》) そんな［ひ］［じ］［ょ］［う］なことはできない。

(1) カバのかむ力の強さに［お］□□□。

(2) すばらしい音楽に［か］□□□を受けた。

(3) 速さよりていねいさを［じ］□□□する。

(4) 困《こま》っている相手に［た］□□□□を出す。

新しい語句《ごく》⑭

2 意味に合う言葉になるように、□に入る言葉を[　]から選《えら》び、記号を書きましょう。

(1) 小さな努力《どりょく》でもこつこつと積《つ》み重《かさ》ねれば、成功《せいこう》につながる。　**雨《あま》だれ□をうがつ**

(2) 知っているとおこりたくなるが、知らなければ平気でいられる。　**知《し》らぬが□**

(3) 似《に》たようなものごとが次々《つぎつぎ》と起こる。　**雨後《うご》の□**

(4) 人の好《この》みはさまざまだ。　**たで食《く》う□も好《す》き好《ず》き**

(5) とてもいやそうな顔つき。　**□をかみつぶしたような**

(6) どれもこれも同じようで、特《とく》にすぐれたものがない。　**□の背比《せいくら》べ**

(7) 危険《きけん》で安心できない様子。　**ねこに□**

(8) いくら貴重《きちょう》なものでも、その価値《かち》がわからない人には意味がない。　**ぶたに□**

[㋐ **仏《ほとけ》**　㋑ **虫《むし》**　㋒ **苦虫《にがむし》**　㋓ **石《いし》**　㋔ **真珠《しんじゅ》**　㋕ **たけのこ**　㋖ **どんぐり**　㋗ **かつおぶし**]

13 14ページのこたえ

1 (1) ㋒ (2) ㋒ (3) ㋑ (4) ㋐ (5) ㋑

2 (1) ㋑ (2) ㋐ (3) ㋑ (4) ㋐ (5) ㋐ (6) ㋑

15 66〜69ページの復習《ふくしゅう》 新しい語句《ごく》を覚《おぼ》えよう⑮

学習日　／

復習《ふくしゅう》 1

文に合うように、上下の［　］の中から正しい言葉を選《えら》び、記号に○をつけましょう。

（1）何度も走ったので、［ア 肩《かた》で／イ 口《くち》で］［ア 話《はな》をしていた／イ 息《いき》をしていた］。

（2）ねぼうをしたうえに、筆箱が見つからないなんて［ア 当《あ》たり目《め》に／イ 弱《よわ》り目《め》に］［ア たたり目《め》／イ はずれ目《め》］だ。

（3）コンピュータが好《す》きなので、大きくなったら、［ア I《アイ》／イ J《ジェイ》］［ア T《ティー》／イ Q《キュー》］関係《かんけい》の仕事をしたい。

（4）このくらいの宿題の量《りょう》なんて、ぼくにとっては［ア 何《なん》の／イ 物《もの》の］［ア 数《かず》ではない／イ 敵《てき》ではない］。

（5）早《はや》寝《ね》早《はや》起《お》きをして、よく食べているから体調は［ア 十《じゅう》／イ 万《ばん》］［ア 強《きょう》／イ 全《ぜん》］だ。

新しい語句《ごく》⑮ 2

意味に合う言葉になるように、数字を［　］から選《えら》び、□に書きましょう。数字は何回でも使えて、使わない数字もあります。

（1）がまん強くしんぼうすれば、やがて成功《せいこう》する。
石《いし》の上《うえ》にも□年《ねん》

（2）ひとつのものごとから他のすべてのことが考えられる。
□事《じ》が万事《ばんじ》

（3）どんなに心が広い人でも、何度も悪いことをされればおこる。
仏《ほとけ》の顔《かお》も□度《ど》

（4）経験《けいけん》や知識《ちしき》が、少しすぐれていること。
□日《じつ》の長《ちょう》

（5）悪い行《おこな》いは、すぐに世間に広まる。
悪事《あくじ》□里《り》を走《はし》る

（6）遠回しすぎて効果《こうか》がないこと。
□階《かい》から目薬《めぐすり》

［一《いち》　二《に》　三《さん》　四《し》　五《ご》　十《じゅう》　百《ひゃく》　千《せん》］

14 15ページのこたえ

1 （1）おののく（2）かんめい（3）じゅうし（4）たすけぶね

2 （1）エ（2）ア（3）カ（4）イ（5）ウ（6）キ（7）ク（8）オ

復習《ふくしゅう》 1

□に当てはまる言葉を▭から選《えら》び、マスにひらがなで書きましょう。使わない言葉もあります。

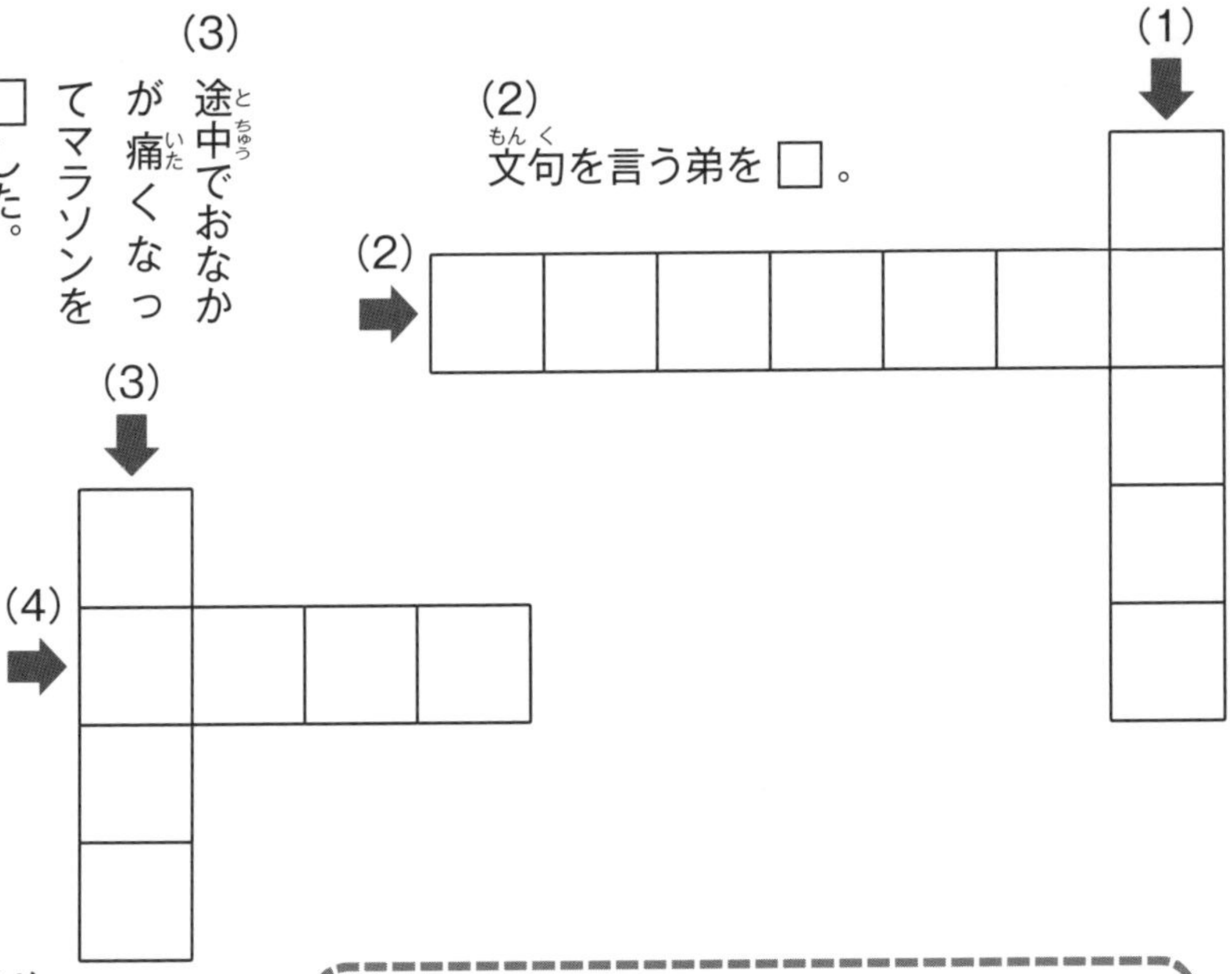

(1) 最近《さいきん》はなんでも簡単《かんたん》にすませようという□がある。

(2) 文句《もんく》を言う弟を□。

(3) 途中《とちゅう》でおなかが痛《いた》くなってマラソンを□した。

(4) 花がたくさん咲《さ》いて、春も□だ。

たけなわ　**鼻《はな》であしらう**　**だしぬけ**
風潮《ふうちょう》　**リタイア**　**動揺《どうよう》**

新しい語句《ごく》⑯ 2

次の意味に合う言葉を選《えら》び、記号に○をつけましょう。

(1) 周《まわ》りを気にせず、堂々《どうどう》とふるまう。
大手《おおで》を［㋐ ふる　㋑ 広《ひろ》げる］

(2) 相手の事情《じじょう》を考えてあまり厳《きび》しくしない。
手心《てごころ》を［㋐ 回《まわ》す　㋑ 加《くわ》える］

(3) 人の失敗《しっぱい》の後始末《あとしまつ》をする。
しりを［㋐ ぬぐう　㋑ つく］

(4) 筋《すじ》が通っていないことを無理《むり》におし通す。
横車《よこぐるま》を［㋐ おす　㋑ 通《とお》す］

(5) 相手が話している途《と》中《ちゅう》で口をはさみ、話をさえぎる。
話《はなし》の腰《こし》を［㋐ まげる　㋑ 折《お》る］

(6) その時々《ときどき》の、なりゆきしだいで定まらないこと。
風《かぜ》の吹《ふ》き［㋐ 回《まわ》し　㋑ 始《はじ》め］

(7) ものごとや人物の価《か》値《ち》や能力《のうりょく》が確《たし》かであること。
折《お》り紙《がみ》［㋐ もち　㋑ つき］

(8) 危《き》険《けん》な状態《じょうたい》にのぞむこと。
薄氷《はくひょう》を［㋐ 持《も》つ　㋑ ふむ］

15 16ページのこたえ

1 (1) ㋐㋑ (2) ㋑㋐ (3) ㋐㋐ (4) ㋑㋐ (5) ㋑㋑
2 (1) 三 (2) 一 (3) 三 (4) 一 (5) 千 (6) 二

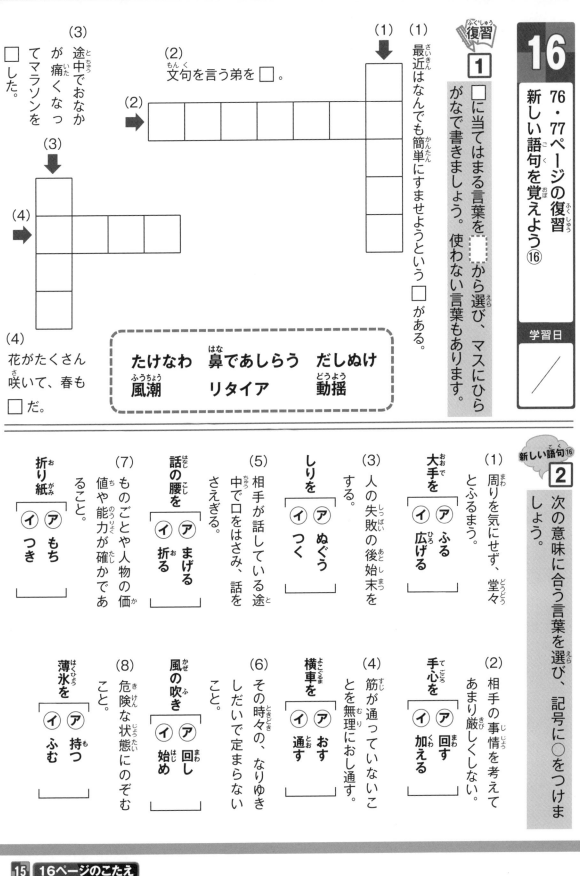

17 78・79ページの復習《ふくしゅう》
新しい語句《ごく》を覚《おぼ》えよう⑰

学習日　／

復習《ふくしゅう》 1

表の中の漢字を縦《たて》、横につなげて、文に当てはまる言葉をつくり、□に書きましょう。

相	海	度	外	視	切
応	確	淡	白	力	従
山	立	採	算	数	順

（例《れい》）淡《たん》白《ぱく》な味だから、タレをつけて食べよう。

(1) 対策《たいさく》の方針《ほうしん》を□□する。

(2) 利益《りえき》を□□□した価格設定《かかくせってい》だ。

(3) それぞれのがんばりに□□のよい結果《けっか》が出た。

(4) 人によくなつき、□□な性格《せいかく》の犬。

新しい語句《ごく》⑰ 2

意味に合う言葉になるように、[　]から言葉を選《えら》び、□に記号を書きましょう。

(1) いい加減《かげん》にごまかして、その場を切りぬける。
お茶《ちゃ》を□

(2) 他の人の利益《りえき》のために、危《あぶ》ないことをする。
火中《かちゅう》のくりを□

(3) 悪い計画や仕事などに協力《きょうりょく》する。
片棒《かたぼう》を□

(4) 相手の力を認《みと》めて、負けを受け入れる。
かぶとを□

(5) 人々《ひとびと》が集まって、はりきっているところを示《しめ》す。
気勢《きせい》を□

(6) おこったり、興奮《こうふん》したりして顔色が変《か》わる。
血相《けっそう》を□

㋐ **かつぐ**　㋑ **変《か》える**　㋒ **あげる**
㋓ **ぬぐ**　㋔ **拾《ひろ》う**　㋕ **にごす**

---

16 17ページのこたえ

1 (1) ふうちょう (2) はなであしらう (3) りたいあ (4) たけなわ

2 (1) ㋐ (2) ㋑ (3) ㋐ (4) ㋐ (5) ㋑ (6) ㋐ (7) ㋑ (8) ㋑

18

80～83ページの復習《ふくしゅう》

新しい語句《ごく》を覚《おぼ》えよう⑱

学習日
／

復習《ふくしゅう》

1 (1)～(9)の言葉と似《に》た意味の言葉を㋐～㋘から選《えら》び、線でつなぎましょう。

(1) 卑劣《ひれつ》 ・　　・ ㋐ なんめ向かい
(2) 逐一《ちくいち》 ・　　・ ㋑ だいたいにおいて
(3) 一向《いっこう》に ・　　・ ㋒ はびこる
(4) 筋向《すじむ》かい ・　　・ ㋓ いやしい
(5) 推進《すいしん》 ・　　・ ㋔ 運が悪い
(6) 有数《ゆうすう》 ・　　・ ㋕ 少しも
(7) おしなべて ・　　・ ㋖ 前に進める
(8) のさばる ・　　・ ㋗ いちいち
(9) 間《ま》が悪《わる》い ・　　・ ㋘ 屈指《くっし》

新しい語句《ごく》⑱

2 □に目、鼻、歯、足、頭のどれかを書いて、意味に合う言葉をつくりましょう。

(1) **うの□たかの□**
えものをねらうように、熱心《ねっしん》にものを探《さが》し出《だ》そうとする様子。

(2) **□の根《ね》が合《あ》わない**
寒さやおそろしさで、ふるえている様子。

(3) **□がつく**
犯人《はんにん》の身元や足取りがわかる。

(4) **□が上《あ》がらない**
相手に引け目があって対《たい》等《とう》な立場になれない。

(5) **□持《も》ちならない**
言動がたえられないほどふゆかいである。

(6) **白《しろ》い□で見《み》る**
相手のことを冷《つめ》たい目つきで見る。

(7) **日《ひ》の□を見《み》る**
知られていなかったものが、やっと世の中に認《みと》められる。

(8) **□をすくわれる**
すきをつかれて相手に失《しっ》敗《ぱい》させられる。

17 18ページのこたえ

1 (1) 確立《かくりつ》 (2) 度外視《どがいし》 (3) 相応《そうおう》 (4) 従順《じゅうじゅん》

2 (1) ㋕ (2) ㋔ (3) ㋐ (4) ㋓ (5) ㋒ (6) ㋑

19 84～87ページの復習《ふくしゅう》 新しい語句《ごく》を覚《おぼ》えよう⑲

学習日 ／

復習《ふくしゅう》

1 文に合う言葉を選《えら》んで、記号に○をつけましょう。

(1) 郷《ごう》に［㋐ 入《い》っては ㋑ 帰《かえ》っては］郷《ごう》に従《したが》え、というので、しきたりを守ろう。

(2) この公園は、心が休まる［㋐ 災《わざわ》い ㋑ 憩《いこ》い］の場だ。

(3) サッカーも水泳も得意《とくい》だなんて、スポーツ［㋐ 才能《さいのう》 ㋑ 万能《ばんのう》］だね。

(4) 落ちたお菓子《かし》にアリが［㋐ むらがる ㋑ はばかる］。

(5) あきれてしまって［㋐ 二《に》の句《く》 ㋑ 五《ご》の句《く》］がつげない。

(6) 同じことばかり聞かされて、もう［㋐ うんざり ㋑ だしぬけ］だ。

(7) ［㋐ 味《あじ》が早《はや》い ㋑ 足《あし》が早《はや》い］食べ物は、お弁当《べんとう》に入れないほうがいい。

新しい語句《ごく》⑲

2 次の言葉の意味に合うものを選《えら》び、記号に○をつけましょう。

(1) **ない袖《そで》はふれない**
㋐ どうにも別《わか》れがたい。
㋑ 持っていないものは出せない。

(2) **鬼《おに》のいぬ間《ま》に洗濯《せんたく》**
㋐ 気がねする人のいない間に、のんびりする。
㋑ 洗濯《せんたく》をしていると鬼《おに》がやってくる。

(3) **かっぱの川流《かわなが》れ**
㋐ 名人は、すいすいとものごとを行《おこな》う。
㋑ どんな名人でも、時には失敗《しっぱい》することがある。

(4) **ぐうの音《ね》も出《で》ない**
㋐ 一言も言い返せない。
㋑ おなかがすいたことも忘《わす》れるほど熱中《ねっちゅう》する。

(5) **盾《たて》にとる**
㋐ 人を身代わりにしてにげる。
㋑ 言いわけや、言いがかりに使う。

(6) **棚《たな》からぼたもち**
㋐ 苦労《くろう》せずに、思いがけない幸運にめぐり合う。
㋑ せっかく用意したものがだめになる。

18 19ページのこたえ

1 (1) ㋓ (2) ㋗ (3) ㋕ (4) ㋐ (5) ㋖ (6) ㋘ (7) ㋑ (8) ㋒ (9) ㋔

2 (1) 目、目 (2) 歯 (3) 足 (4) 頭 (5) 鼻 (6) 目 (7) 目 (8) 足

20 88〜91ページの復習《ふくしゅう》 新しい語句《ごく》を覚《おぼ》えよう⑳

学習日　／

復習《ふくしゅう》

1 文に合う言葉になるように、漢字を[　]から選《えら》び、□に書きましょう。

(1) 独《どく》□して、ひとりで暮《く》らし始《はじ》める。

(2) すぐに終わると□をくくっていたら、作業に三日もかかった。

(3) 史《し》□最高《さいこう》の記録《きろく》が出て喜《よろこ》ぶ。

(4) 起《き》死《し》回《かい》□のアイディアで、立て直した。

(5) サッカーがうまくなるように、日《にち》□努力《どりょく》する。

(6) 機《き》転《てん》を利《き》かせて、□死《し》に一生《いっしょう》を得《え》た。

(7) 思い出したくもない□惨《さん》なできごと。

[夜《や》　九《きゅう》　昼《ちゅう》　高《たか》　上《じょう》　立《りつ》　生《せい》　十《じゅう》　悲《ひ》　死《し》]

新しい語句《ごく》⑳

2 (1)〜(7)の言葉の意味に合うものを㋐〜㋖から選《えら》び、線でつなぎましょう。

(1) **おんぶに抱《だ》っこ** ・　・ ㋐ 自分の思う通りに人を動かす。

(2) **棚《たな》に上《あ》げる** ・　・ ㋑ 自分に都合の悪いことは、知らんぷりをする。

(3) **手塩《てしお》にかける** ・　・ ㋒ 他人の不幸《ふこう》などが、自分のことのように思える。

(4) **手玉《てだま》に取《と》る** ・　・ ㋓ よく考えずに、人のやることに調子を合わせ行動する。

(5) **身《み》につまされる** ・　・ ㋔ 自分で大切に世話をする。

(6) **尻馬《しりうま》に乗《の》る** ・　・ ㋕ 立場の強い人の力をたよりにしていばる。

(7) **かさに着《き》る** ・　・ ㋖ すべてのことを人に世話してもらう。

19 20ページのこたえ

1 (1) ㋐ (2) ㋑ (3) ㋑ (4) ㋐ (5) ㋐ (6) ㋐ (7) ㋑

2 (1) ㋑ (2) ㋐ (3) ㋑ (4) ㋐ (5) ㋑ (6) ㋐

21 98～101ページの復習《ふくしゅう》
新しい語句《ごく》を覚《おぼ》えよう㉑

学習日　／

復習《ふくしゅう》 1

表の中の漢字を縦《たて》、横につなげて、(1)～(6)の意味に合う言葉をつくり、□に書きましょう。

(1) ものごとの筋道《すじみち》が立たないこと。　□

(2) 行動の自由をうばうこと。　□

(3) ものごとの影響《えいきょう》がだんだんと広い範囲《はんい》に広がっていくこと。　□

(4) 素直《すなお》でおとなしい様子。　□

(5) 相手によって、厳《きび》しさをほどよく調節《ちょうせつ》すること。　□

(6) ものごとが悪い状態《じょうたい》にならないようにさけること。　□

理	回	避
不	神	行
尽	妙	拘
波	及	束
手	加	減

新しい語句《ごく》㉑ 2

(1)～(6)は▭の中のどの言葉の説明《せつめい》ですか。選《えら》んで□に記号を書きましょう。

(1) 両者《りょうしゃ》の間に入って話をまとめること。　□

(2) 激《はげ》しい戦《たたか》いや争《あらそ》いが行《おこな》われる場所。　□

(3) ものの見方、考え方の立場。水準《すいじゅん》。　□

(4) 他人の命令《めいれい》や考えに従《したが》うこと。　□

(5) 人の話をよく聞かないうちに、わかったつもりになること。　□

(6) その場しのぎ。その場だけを取りつくろうこと。　□

ア 次元《じげん》　イ 服従《ふくじゅう》　ウ 修羅場《しゅらば》
エ 姑息《こそく》　オ 仲介《ちゅうかい》　カ 早合点《はやがてん》

---

20 21ページのこたえ

1 (1) 立 (2) 高 (3) 上 (4) 生 (5) 夜 (6) 九 (7) 悲

2 (1) キ (2) イ (3) オ (4) ア (5) ウ (6) エ (7) カ

22 102・103ページの復習《ふくしゅう》 新しい語句《ごく》を覚《おぼ》えよう㉒

学習日　／

復習《ふくしゅう》

1 □に当てはまる言葉を［　］から選《えら》び、記号を書きましょう。

(1) □を広めるために旅に出る。

(2) 彼《かれ》にはいつも□、くやしい思いをする。

(3) 先生も□ほどの集中力で勉強し、試験《しけん》に合格《ごうかく》した。

(4) 給料《きゅうりょう》の一年分に□する金額《きんがく》。

(5) ものごとを□にとらえて考える。

㋐ **匹敵《ひってき》**　㋑ **舌《した》を巻《ま》く**　㋒ **多面的《ためんてき》**　㋓ **一杯食《いっぱいく》わされて**　㋔ **見聞《けんぶん》**

新しい語句《ごく》㉒

2 次の意味に合う言葉を選《えら》び、記号に○をつけましょう。

(1) 心から強く望《のぞ》むこと。
［㋐ **強行《きょうこう》**　㋑ **切望《せつぼう》**］

(2) 何かが起こる前ぶれ。
［㋐ **予測《よそく》**　㋑ **兆候《ちょうこう》**］

(3) 人生に対する考え方。
［㋐ **人生観《じんせいかん》**　㋑ **生活感《せいかつかん》**］

(4) はむかうこと。逆《さか》らうこと。
［㋐ **反抗《はんこう》**　㋑ **対抗《たいこう》**］

(5) 行《おこな》いが悪くなり、生活がくずれること。
［㋐ **墜落《ついらく》**　㋑ **堕落《だらく》**］

(6) 世間の目に映《うつ》る自分の姿《すがた》。
［㋐ **体裁《ていさい》**　㋑ **自賛《じさん》**］

(7) あこがれや期待をもって心にえがいていたことが現実《げんじつ》とちがっていて、がっかりすること。
［㋐ **錯覚《さっかく》**　㋑ **幻滅《げんめつ》**］

(8) 正しくしっかりした考え方。すぐれた判断《はんだん》力《りょく》。
［㋐ **良識《りょうしき》**　㋑ **器量《きりょう》**］

21 22ページのこたえ

1 (1) 理不尽《りふじん》 (2) 拘束《こうそく》 (3) 波及《はきゅう》 (4) 神妙《しんみょう》 (5) 手加減《てかげん》 (6) 回避《かいひ》

2 (1) ㋔ (2) ㋒ (3) ㋐ (4) ㋑ (5) ㋕ (6) ㋓

23 104・105ページの復習《ふくしゅう》

新しい語句《ごく》を覚《おぼ》えよう㉓

学習日 ／

復習《ふくしゅう》

1 文に合う言葉を選《えら》び、記号に○をつけましょう。

(1) ききうでを骨折《こっせつ》して、着がえをするのにも［㋐ **難儀《なんぎ》**　㋑ **喚起《かんき》**］する。

(2) せっかくの努力《どりょく》も評価《ひょうか》されず、［㋐ **有益《ゆうえき》**　㋑ **徒労《とろう》**］に終わった。

(3) 大切な人に手紙を［㋐ **あからめる**　㋑ **したためる**］。

(4) 彼《かれ》は何を言われても［㋐ **毅然《きぜん》**　㋑ **未然《みぜん》**］としている。

(5) 幼《おさな》い子どもには［㋐ **足《あし》がつく**　㋑ **手《て》がかかる**］ことがいっぱいだ。

(6) 体調が悪かったが、心配をかけないように［㋐ **うそも方便《ほうべん》**　㋑ **知《し》らぬが仏《ほとけ》**］で元気だとこたえた。

新しい語句《ごく》㉓

2 あみだくじで進みます。上の言葉と下の意味をすべて正しい組み合わせにするには、どこに線を一本足せばいいですか。A～Dの中から選《えら》び、記号に○をつけましょう。

㋐ **紛争《ふんそう》**　㋑ **厳格《げんかく》**　㋒ **衰退《すいたい》**　㋓ **誠実《せいじつ》**　㋔ **非難《ひなん》**

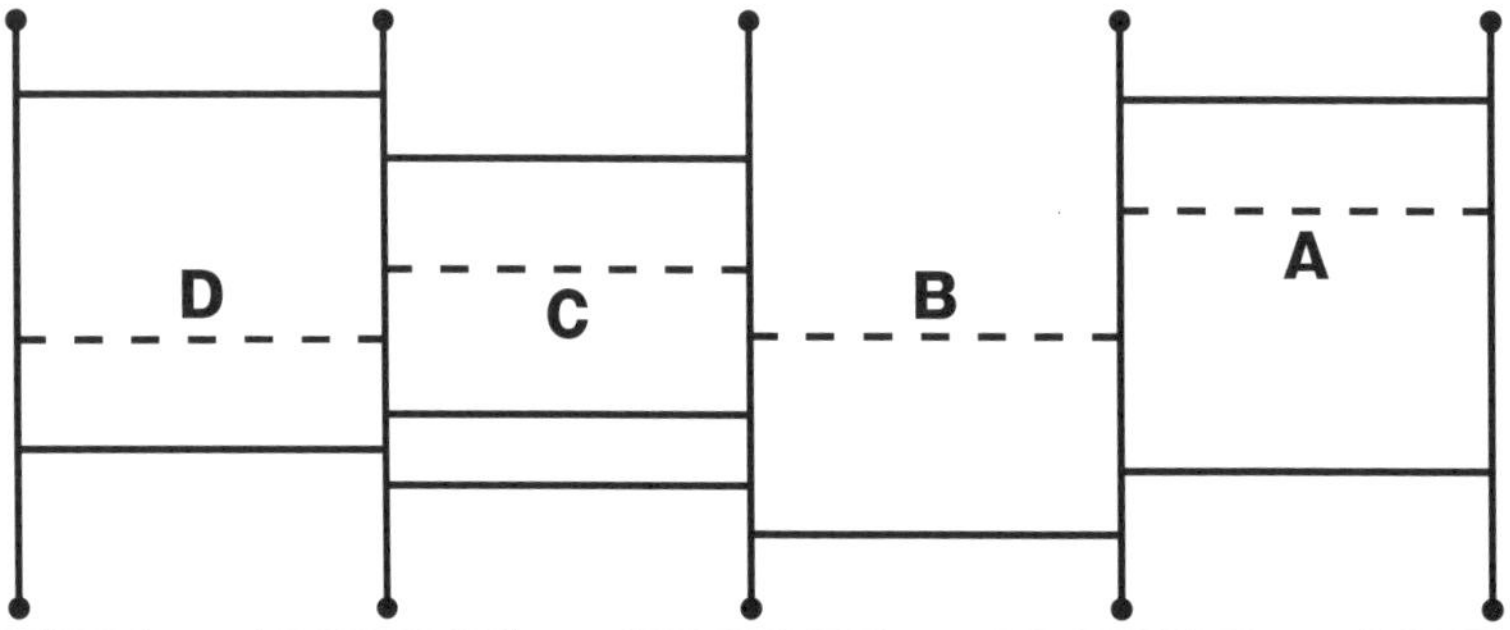

- ことがもつれ、争《あらそ》うこと。もめごと。
- まじめで真心があること。
- 不正《ふせい》やごまかしなどを許《ゆる》さず、厳《きび》しい様子。
- 相手のミスや欠点《けってん》などを責《せ》めること。
- おとろえて、勢《いきお》いがなくなること。

㉒ 23ページのこたえ

1 (1) ㋔ (2) ㋓ (3) ㋑ (4) ㋐ (5) ㋒

2 (1) ㋑ (2) ㋑ (3) ㋐ (4) ㋐ (5) ㋑ (6) ㋐ (7) ㋑ (8) ㋐

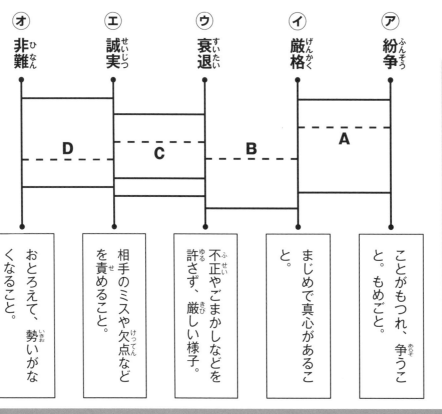

24 106～109ページの復習《ふくしゅう》 新しい語句《ごく》を覚《おぼ》えよう㉔

学習日　／

復習《ふくしゅう》 1

～～線部の言葉には、一部がまちがっているものがあります。正しい言葉を（　）に書きましょう。まちがいがないものは○を書きましょう。

(1) 災害《さいがい》によって、建物《たてもの》が崩壊《ほうかい》した。
（　　）

(2) 水をこぼした兄と妹が、どちらが悪いかで引《ひ》き問答《もんどう》をくり広げている。
（　　）

(3) 千載三遇《せんざいさんぐう》の機会《きかい》を得《え》て、彼《かれ》は大会の選手《せんしゅ》に選《えら》ばれた。
（　　）

(4) インフルエンザの流行が、峠《とうげ》を越《こ》す。
（　　）

(5) おそかれ早《はや》けれ、彼《かれ》はつかまっていただろう。
（　　）

(6) 姉は私《わたし》におこっていて、話しかけても取《と》りつく山《やま》もない。
（　　）

新しい語句㉔ 2

次の言葉の意味に合うものを選《えら》び、記号に○をつけましょう。

(1) 無様《ぶざま》
- ア かっこう悪いこと。やり方が見苦しい様子。
- イ 見えるところに何もない様子。

(2) 天性《てんせい》
- ア 運を天にまかせること。
- イ 生まれつき備《そな》わっている性質《せいしつ》。

(3) 蛇足《だそく》
- ア とてもめずらしいもの。貴重《きちょう》なもの。
- イ つけ加《くわ》える必要《ひつよう》のないもの。余計《よけい》なもの。

(4) 相殺《そうさい》
- ア たがいに差《さ》し引《ひ》いて帳消《ちょうけ》しにすること。
- イ 相手をとてもにくむこと。

(5) 是正《ぜせい》
- ア 悪い点を直して正すこと。
- イ 正しいことと悪いことが半々《はんはん》だということ。

(6) 人為的《じんいてき》
- ア 人の困《こま》ることをわざとする様子。
- イ 自然《しぜん》のままでなく、人の手が加《くわ》わっている様子。

---

23 24ページのこたえ

1 (1) ア (2) イ (3) イ (4) ア (5) イ (6) ア

2 C

25 110～113ページの復習《ふくしゅう》 新しい語句《ごく》を覚《おぼ》えよう㉕

学習日 ／

復習《ふくしゅう》 **1** □に当てはまる漢字を□から選《えら》び、(1)～(5)の意味に合う言葉をつくりましょう。□の中の漢字は、使わないものもあります。

(1) たがいの気持ちがぴったり合うこと。
意気《いき》□**合《ごう》**

(2) 法律《ほうりつ》で許《ゆる》されていること。
□**法《ほう》**

(3) 他のものとの関係《かんけい》で成《な》り立《た》っている様子。他のものと比《くら》べたうえで成《な》り立《た》っている様子。
□**対的《たいてき》**

(4) おそろしさやきんちょうで、足がこわばり、動けなくなる。
□**がすくむ**

(5) 心が広く、思いやりがある様子。
寛《かん》□

大《だい》 小《しょう》 投《とう》 絶《ぜつ》 足《あし》 手《て》 相《そう》 合《ごう》

新しい語句《ごく》㉕ **2** 次の意味に合うものを選《えら》び、記号に○をつけましょう。

(1) ものごとを進める方法《ほうほう》や手順《てじゅん》。
㋐ **プロセス** ㋑ **ナチュラル**

(2) 罰則《ばっそく》や罰金《ばっきん》。スポーツで、反則《はんそく》に対する罰《ばつ》。
㋐ **ファウル** ㋑ **ペナルティー**

(3) 食べ物の味。好み。趣味《しゅみ》。
㋐ **テイスト** ㋑ **テイクアウト**

(4) 資金《しきん》を出してくれる人や団体《だんたい》。
㋐ **リピーター** ㋑ **スポンサー**

(5) お年寄《としよ》りや体の不自由《ふじゆう》な人にとって日常生活《にちじょうせいかつ》で障害《しょうがい》となるものを取り除《のぞ》くこと。
㋐ **バリアフリー** ㋑ **ステレオタイプ**

(6) 力量《りきりょう》をそろえるために、強い者にあたえる負担《ふたん》や差《さ》。
㋐ **チャンピオンシップ** ㋑ **ハンディキャップ**

(7) みんなで団結《だんけつ》して、ある商品を買うことや、ある場所へ参加《さんか》することなどをやめること。
㋐ **ボイコット** ㋑ **バーゲン**

(8) 人やものごとへの一方的《いっぽうてき》な評価《ひょうか》。
㋐ **パーソナル** ㋑ **レッテル**

---

24 **25ページのこたえ**

1 (1) ○ (2) おし問答《もんどう》 (3) 千載一遇《せんざいいちぐう》 (4) ○ (5) おそかれ早《はや》かれ (6) 取りつく島《しま》もない

2 (1) ㋐ (2) ㋑ (3) ㋑ (4) ㋐ (5) ㋐ (6) ㋑

26 120～123ページの復習《ふくしゅう》 新しい語句《ごく》を覚《おぼ》えよう㉖

学習日 ／

復習《ふくしゅう》 1

——線部の言葉の使い方が正しい文を五つ選《えら》び、□に○をつけましょう。

㋐ □ 交通違反《こうつういはん》を**犯《おか》す**ことは事故《じこ》につながる。

㋑ □ 彼《かれ》には**枚挙《まいきょ》にいとまがない**ほど、いいところがある。

㋒ □ どろんこになった少年は、まさに**馬子《まご》にも衣装《いしょう》**だ。

㋓ □ 料理《りょうり》が苦手な私《わたし》を**見《み》るに見《み》かねて**、友人がかわりに夕食をつくってくれた。

㋔ □ 店員への**横暴《おうぼう》**なふるまいは許《ゆる》せない。

㋕ □ 経験豊《けいけんゆた》かな社員は、仕事が早くて**初々《ういうい》しい**。

㋖ □ 二羽のすずめが**仲《なか》むつまじく**遊んでいる。

新しい語句《ごく》㉖ 2

(1)～(8)の意味に合う言葉を㋐～㋗から選《えら》び、線でつなぎましょう。

(1) 地位《ちい》などが一足とびに上がること。 ・　・ ㋐ 因縁《いんねん》

(2) 一周《しゅう》して元にもどること。 ・　・ ㋑ 介在《かいざい》

(3) 前から決まっている運命。以前《いぜん》からの関係《かんけい》。 ・　・ ㋒ 一躍《いちやく》

(4) ふたつのものの間に、はさまって存在《そんざい》すること。 ・　・ ㋓ 公私《こうし》

(5) 公《おおやけ》に関《かん》することと個人《こじん》に関することと個人に関すること。社会と個人《こじん》。 ・　・ ㋔ 回帰《かいき》

(6) あるものを他のものとまちがえて認《みと》めること。 ・　・ ㋕ 節度《せつど》

(7) むごたらしいありさま。 ・　・ ㋖ 誤認《ごにん》

(8) 言葉や行《おこな》いのちょうどよい程度《ていど》。 ・　・ ㋗ 惨状《さんじょう》

---

25 26ページのこたえ

1 (1) 投 (2) 合 (3) 相 (4) 足 (5) 大

2 (1) ㋐ (2) ㋑ (3) ㋐ (4) ㋑ (5) ㋐ (6) ㋑ (7) ㋐ (8) ㋑

27 124・125ページの復習《ふくしゅう》 新しい語句《ごく》を覚《おぼ》えよう㉗

学習日 ／

復習《ふくしゅう》 **1** 次の言葉を正しい意味で使っている文を選《えら》び、記号に○をつけましょう。

(1) **イントネーション**

㋐ イントネーションをつけてピアノを演奏《えんそう》する。

㋑ 台本に書かれたセリフのイントネーションになやむ。

(2) **望郷《ぼうきょう》**

㋐ 望郷《ぼうきょう》の念《ねん》にかられる。

㋑ 生まれてからずっと望郷《ぼうきょう》に住んでいる。

(3) **無難《ぶなん》**

㋐ さいふを落とすという無難《ぶなん》な目にあった。

㋑ 貴重品《きちょうひん》は持っていかないほうが無難《ぶなん》だ。

(4) **つつがない**

㋐ つつがなく旅行ができることが一番大切だ。

㋑ 事故《じこ》に巻《ま》きこまれるなんて、つつがないことだ。

(5) **素性《すじょう》**

㋐ 彼《かれ》はねばり強い素性《すじょう》が苦手だ。

㋑ 素性《すじょう》の確《たし》かな絵画を手に入れた。

新しい語句《ごく》㉗ **2** □に当てはまる漢字を［　］から選《えら》び、(1)～(6)の意味に合う言葉をつくりましょう。

(1) 世界や、その中で生きている人間についての全体《ぜんたい》的《てき》な見方や考え方。

世《せ》□観《かん》

(2) 筋道《すじみち》の立たない、勝手《かって》な理屈《りくつ》。

屁《へ》□屈《くつ》

(3) すべて同じようで、個性《こせい》や特《とく》ちょうがない様子。

□一《いつ》的《てき》

(4) つまらないことで意地を張《は》ること。

意《い》固《こ》□

(5) 人の力では逆《さか》らうことのできない力や事態《じたい》。

不《ふ》□抗《こう》力《りょく》

(6) 災害《さいがい》や戦争《せんそう》などによって、住んでいた土地をはなれた人々《ひとびと》。

難《なん》□

［ 理《り》　地《じ》　界《かい》　可《か》　民《みん》　画《かく》 ］

---

26 27ページのこたえ

1 ㋐、㋑、㋓、㋔、㋖

2 (1) ㋒ (2) ㋔ (3) ㋐ (4) ㋑ (5) ㋓ (6) ㋖ (7) ㋗ (8) ㋕

28 126・127ページの復習《ふくしゅう》 新しい語句《ごく》を覚《おぼ》えよう㉘

学習日

復習《ふくしゅう》 **1**

表の中の文字を縦《たて》、横につなげて、(1)～(5)の意味に合う言葉をつくり、○でかこみましょう。また、残《のこ》った四文字で四字熟語《よじじゅくご》をつくり、□に書きましょう。

(1) 期待通りにならず、がっかりすること。

(2) 世の中に広く知れわたっていること。

(3) わずかな時間も大切にする。

(4) ものごとの一番大切な部分や、中心となるもの。

(5) 社会や人物の欠点《けってん》を遠回しに批判《ひはん》すること。

寸	周	知
暇	大	根
を	風	幹
惜	刺	器
し	晩	成
む	落	胆

□□□□

新しい語句《ごく》㉘ **2**

(1)～(6)は[ ]の中のどの言葉の説明《せつめい》ですか。選《えら》んで□に記号を書きましょう。

(1) 性質《せいしつ》が素直《すなお》でないこと。 □

(2) 聞いて感心するような、立派《りっぱ》な行《おこな》いについての話。 □

(3) なまけてだらしないこと。 □

(4) 以前《いぜん》から問題になっていて、解決《かいけつ》されていないこと。 □

(5) 自分や仲間《なかま》以外《いがい》の人を受け入れない傾向《けいこう》がある様子。 □

(6) ある決まりに従《したが》って、別々《べつべつ》のものをまとめている様子。 □

㋐ 美談《びだん》　㋑ 排他的《はいたてき》　㋒ 偏屈《へんくつ》

㋓ 体系的《たいけいてき》　㋔ 懸案《けんあん》　㋕ 怠惰《たいだ》

27 28ページのこたえ

1 (1) ㋑ (2) ㋐ (3) ㋑ (4) ㋐ (5) ㋑

2 (1) 界 (2) 理 (3) 画 (4) 地 (5) 可 (6) 民

29 128～131ページの復習《ふくしゅう》 新しい語句《ごく》を覚《おぼ》えよう㉙

学習日

／

復習《ふくしゅう》 **1** 次の文と同じ意味になるように、□に当てはまる言葉を□から選《えら》び、記号を書きましょう。

(1) ひとりひとりの命は、とても価値《かち》が高く大切なものだ。
↓ ひとりひとりの命は、□ものだ。

(2) 気高く偉大《いだい》な理想《りそう》。
↓ □な理想《りそう》。

(3) 他に先立って解決《かいけつ》すべき問題。
↓ □すべき問題。

(4) 彼《かれ》の言動がうわさの的《まと》になり、話題に取り上げられる。
↓ 彼《かれ》の言動が□。

(5) 弟は急ぐそぶりもなく、のんびりと話す。
↓ 弟は□に話す。

ア 取《と》りざたされる　イ 先決《せんけつ》
ウ 尊《とうと》い　エ 悠長《ゆうちょう》　オ 崇高《すうこう》

新しい語句《ごく》㉙ **2** 次の言葉の意味に合うものを選《えら》び、記号に○をつけましょう。

(1) 混沌《こんとん》
ア すべてを音で表現《ひょうげん》すること。
イ すべてが入《い》り混《ま》じって区別《くべつ》がつかない様子。

(2) 潜在《せんざい》
ア 表面《ひょうめん》に表れないで、内部に存在《そんざい》すること。
イ 海にもぐって探《さが》し物《もの》をすること。

(3) 往年《おうねん》
ア 過《す》ぎ去《さ》った年。昔。
イ うるう年の年の暮《く》れ。

(4) 遺憾《いかん》
ア 亡《な》くなった人への感謝《かんしゃ》の気持ち。
イ 思い通りにならず、心残《こころのこ》りなこと。

(5) 糾弾《きゅうだん》
ア 先頭に立ってものごとを素早《すばや》く行《おこな》うこと。
イ 責任《せきにん》を問いただして責《せ》めること。

(6) 換算《かんさん》
ア ある数値《すうち》を、他の単位《たんい》に変《か》えて計算すること。
イ 売上金をおおざっぱに計算すること。

---

28 29ページのこたえ

1 (1) 落胆《らくたん》 (2) 周知《しゅうち》 (3) 寸暇《すんか》を惜《お》しむ (4) 根幹《こんかん》 (5) 風刺《ふうし》　四字熟語《よじじゅくご》：大器晩成《たいきばんせい》

2 (1) ウ (2) ア (3) カ (4) オ (5) イ (6) エ

30 132〜135ページの復習《ふくしゅう》
新しい語句《ごく》を覚《おぼ》えよう㉚

学習日 ／

復習《ふくしゅう》 **1** □に当てはまる言葉を▢から選《えら》び、記号を書きましょう。

(1) テニス界《かい》に□の新人が現《あらわ》れた。

(2) 人気作家は、いつも次の小説《しょうせつ》の□を練っている。

(3) 子どもの遊びは、時代とともに□する。

(4) 彼《かれ》のつくる作品はとても□だ。

(5) 集会の参加者《さんかしゃ》は、会が終わると□帰っていった。

(6) 雪山のおそろしさを□知った。

(7) 地域産業《ちいきさんぎょう》を□する。

㋐ 三々五々《さんさんごご》　㋑ 待望《たいぼう》　㋒ 振興《しんこう》　㋓ 変遷《へんせん》
㋔ 独創的《どくそうてき》　㋕ 身《み》をもって　㋖ 構想《こうそう》

新しい語句《ごく》㉚ **2** (1)〜(6)の言葉の意味に合うものを㋐〜㋕から選《えら》び、線でつなぎましょう。

(1) 寸分《すんぶん》・　　・㋐ ずらりと連《つら》ねて並《なら》べること。

(2) 矛先《ほこさき》・　　・㋑ ふだんの行動や態度《たいど》。

(3) 羅列《られつ》・　　・㋒ しなやかで強いこと。

(4) 強靭《きょうじん》・　　・㋓ ごくわずかなこと。また、ごくわずかな長さ。

(5) 匿名《とくめい》・　　・㋔ 自分の名前をかくし、知らせないこと。

(6) 素行《そこう》・　　・㋕ 攻撃《こうげき》が向かう先。

▼こたえは2ページ

29 30ページのこたえ

1 (1) ㋒ (2) ㋔ (3) ㋑ (4) ㋐ (5) ㋓

2 (1) ㋑ (2) ㋐ (3) ㋐ (4) ㋑ (5) ㋑ (6) ㋐